EXCELÊNCIA INTERIOR

EXCELÊNCIA INTERIOR

TREINE SUA MENTE PARA CONQUISTAR RESULTADOS EXTRAORDINÁRIOS

JIM MURPHY

Traduzido por Carolina Simmer

SEXTANTE

Título original: *Inner Excellence*

coordenação editorial: Alice Dias
produção editorial: Livia Cabrini
preparo de originais: Rafaella Lemos
revisão: Hermínia Totti e Luis Américo Costa
diagramação e adaptação de capa: Ana Paula Daudt Brandão
capa: © 2025 Hachette Book Group, Inc
imagem de capa: Kertu_ee / iStockphoto
impressão e acabamento: Lis Gráfica e Editora Ltda.

CIP-BRASIL. CATALOGAÇÃO NA PUBLICAÇÃO
SINDICATO NACIONAL DOS EDITORES DE LIVROS, RJ

M96e
Murphy, Jim
Excelência interior / Jim Murphy ; tradução Carolina Simmer. - 1. ed. - Rio de Janeiro : Sextante, 2025.
304 p. ; 23 cm.

Tradução de: Inner excellence
Apêndice
ISBN 978-85-431-1076-9

1. Desenvolvimento pessoal. 2. Sucesso nos negócios. I. Simmer, Carolina. II. Título.

25-97498.0 CDD: 158.1
CDU: 159.947

Gabriela Faray Ferreira Lopes - Bibliotecária - CRB-7/6643

Rua Voluntários da Pátria, 45 – 14º andar – Botafogo
22270-000 – Rio de Janeiro – RJ
Tel.: (21) 2538-4100
E-mail: atendimento@sextante.com.br
www.sextante.com.br

Para meu pai, Donald C. Murphy
Para aquele que tanto me influenciou a pensar profundamente sobre o que amar e o que deixar para trás. Eu te amo. Até breve.

Para minha mãe, Michiko M. Murphy (antes Koyama)
Para meu exemplo de vida. Eu te amo.

Para Naomi T. Murphy
Minha irmã, minha inspiração.

E agora aqui está meu segredo, um segredo bem simples:
Só se vê bem com o coração;
o essencial é invisível aos olhos.
– Antoine de Saint-Exupéry, *O Pequeno Príncipe*

Acima de tudo, cuida do teu coração,
pois tudo que fazes flui dele.
– Salomão, terceiro monarca do Reino de Israel e Judá

SUMÁRIO

PREFÁCIO

Koyama Bunpachiro precisava tomar uma decisão difícil. Ele estava pronto para morrer? Estava pronto para sacrificar conforto e prazer, para se dedicar plenamente ao caminho altruísta do guerreiro? Ele seguiria o código com integridade?

No Japão feudal, samurais eram sinônimo de honra e respeito, a personificação de uma vida inteira de uma prática centrada em liderança moral, responsabilidade e elegância. A rotina de Bunpachiro, como a de todo samurai, incluía treinos diários na arte da espada e da guerra, e também em caligrafia, poesia, arte e cerimônia do chá.

O código samurai exigia total compromisso. Ele precisaria colocar seu país e seu mestre acima de si mesmo, a ponto de já se imaginar morto. Precisaria acordar todo dia pronto para morrer.

Bunpachiro escolheu o caminho do samurai – e, com ele, a aceitação da morte. Porém, em 1867, seu estilo de vida foi abruptamente interrompido. Quando os 250 anos de domínio samurai terminaram, ele perdeu o incrível poder que tinha e passou a se sentir impotente. Seu status como parte da elite e tudo pelo qual havia se sacrificado tinham deixado de existir. Seu coração foi dilacerado. Sem um propósito de vida, o álcool se tornou seu impiedoso amigo.

Se ao menos Bunpachiro tivesse aprendido o que eu descobri: que todo coração humano tem o potencial de encontrar contentamento, alegria e confiança profundos, e que a coisa mais importante que podemos fazer é nos treinar para isso. É no coração que todos os sonhos e esperanças, todos os medos e ansiedades desaparecem ou desabrocham. Ele é a fonte da resistência mental e da força interior. Se o seu coração for construído com base em algo temporário que está fora do seu controle, a vida se tornará instável. O valor pessoal de Bunpachiro estava atrelado ao papel de samurai. E, quando ele o perdeu, perdeu tudo.

Ao ler este livro e sondar seu coração, você vai descobrir que seu maior sonho não é conquistar milhões de dólares nem uma casa com vista para o mar. A realização do seu sonho é a sensação que você acha que essas coisas vão trazer. Talvez elas tragam felicidade quando você imaginar as pessoas elogiando seu sucesso, talvez tragam ótimas experiências sempre que você convidar os amigos para aproveitar sua casa na beira da praia. Mas talvez não. Além do mais, dinheiro e bens materiais não são o que você *realmente* está buscando.

Se você sondar seu coração, para além do desejo de qualquer medida de sucesso, vai descobrir que o que realmente quer é se sentir vivo, cheio de vitalidade, propósito e significado – a plenitude absoluta. Para a maioria de nós, talvez sem percebermos, a vida tem sido uma longa busca por essa plenitude. Queremos experiências profundas, enriquecedoras e significativas, uma vida em que não tenhamos que nos encolher de medo o tempo todo. Queremos viver com coragem, aprendendo e crescendo, alimentando um destemor que ilumine e desperte a vida dos outros.

Essa realidade está disponível para todos nós, mas é fácil nos perdermos buscando símbolos de sucesso, e não o verdadeiro sucesso, distraídos com agendas lotadas, perdendo de vista o que de fato queremos. Em vez de buscarmos diretamente a autenticidade destemida e o crescimento pessoal, vamos atrás de uma ilusão e encontramos apenas o vazio.

Abraçar essa busca direta significa desenvolver uma nova mentalidade e novas habilidades que geram força interior, paz e confiança, não importam as circunstâncias nem os detalhes da sua vida. Seu coração pode precisar se reorientar e redefinir o que é sucesso, priorizando algo mais estável e poderoso do que seus sentimentos ou seu status social e deixando para trás os parâmetros que a sociedade usa para avaliar a sua vida.

Você pode aprender a ter um desempenho extraordinário, mesmo sob pressões extremas, *e* ainda assim levar uma vida repleta de contentamento, alegria e confiança profundos. Na verdade, você vai ver que essa reorientação do coração é a maneira mais eficiente e poderosa para conseguir isso.

Yoshitaka Koyama, filho de Bunpachiro, viu o pai, antes um grande guerreiro, perder sua relevância e se tornar alcoólatra.[1] Ele entendeu que a identidade do pai estava atrelada ao status e a coisas fora de seu controle. Yoshitaka começou então a pensar muito sobre a própria vida, sobre o que realmente queria e sobre o que era mais importante. Percebeu que seu maior desejo não era ter poder ou prestígio – ele queria a plenitude. Como resultado, mudou os rumos da própria vida, antes focada no poder sobre os outros, e passou a se concentrar em empoderar as pessoas. Com essa transformação, encontrou contentamento, alegria e confiança profundos, e teve uma vida extraordinária.

Este livro foi escrito por seu bisneto.

PRESSUPOSTOS (SUPOSIÇÕES)

A qualidade da sua *vida*[1] se baseia em três elementos:

1. Seu mundo interior, formado de pensamentos e sentimentos, crenças e desejos.
2. Os referenciais (a mentalidade) que você adota para enxergar o mundo.
3. Seus relacionamentos.

A maneira como você se sente e pensa é resultado das suposições e crenças que se formaram em seu coração (e no seu inconsciente, do qual trataremos mais adiante). Essas suposições e crenças criam uma determinada mentalidade que afeta sua visão sobre si mesmo, os outros e tudo na sua vida.

A qualidade do seu *desempenho* também se baseia em três elementos:

1. Sua *crença* sobre quem você é e o que é possível.
2. Sua capacidade de *foco* e de estar completamente presente: de coração, mente e corpo (observação: coração e espírito serão usados como sinônimos).
3. Sua *liberdade* para brincar como uma criança, explorando com curiosidade as possibilidades, entusiasmado diante dos desafios que podem surgir.

Os três elementos que determinam sua qualidade de vida e os três que determinam a qualidade do seu desempenho estão profundamente entrelaçados.

Comecei a escrever a primeira versão deste livro em 2004, depois de me mudar para o deserto de Sonora, no Arizona, para viver em relativa solitude. Eu me livrei da minha televisão e de metade das coisas que tinha, as palavras de Winston Churchill pairando para lá e para cá no protetor de tela do meu laptop:

Aqueles que estão destinados à grandeza primeiro devem caminhar sozinhos pelo deserto.

Fui ao deserto para viver de forma deliberada, em solitude, em uma tentativa de colocar em prática as palavras de Churchill. As palavras de Henry David Thoreau, que também vivera na natureza, igualmente penetraram meu coração. Como ele, eu queria...

> (...) encarar apenas os fatos essenciais da vida e ver se eu não poderia aprender o que ela tinha a me ensinar, e não descobrir, quando chegasse o momento de morrer, que eu nunca tinha vivido de verdade. Não queria viver o que não fosse vida, pois viver é tão precioso; também não tinha o objetivo de praticar a resignação, a menos que fosse muito necessário. Eu queria viver profundamente e sugar todo o tutano da vida, viver de forma vigorosa e espartana, livrando-me

de tudo que não fosse vida, causar impacto e ter experiências perigosas, encurralar a vida, reduzi-la aos menores termos.[2]

Acabei dedicando cinco anos a pesquisar, conduzir entrevistas e escrever, permanecendo no deserto metade desse tempo. Fiquei obcecado em descobrir como o desempenho dos melhores do mundo era marcado pela confiança e pelo equilíbrio sob as mais extremas pressões. A principal questão que eu estudava – e sobre a qual interrogava psicólogos esportivos por toda a América do Norte – era a seguinte: como atletas olímpicos conseguem passar quatro anos treinando para um evento que talvez dure menos de um minuto e mesmo assim se manter tranquilos e confiantes sob tamanha pressão?

Imerso na pesquisa, entendi que ajudar atletas a vencer um campeonato mundial ou conquistar o ouro olímpico seria inútil a menos que isso melhorasse sua qualidade de vida – sua vida interior. Então passei a estudar dois conceitos principais:

1. Como manter um equilíbrio extraordinário e a resistência mental sob extrema pressão.
2. Como levar a melhor vida possível, com contentamento, alegria e confiança profundos.

No deserto, tive uma revelação incrível. Compreendi que a busca pelo desempenho extraordinário e a busca pela melhor vida possível seguem o mesmo caminho.

Essa compreensão mudou a minha vida.

Eu só queria ter chegado a essa conclusão enquanto ainda jogava para o Chicago Cubs. Teria atuado com muito mais liberdade e confiança. Eu estava jogando o jogo errado – só não sabia disso.

A maioria das pessoas passa a vida inteira assim, no jogo errado. Nós nos concentramos nas vitórias a curto prazo, na felicidade temporária e em conquistas superficiais, quando fomos criados para alcançar muito mais do que isso. Estamos jogando um jogo finito, em que, para uma pessoa ganhar, outra precisa perder, um jogo com começo, meio e fim, quando, na verdade, ele é interminável. A vida deveria ser uma jornada de conexão com os outros, de crescimento mútuo, de descoberta de coisas novas e incríveis, não um jogo de constante comparação e competição, em que estamos sempre tentando nos encaixar ou ser bem-sucedidos. Em geral almejamos muito pouco, tentando pegar os frutos mais baixos de um único arbusto, quando, na realidade, há um pomar inteiro esperando por nós.

Qual jogo *você* tem jogado?

A melhor vida possível – a plenitude absoluta da vida – é feita de experiências extraordinárias, relacionamentos profundos e significativos e, acima de tudo, de amor, alegria e paz. Esses três "recursos" levam a uma abundância de frutos que se multiplicam em muito mais: paz se torna paciência, paciência se torna gentileza, depois bondade, lealdade, delicadeza e, por fim, autocontrole.

Seja lá qual for seu sonho, acredito que, no fundo, o que você realmente quer é estar pleno de amor, alegria, paz e todos os outros recursos poderosos que vêm com eles. A vida é extraordinária e está disponível para todos nós, porém ela cobra um preço alto. É preciso ter intenções claras e dedicação, além da disposição a se tornar vulnerável para desenvolver seu mundo interior.

Desenvolver o mundo interior é transformar o coração, para que o que ele mais ama seja poderoso e significativo. Isso permite que você tenha cada vez mais *crença*, *foco* e *liberdade*, os três elementos principais do desempenho extraordinário. Que você direcione seus pensamentos e crie padrões mentais com base em possibilidades extraordinárias e nas coisas que mais despertam sua paixão e seu entusiasmo – aquelas para as quais você nasceu –, em vez de ficar preso numa espiral de preocupação, estresse ou ansiedade.

A maioria das pessoas quer fazer o contrário, tentando alcançar o sucesso para ser feliz. No entanto, quando nos concentramos em melhorar nosso mundo interior, alcançamos muito mais. Podemos conquistar alegria e paz, propósito e poder, que também vão maximizar nosso desempenho. Mas precisamos fazer as coisas na ordem certa se quisermos ter um desempenho extraordinário a longo prazo. Também podemos ter uma vida incrível: o coração em primeiro lugar, o desempenho em segundo. O mundo interior primeiro, e o mundo exterior depois. Afinal, um mundo exterior extraordinário não faz diferença alguma sem um mundo interior significativo, não é?

A jornada rumo à melhor vida possível começa com a mudança das lentes pelas quais enxergamos o mundo. De acordo com o Dr. Darrell Johnson, professor da Regent College:

> Todo ser humano tem uma visão da realidade; cada um enxerga a vida a partir de um referencial. Todos carregamos suposições profundas sobre a natureza da realidade. Podemos até não conseguir nomeá-las, mas elas existem. Elas se refletem na forma como tratamos as pessoas, como passamos o tempo e como gastamos nosso dinheiro. Ou, em termos mais simples, cada um de nós usa um par de óculos, que ganhou da própria família, de suas experiências na infância, dos livros que leu, das vivências que teve, dos filmes que viu. Essas visões da realidade afetam nossa vida como um todo.[3]

Os atletas e indivíduos mais extraordinários da história encaravam as próprias circunstâncias de um modo notadamente semelhante. Eles recorriam a lentes muito parecidas entre si para enxergar o mundo, mas muito diferentes das que todas as outras pessoas usavam.

Este livro vai ajudar você a entender como esses indivíduos incríveis treinavam a própria mente (e orientavam o próprio coração) de forma a estarem sempre aprendendo e crescendo, e como você pode treinar sua mente e seu coração do mesmo jeito.[4]

Para conseguirmos manter tanto o alto rendimento quanto uma vida plena, precisamos avaliar quem somos, como nos tornamos quem somos e o que nos motiva. Durante meus cinco anos de dedicação total à pesquisa, o mesmo elemento se destacava tanto para o alto desempenho quanto para uma vida extraordinária: o coração. Aprender que o coração (ou o espírito) é a principal força motriz dos dois foi o ponto de virada em minha investigação.

É no coração que armazenamos nossos sonhos e esperanças, crenças e suposições. É do coração que vêm o bem ou o mal, o amor ou o medo. Ele é a fonte de nossas motivações mais profundas e de nosso maior poder. Se quisermos desenvolver confiança e equilíbrio sob pressão, assim como contentamento e alegria profundos, temos que questionar as suposições e crenças que carregamos no coração – para ver se elas são de fato verdadeiras. A vida inteira, todos nós contamos a mesma história a nós mesmos, e ela se baseia nas suposições e crenças que formamos no coração. Algumas são empoderadoras e verdadeiras, outras, não. Também temos crenças que nos permitem enxergar possibilidades e beleza onde ninguém mais as vê.

Quando a sua vida se baseia na Verdade com V maiúsculo, ela se expande todos os dias – como os raios de sol preenchendo um céu acolhedor –, revelando belezas desconhecidas. Nesta poderosa jornada rumo à *Excelência Interior*, vamos direcionar o seu pensamento para o que é poderoso e permanente.

Primeiro, no entanto, precisamos deixar para trás as suposições (vamos chamá-las de pressupostos) que possam ter limitado a nossa vida sem percebermos. Uma vida de possibilidades ilimitadas só é possível quando as suposições que a guiam também não têm limites.

Aqui vão alguns pressupostos antigos que vamos deixar para trás (e os motivos para isso):

- Eu sou meus pensamentos.
  – Às vezes pensamentos terríveis ou vergonhosos que passam pela nossa cabeça não são verdadeiros e não têm nada a ver com quem realmente somos.

- Meu valor depende dos meus resultados.
  – Talvez você tenha crescido em uma cultura ou família que incutiu essa crença em você, mas seu valor pessoal não aumenta nem diminui com base no seu desempenho.

- As pessoas que têm o melhor desempenho já nasceram assim.
  – Todas as habilidades com que nascemos podem ser aprimoradas muito além do que imaginamos, principalmente por meio da dedicação, de uma prática deliberada de habilidades específicas e do direcionamento e controle de nossos desejos.

Aqui vão 10 novos pressupostos empoderadores que serão a base da mentalidade que você desenvolverá ao ler este livro:

1. Todas as circunstâncias e todas as pessoas que encontramos estão aqui para nos ensinar e nos ajudar – tudo conspira para o nosso bem.
   - Nós fomos criados para a glória (valor inerente e infinito).
   - A vida que recebemos tem o objetivo de desenvolver nosso caráter e nos preparar para essa glória.

2. A vida é um reflexo das suas crenças.
   - A base do desempenho extraordinário, da alegria e da confiança – e a habilidade principal a se aprender – é saber acreditar.
   - Crenças são o painel de controle da vida, um termostato inconsciente que mantém a vida alinhada com nossos níveis de conforto. Para melhorar o desempenho (e a sua vida) de forma consistente e poderosa, é necessário mudar as suas crenças sobre quem você é e o que é possível.

3. O egocentrismo é a origem do medo.
   - Ele gera inibição (preocupação sobre o que os outros pensam de nós), excesso de questionamentos e, no fim, autorrejeição.
   - O maior obstáculo é atrapalharmos a nós mesmos devido à arrogância e à autorrejeição – ambas derivadas do egocentrismo.

4. Todos temos as mesmas necessidades e os mesmos desejos profundos.
   - Todo coração humano anseia desesperadamente por ser amado e aceito; boa parte do que fazemos tem o objetivo de suprir essa necessidade.
   - Nossa necessidade mais profunda é o amor incondicional, e nosso maior desejo é sermos completamente compreendidos e amados.

5. Todo mundo faz o melhor que pode com o que tem (no próprio coração).
   - Ou seja... de acordo com seu passado, seus entendimentos, suas crenças, seus medos, suas feridas e seus vazios.
   - Quando uma pessoa (inclusive você mesmo) age de forma a causar dor ou mágoa, ela faz isso por não ter recursos como amor, alegria e

paz suficientes, encarando o mundo de um ponto de vista egocêntrico de medo ou sofrimento.

6. O mapa não é o território.
   - O mundo que você enxerga e com o qual interage não é a realidade; ele é algo que sua mente criou com base na sua maneira de interpretar e processar os acontecimentos da sua vida até o momento.
   - O cachimbo que você viu no começo destes pressupostos não é um de verdade. É a imagem de um cachimbo. Essa distinção pode parecer boba, mas, na verdade, é muito importante (como René Magritte compartilhou conosco em sua pintura *A traição das imagens*, de 1929).

7. Você não é a sua mente.
   - A mente é uma parte sua que você precisa treinar. É possível aprender a direcionar e controlar seus pensamentos da mesma forma que você aprende a controlar seu corpo.
   - A maior liberdade que você tem é a de decidir onde posicionar seus pensamentos. À medida que entende que não é a sua mente, você se torna menos apegado aos pensamentos inúteis e negativos que surgem todos os dias, direcionando-os a ideias mais empoderadoras.

8. O problema não é o problema; o problema é a maneira como você o encara.
   - Você não é feliz ou triste por causa das suas circunstâncias, mas por causa do que *pensa* sobre elas.
   - Os seus sentimentos se originam quase completamente do que você pensa; o verdadeiro problema é o estado em que você fica por causa da sua maneira de encarar um problema.

9. Não existe fracasso, apenas feedback.
   - Sucesso e fracasso estão extremamente interligados e são igualmente importantes, embora sejam classificados como opostos pela nossa cultura.
   - Sua capacidade de aprender, crescer e maximizar o seu potencial está diretamente relacionada à sua capacidade de abraçar o fracasso.

10. A pessoa que tem o maior controle sobre seu mundo interior é a mais poderosa.
   - O domínio do ego é o maior desafio (e o maior adversário) em qualquer competição.
   - O desprendimento - a completa entrega - de apegos, preocupações e medos é o componente central do desempenho extraordinário e a base para a criação de crenças que levam à plenitude absoluta da vida.

Observação: No glossário (página 287) você vai encontrar definições - do ponto de vista da *Excelência Interior* - de alguns dos termos usados ao longo do livro.

Esses pressupostos são uma parte crucial da mentalidade que você vai desenvolver ao longo da vida. Você aprenderá muitas informações novas aqui e, como parte delas é novidade, talvez se sinta atordoado em alguns momentos. Não se preocupe, meus atletas profissionais alcançaram o sucesso extraordinário por meio desse processo, e a maioria deles se sentiu da mesma forma no começo. Lembre-se de que esta é a jornada de uma vida inteira. Este é um manual que você consultará muitas vezes.

Durante a leitura, deixe esta seção marcada para não perder de vista os novos princípios e pressupostos. Decore-os e faça anotações, principalmente nos primeiros capítulos, nos quais analisaremos os obstáculos desafiadores que todos nós enfrentamos. À medida que for fazendo isso, você vai começar a perceber como essas perspectivas ajudarão você a dominar seus maiores desafios. Essa será a base para as ferramentas e habilidades que você aprenderá no restante do livro.

Vamos lá!

INTRODUÇÃO

Somos criaturas sem entusiasmo, nos distraindo com bebida, sexo e ambição enquanto a alegria infinita nos é oferecida, como uma criança ignorante que prefere continuar brincando na lama, em um ambiente insalubre, porque não consegue nem imaginar a possibilidade de passar férias na praia. Nós nos contentamos com muito pouco.[1]

– C. S. Lewis, *O peso da glória*

Na madrugada de 27 de junho de 2011, Ryan Dodd acordou com o crânio fraturado num beco nos fundos de um bar, em uma região barra-pesada de Flint, Michigan. Foi sua primeira (e última) briga de bar – e seu estado era ainda pior do que ele imaginava. Algumas horas antes, tinha subido ao pódio em uma das maiores vitórias de sua carreira, erguendo a medalha de ouro do "Rei da Escuridão".

Atletas profissionais de esqui aquático alcançam a rampa a 110 quilômetros por hora e voam a mais de 60 metros de altura. Ryan estava acostumado a enfrentar situações perigosas, mas nunca como naquela noite. No hospital, recebeu o diagnóstico de traumatismo craniano com hemorragia em três áreas diferentes do cérebro. Ele foi levado às pressas para a cirurgia para aliviar a pressão no crânio. Doze horas depois, conseguiram estancar os sangramentos.

Após uma recuperação milagrosa, Ryan não apenas voltou para o esqui aquático como se destacou. Após o incidente, venceu sua primeira competição em maio do ano seguinte. Algumas semanas depois, ganhou o torneio mais importante do ano, o Masters, que nunca tinha vencido. Aquele seria o melhor ano de sua carreira até então.

Ryan continuou melhorando e, em 2017, quebrou o recorde mundial, tornou-se campeão mundial e o número um no mundo. Entre 2016 e 2019, Ryan venceu 87% dos torneios de que participou. Em agosto de 2019, em uma tarde de domingo nos arredores de Kuala Lumpur, na Malásia, venceu seu terceiro campeonato mundial seguido.

Como Ryan foi de acordar em um beco com traumatismo craniano a conquistas incríveis que ele nunca tinha sonhado serem possíveis?

Curiosamente, seu volume de treinamento permaneceu o mesmo. Ainda assim, havia uma diferença básica entre o Ryan pré-traumatismo craniano e o Ryan pós-traumatismo craniano que o ajudou a chegar ao topo da classificação mundial e a quebrar recordes. Ele encontrou uma forma diferente de viver no mundo – que mudou seu modo de encarar seu desempenho e toda a sua vida.

Este livro fala dessa diferença.

É uma maneira completamente distinta de encarar o mundo, que transforma não apenas o modo como pensamos, mas aquilo em que pensamos. É um estilo de vida diferente, que renova nosso coração e o faz parar de almejar objetivos temporários, superficiais, e buscar metas poderosas e permanentes. É algo que inverte completamente nossa maneira de buscar o alto rendimento.

A vida e o desempenho de Ryan mudaram de forma radical quando ele aprendeu a *Excelência Interior*. Este livro lhe ensinará o que ele e outros atletas renomados aprenderam: como treinar sua mente para ter um desempenho extraordinário e a plenitude da vida.

Independentemente de sermos atletas ou não, todos lidamos com o desempenho. Todos "competimos" para ter dias bons, lidar com adversidades, entrar em um ritmo que flua com paz e propósito e conseguir resultados excelentes. Também temos uma certa mentalidade a partir da qual nosso desempenho flui – e isso vale inclusive para nossa vida diária.

A mentalidade reflete a postura e o modo de pensar que resultam da forma como vemos a nós mesmos e o mundo. Essas percepções moldam atitudes e pensamentos que se tornam hábitos, orientando nosso coração ao redor daquilo que consideramos importante e possível na vida. A mentalidade determina o tom de tudo que fazemos.

A mentalidade da *Excelência Interior*[2] é a seguinte:

> *Estou competindo para elevar o nível de excelência na minha vida, para aprender e crescer, de modo a elevar o nível dos outros também.*

Nós não buscamos o alto rendimento pelos troféus ou para sermos idolatrados, mas para descobrir alguma coisa dentro de nós e vivenciar algo que nunca experimentamos. Nós competimos pela competição em si, para aproveitar plenamente o momento e nos sentir vivos. Fazemos isso para ajudar os outros - inclusive nossos oponentes - a alcançar a mesma coisa, para todos conseguirmos aprender, crescer e elevar o nível de excelência em nossa vida. Nós ansiamos pelas adversidades e pelos desafios como uma forma de enxergar a verdade sobre quem somos naquele momento e, portanto, quem podemos nos tornar.

Nós não escalamos montanhas para alcançar o topo - escalamos para ver quem podemos nos tornar enquanto tentamos chegar lá. O topo nos oferece um objetivo e um foco para nossos comportamentos, mas o motivo da escalada ou da competição é muito mais empoderador do que uma paisagem ampla e postagens em redes sociais.

Veja o que a patinadora de velocidade no gelo Clara Hughes escreveu em seu diário após conquistar uma medalha de ouro:

> No meu coração, está bem claro por que continuo patinando. Garanto que meu objetivo não é uma medalha pendurada no pescoço. Medalhas são coisas que mando para minha mãe em Winnipeg, para ela mostrar a amigos e parentes. Não são elas que me dão a sensação profunda de superação, que formam meu senso de identidade, que me ensinam a viver.

Hughes patina para aprender a viver. A maneira mais poderosa de viver é elevar o nível de excelência na sua vida, aprender e crescer, de modo a elevar o nível dos outros também.

Aqui vai uma comparação entre a perspectiva da *Excelência Interior* e a forma como o mundo encara as competições:

A MENTALIDADE DO MUNDO	A MENTALIDADE DA *EXCELÊNCIA INTERIOR*
Vencer é tudo.	Desenvolver força interior, vivenciar o momento plenamente e continuar a crescer são objetivos bem mais duradouros e empoderadores.
Você é os seus resultados.	Resultados são uma medida inconsistente do sucesso e do fracasso – podemos ter um péssimo desempenho e vencer, assim como podemos ter um ótimo desempenho e perder.
O oponente é o inimigo.	O oponente é nosso parceiro na dança.
O fracasso não é uma opção.	O fracasso é o componente essencial para o crescimento. Não existe "fracasso" de verdade, apenas feedback.
Competidores impetuosos ficam irritados quando perdem.	Os melhores competidores desenvolvem controle emocional e usam seus erros para melhorar.

A *Excelência Interior* é um estilo de vida e um sistema de treinamento mental desenvolvido para ajudar você – seja um atleta profissional ou um cidadão comum – a ter um desempenho extraordinário e ser o seu verdadeiro eu, de modo a ser capaz de viver com a plenitude absoluta da vida.

Neste livro, veremos como grandes atletas olímpicos passam anos treinando para um evento que pode durar menos de um minuto. Apesar de não terem total controle sobre seus resultados, eles fazem seu trabalho com paz e confiança, ainda que sob altíssima pressão. Veremos como você pode fazer o mesmo.

Na minha experiência conversando e trabalhando com atletas e líderes de elite, entendi que o que realmente queremos, além de conquistar objetivos e propósitos palpáveis, é nos sentir vivos. Ansiamos por experiências incríveis e relacionamentos significativos, e queremos alcançar nosso pleno potencial. Queremos ser desafiados e criativos. Queremos crescer. Queremos liberdade para viver com paixão e ir atrás dos nossos sonhos, não importa o que as outras pessoas pensam, quanto dinheiro ganhamos ou o status que alcançamos. No fim das contas, queremos a melhor vida possível – a plenitude absoluta da vida.

O medo leva tudo isso embora. Ele habita as memórias dolorosas do passado e as experiências desconhecidas do futuro, nos afastando das possibilidades ilimitadas do momento presente. Em vez de desafios, enxergamos obstáculos; em vez de oportunidades, enxergamos contratempos. Em vez de vivenciar o crescimento, vivemos no passado. Se quisermos viver de verdade, precisamos abraçar nossos medos e encontrar a coragem de ser nosso verdadeiro eu.

Quando eu era defensor dos Chicago Cubs, meu valor e minha identidade giravam em torno do meu desempenho, basicamente da minha média de bolas rebatidas. Se eu rebatia bem, andava empertigado e me sentia ótimo. Se rebatia mal, meus ombros se curvavam e meu otimismo desaparecia. A vida era uma montanha-russa de emoções. Eu era prisioneiro dos resultados, e isso prejudicava meu desempenho. Tinha medo de fracassar, e esse medo fazia minha mente se concentrar no passado e no futuro.

Quando comecei a trabalhar com atletas profissionais e olímpicos, sempre deparava com o mesmo cenário: atletas que tinham perdido a alegria e a paixão pela vida diante da pressão pelo melhor desempenho. O medo do fracasso controlava a vida deles.

Este livro mostra como alguns dos melhores atletas do mundo aprenderam a *Excelência Interior*, como isso os impulsionou a ter um desempenho extraordinário, mesmo nos momentos em que eram dominados pela dúvida, e como você pode alcançar o mesmo sucesso na sua vida. Porém, mais do que isso, você vai aprender a viver o dia a dia com contentamento, alegria e confiança profundos.

Veremos como os princípios básicos são os mesmos, seja você uma atleta ou um executivo, um time olímpico ou uma equipe corporativa. Vamos explorar o conceito da autotranscendência e as maneiras como o estudo de pessoas extraordinárias nos ensina a alcançar nosso melhor desempenho e a viver de verdade.

O primeiro conceito a ser aprendido é o seguinte: este livro, este estilo de vida, se baseia em um pressuposto:

> *O maior obstáculo que enfrentamos, no desempenho e na vida, é o egocentrismo.*

Não me refiro a egocentrismo do ponto de vista moral. A questão principal é que, quando estamos envolvidos demais com nós mesmos, nossa visão se estreita, nosso crescimento fica limitado e nossos fracassos são amplificados. A curiosidade e o entusiasmo diante dos desafios são substituídos pela ansiedade e pelo medo do fracasso. O potencial da autorrejeição aumenta.

Sua forma de ver o mundo e, portanto, o que acredita ser possível vêm das crenças que você criou e da história que construiu sobre quem é. Essa história nasce da avaliação incessante da mente sobre o seu passado, ao qual você se mantém apegado. É esse apego que nos limita. Seu maior obstáculo está na mente, ou melhor, na programação da sua mente com base em quem você determinou inconscientemente que é.

A solução para isso já empoderou profissionais, atletas olímpicos e de alto rendimento, e algumas das melhores equipes do mundo. É um modelo baseado em três palavras simples: amor, sabedoria e coragem. Amor é seguir o coração, sabedoria é expandir sua visão e coragem é estar completamente presente. Nesse modelo, amor se torna paixão, sabedoria se torna propósito, e coragem se torna equilíbrio.

Se, em sua busca pelo extraordinário, você dedicar sua vida a aprender e crescer com amor, sabedoria e coragem, seu coração aprenderá aos poucos a valorizar mais as experiências do que os resultados. Você ganhará crença, foco e liberdade (CFL). Não vai demorar muito para que vivenciar completamente o momento se torne mais importante do que o resultado final, o que é irônico, porque isso vai ajudá-lo a alcançar o sucesso com mais frequência. Seu coração, que antes se concentrava em objetivos e desejos temporários, superficiais, perderá a insegurança em relação a si mesmo e se tornará dedicado àquilo que é poderoso e permanente. Seu desempenho vai decolar. Sua vida vai mudar. Vamos lá. Maravilhas nos aguardam.

1

MASLOW E O MASERATI

A busca por mais

Seduzidos pelo canto da sereia de uma sociedade consumista e cheia de soluções rápidas, muitas vezes escolhemos um caminho que traz apenas a ilusão da conquista, a sombra de uma satisfação.[1]

– George Leonard, mestre de aikidô

Se você quer liberdade, pode ser uma boa ideia ir viver na selva. Lá não há contas a pagar nem um quintal para cuidar. Se o que você quer é estabilidade e segurança, pode ser uma boa ideia contar com as três refeições diárias oferecidas atrás das grades de uma prisão. Porém, se você quer uma liberdade diferente, a liberdade de uma vida de visão e coragem, paz e alegria, isso terá um preço. A verdadeira liberdade custa caro.

Para sermos realmente livres, precisamos ter a coragem de nos adequar a certas disciplinas, de encarar nossos medos e entrar em contato com quem somos de verdade. O caminho rumo ao sucesso real e à satisfação a longo prazo é arriscado: obstáculos como o materialismo, o consumismo e a gratificação instantânea nos assolam todos os dias. Eles geram um entorpecimento sedutor e uma falsa realidade que inibe uma vida poderosa, uma vida de liberdade. À medida que nos adequamos às expectativas da sociedade e suas definições de sucesso, passamos a ser definidos pelo nosso desempenho diário (e por nossos resultados), perdemos nossa liberdade e, por fim, perdemos a nós mesmos.

É uma visão assustadora, o caminho arriscado rumo aos nossos verdadeiros sonhos. É bem mais confortável seguir a rota mais fácil, mais ampla, de menos riscos, menos fracassos e mais autocomplacência. Não gostamos de encarar o caminho desconhecido das possibilidades; ele é apavorante demais. É mais fácil ceder àquela parte da mente que deseja gratificação instantânea e prazeres temporários para esconder a imagem mais ampla e mais assustadora daquilo que realmente queremos: os momentos sagrados que experimentamos quando nos sentimos vivos de verdade. Então acabamos usando os talentos que Deus nos deu para ir atrás de falsos ídolos – dinheiro, status, números ou aprovação –, em uma tentativa de saciar nossa intensa sede de estar aterrados e realizados.

Todos nós já passamos por momentos em que tudo se encaixou em perfeita harmonia: momentos sagrados, em que estivemos imersos de corpo e alma na experiência e nos sentimos plenamente vivos. Quando esses momentos acontecem, desejamos, mesmo que por um milésimo de segundo, ter a coragem de permanecer nesse caminho arriscado com todo o nosso coração.

E nós podemos fazer isso! Só que, com frequência, somos tão duros com nós mesmos, amplificando todos os nossos fracassos e arrependimentos, que deixamos de enxergar o que ainda é possível – uma vida de liberdade, repleta de contentamento, alegria e confiança profundos, independentemente das circunstâncias. Todos nós somos humanos, lá no fundo temos os mesmos desejos e preocupações. Queremos experiências incríveis e relacionamentos significativos, queremos fazer parte de algo maior que nós mesmos. Queremos amar e rir e ser bem-sucedidos. Isso é da natureza humana.

Mas cada um de nós também tem uma mente cheia de julgamentos, que produz desejos que nos machucam e crenças que nos limitam. Tudo isso acontece porque ela não foi treinada para lidar com o único componente que está por trás de tudo: *nossos pensamentos.*

Na busca pelo desempenho extraordinário, é fácil sucumbir à ansiedade e à pressão, porque muitas coisas estão fora do nosso controle. Por outro lado, quando aprendemos a viver completamente no momento presente, conseguimos alcançar nosso melhor desempenho *e* amar o desafio. Toda performance, apresentação ou dificuldade que encontrarmos se torna uma oportunidade de aprender, crescer e vivenciar ativamente cada momento. Nesta jornada, você verá que os melhores momentos sempre surgem de uma mente livre de confusão e de um coração leve. Isso nos permite correr os riscos necessários para nos tornarmos tudo que fomos criados para ser.

O caminho estreito da autotranscendência

Não almeje o sucesso – quanto mais você almejá-lo e transformá-lo em um alvo, mais errará a mira. Pois o sucesso, assim como a felicidade, não pode ser encontrado; ele deve resultar de algo, e só tem lugar como efeito colateral involuntário da dedicação de uma pessoa a uma causa maior do que ela ou como subproduto da entrega pessoal a outro ser.

– Dr. Viktor Frankl, sobrevivente do Holocausto, escritor, *Em busca de sentido*

Na busca por uma vida de liberdade, há dois caminhos básicos: a estrada mais popular, ampla e convidativa, oferecendo elogios e admiração; e a estreita, que, apesar de difícil, menos glamourosa e frequentemente pedregosa, leva ao contentamento, à alegria e à confiança profundos. Este último caminho é marcado por sacrifícios, mas é essencial para um desempenho extraordinário. Nele, encontramos a liberdade de um coração não dividido, não apegado a resultados nem ao que os outros poderiam pensar ou dizer.

O psiquiatra Abraham Maslow estudou esse caminho de um jeito interessante.[2] Ele analisou as características de personalidades bem-sucedidas como Abraham Lincoln, Thomas Jefferson e Albert Einstein: como pensavam, com que sonhavam, como viviam. Ao fazer isso, descobriu que todas elas compartilhavam várias características, incluindo um forte senso de identidade, uma conexão próxima com outras pessoas e tanto a curiosidade quanto a engenhosidade necessária para solucionar problemas. Elas apresentavam níveis elevados de autoaceitação e tinham motivação para ter momentos de intensa realização, conhecidos como experiências de pico. Ele chamou essas pessoas, que não apenas mudaram o mundo como também tiveram uma vida plena, de *pessoas autorrealizadas, completamente humanas.*

Segundo Maslow, essas pessoas, com sua visão mais ampla, compartilhavam a capacidade única de desfrutar de momentos em que se sentiam realmente vivas, criativas e integradas. Os grandes realizadores de Maslow buscavam, de forma abnegada, um propósito que ia além de si mesmos. Por isso nós os chamaremos de pessoas *autotranscendentes*, que enxergavam o mundo de um ponto de vista que ia além do eu e, portanto, tinham a liberdade de viver plenamente. Aqui vão as nove características que Maslow usou para descrevê-las:

1. **Absorção total:** Elas aprendem a vivenciar eventos importantes de forma completa, vívida e abnegada, com total concentração.
2. **Crescimento pessoal:** Elas não se apegam a necessidades ou desejos inferiores (por exemplo, a aprovação de terceiros) e, em vez disso, buscam aprender e crescer. Seu objetivo é mais aproveitar o momento do que conseguir qualquer recompensa palpável. Para elas, os fins *são* os meios; a fonte do prazer é a jornada, não o resultado.
3. **Consciência de si:** Pessoas autotranscendentes se dedicam a entender suas reais motivações, emoções e capacidades. Elas são guiadas por um código de ética próprio, o que frequentemente faz com que se sintam estrangeiras em uma terra estranha.
4. ***Gemeinschaft*:** O termo alemão significa companheirismo e comunidade. Maslow acreditava que o pertencimento é uma necessidade humana básica e que a conexão com os outros é uma parte essencial da autorrealização.
5. **Gratidão:** Elas têm a maravilhosa capacidade de apreciar repetidas vezes, de forma genuína e ingênua, as pequenas coisas boas da vida, com fascínio, prazer, admiração e até êxtase, por mais que essas experiências tenham se tornado sem graça para os outros. Para uma pessoa assim, qualquer pôr do sol pode ser tão lindo quanto o primeiro, qualquer flor continua deslumbrante, mesmo em meio a um milhão de outras flores. Até um dia de trabalho normal e a rotina diária da vida podem ser emocionantes.
6. **Autenticidade/resistência à aculturação:** Elas se sentem motivadas a desenvolver seu pleno potencial interior, e não a buscar as recompensas externas da sociedade; têm maior autonomia e resistem para não se tornarem iguais aos outros.

7. **Solitude:** Pessoas autotranscendentes conseguem ficar sozinhas com os próprios sentimentos. Costumam desejar mais a solitude que as pessoas comuns. Gostam de ter tempo para refletir em silêncio, sem a necessidade de estarem cercadas de gente o tempo todo. Elas conseguem estar perto de alguém sem sentir que precisam se comunicar; estar na presença do outro já é suficiente.
8. **Propósito maior que si mesmo:** Elas têm alguma missão na vida, alguma tarefa a cumprir, algum problema fora de si mesmas que exige boa parte de sua energia, pelo bem da humanidade.
9. **Ausência de defesas do ego:** Maslow acreditava que criamos barreiras tentando nos proteger, mas que acabam nos limitando. Pessoas autotranscendentes conseguem identificar suas defesas interiores e depois encontrar a coragem necessária para abrir mão delas.

Nas páginas a seguir, você vai aprender como o egocentrismo leva ao medo e, da mesma forma, como a abnegação leva ao destemor. Para pessoas autotranscendentes, sua preocupação natural consigo mesmas – e toda a mesquinharia e limitação que a acompanham – é ofuscada por uma visão muito mais ampla, que oferece possibilidades bem mais abrangentes do que uma mente egocêntrica seria capaz de imaginar.

Segundo Maslow, essas características e os comportamentos associados a elas revelam o que já está dentro de nós, ou melhor, o que nós já somos.

Imagine Michelangelo talhando o bloco de mármore enquanto esculpia o Davi. Ele removeu tudo que não era o Davi para expor sua magnífica forma humana. Da mesma maneira, nós somos a pedra com o potencial de se tornar algo incrível, mas acabamos limitados pelos medos, expectativas e preocupações. Nós fomos socializados para valorizar a fama e a popularidade do sucesso, por mais passageiras que sejam, e não as experiências que as geram. Assim, perdemos a alegria. Ficamos tão obcecados em vencer que começamos a ter medo de perder.

O apego por algo que está fora do nosso controle nos torna carentes e traz consigo o medo de não conseguir o que queremos. Surgem então a preocupação com nós mesmos e a inibição, dispersando nossa energia e dividindo nosso poder. Cria-se uma via de mão dupla, oscilando entre a busca pela vitória e o medo de perder; a tensão cresce à medida que a pressão aumenta. Porém, por trás dessas limitações, há um coração não dividido – o coração de um guerreiro –, nosso verdadeiro eu. Remova tudo que não é você e, assim como Michelangelo revelou o Davi, você descobrirá força e equilíbrio incríveis.

O vírus da afluência

O real valor de um homem é medido pelos objetos que ele almeja.[3]
– MARCO AURÉLIO, imperador romano, 121-180 d.C.

É difícil remover aquilo que nós não somos. É fácil nos desviarmos do caminho, seduzidos pela ilusão do que parece ser nosso verdadeiro sonho. A cultura ocidental nos expõe diariamente ao vírus da "afluência" (o mais perigoso de todos – que é capaz de roubar nossa alma). Ele idolatra cinco coisas:

- Aparência física
- Conquistas
- Influência social
- Meios materiais
- Abundância financeira

ACIMA traz em si a conotação de superioridade. Esses cinco símbolos do sucesso podem nos roubar nossos sonhos reais ao colocarem nosso foco neles, e não no que é realmente importante, empoderador e permanente. O vírus da afluência nos injeta o desejo constante de conseguir mais e de nos comparar uns com os outros, sem nunca se satisfazer. É um fenômeno que divide nosso coração e nos distancia de nosso verdadeiro eu.

Ironicamente, nossa obsessão por esses símbolos nos afasta do sonho real dentro de nós. Um carro melhor. Uma casa maior. Um milhão de seguidores. A atração natural por coisas que melhoram nossa aparência e trazem uma sensação gostosa é o ponto em que o caminho se desvia do que é poderoso, gratificante e permanente.

De acordo com Maslow, se passarmos a vida sempre em busca de um lugar melhor para morar e de um carro mais bonito (por mais legais que sejam), estamos suprindo apenas as necessidades inferiores.[4] O problema não está nos componentes do vírus em si – a abundância financeira, as conquistas, etc. –, mas em depositar nossa confiança e nossa identidade em algo passageiro e instável.

O problema real surge quando essas coisas externas se tornam nossos maiores tesouros, porque o coração passa a seguir essa mesma lógica. O foco de nossos maiores desejos nos molda a ter as características daquilo que desejamos. Os meios materiais e as conquistas, a aparência física, a abundância financeira e a influência social, tudo isso é passageiro, e um coração calcado em coisas transitórias terá a insegurança como companheira constante.

Quando outras pessoas elogiam ou cobiçam nossos símbolos de sucesso, sentimos um orgulho momentâneo e temos uma falsa sensação de merecimento, que nos instiga a conseguir mais daquilo que nos rendeu elogios. Quanto mais conquistamos, mais queremos e maior é a dificuldade de curtir as coisas que antes eram muito empolgantes. Essa ânsia se transforma em uma doença, que leva ao desespero à medida que nossa identidade vai se definindo por aquilo que temos, que conquistamos, por nossa aparência ou pela maneira que os outros nos enxergam. Quando alcançamos objetivos desse tipo, entendemos que eles são ocos, que deixam em nós um vazio.

Na cultura ocidental, o vírus da afluência está por todo canto. Quando todo mundo que nos cerca está gripado, é difícil não ficarmos doentes também; precisamos tomar medidas para aumentar nossa imunidade ou também seremos contaminados. A imunidade, como veremos ao longo do livro, é fortalecida por um forte senso de identidade, um propósito maior que si mesmo e um sistema poderoso para gerenciar nossos pensamentos, sentimentos e desejos.

Nas minhas visitas a outras culturas, deparei com uma vida bem mais simples. Na Costa Rica, por exemplo, advogados e taxistas, clientes e donos de loja, todos pareciam socialmente iguais. Um dentista pode socializar com o motorista de um reboque e convidá-lo para jantar após ter seu carro rebocado, como aconteceu com a família com quem morei lá enquanto trabalhava como coach. Ainda me lembro do meu anfitrião perguntando se ele queria comer com a gente – como se isso fosse muito normal – e ficando muito entusiasmado durante o jantar quando o motorista lhe mostrou em um mapa de qual região ele vinha. A cultura costa-riquenha me pareceu bem mais feliz e satisfeita que a minha. As pessoas trabalham. Comem. Se divertem. Em seu país em desenvolvimento, elas precisam de pouco e apreciam muito.

Seu desejo mais profundo

Ó Deus maravilhoso, aumentai minha capacidade de me fascinar pelo que é fascinante e removei minha atração pelo que é insignificante![5]

– Dr. John Piper, teólogo

Cerca de 1.700 anos atrás, viveu um cara chamado Aurélio Agostinho, conhecido por amar a sabedoria e por ter uma grande sede de conhecimento. Em seus estudos, ele compartilhou uma ideia intrigante: "Em grande parte, somos moldados não pelo que pensamos, não pelo que fazemos, mas pelo que amamos. Pois, ao indagarmos se alguém é uma boa pessoa, não questionamos sobre suas crenças ou esperanças, mas sobre seus amores."[6]

Em outras palavras, são nossos amores que comandam nossas ações e a direção da nossa vida. Aquilo que mais amamos em determinado momento controla nossa vida naquele instante. Agostinho acreditava que a causa fundamental da nossa insatisfação era o fato de nossos amores estarem desordenados. Se amarmos a popularidade acima de tudo, a insegurança nos seguirá por toda parte. Se amarmos algo mais poderoso, no entanto, como o amor em si – do tipo incondicional –, seremos empoderados *e* satisfeitos. Para termos uma vida de plenitude, portanto, devemos organizar nossos amores de forma empoderadora. Devemos amar mais o que for mais poderoso.

Nos meus tempos como jogador profissional de beisebol, eu acreditava que o que mais amava era acertar home runs, ouvir os gritos da torcida, estar em boa forma e competir. O que entendi desde então, mas que não sabia na época, é que o que eu realmente amava era me sentir totalmente vivo. Eu ansiava por estar presente de corpo e alma no momento... jogar com paixão... fazer parte de um time, nos aproximando cada vez mais em torno de um propósito comum.

O que você mais ama é um bom indicador para saber se você foi ou não infectado com o vírus da afluência. Como descobrir o que você mais ama? Faça a si mesmo três perguntas:

1. Com que eu sonho?
2. Com que me preocupo? (O que tem me deixado ansioso com frequência?)
3. Com que fico aborrecido? (O que me deixa mais zangado?)

A resposta para essas perguntas revela o que, no fundo do seu coração, é mais importante para você. Sua vida será tão estável quanto essa *coisa*. É em torno dela que sua vida é construída. Então? Você foi contaminado pelo vírus?

Um dos sintomas virais é a sensação que os contaminados costumam ter de que o mundo lhes deve alguma coisa. Quando nos habituamos a certo nível de sucesso material e nossa identidade fica atrelada a ele, nos sentimos profundamente abalados quando as palavras ou ações de alguém ameaçam nossa reputação ou nosso status. Aquelas coisas que a sociedade diz que são incríveis – apesar de serem passageiras – se infiltraram em nossa identidade. Elas se tornaram parte de nós.

A característica mais influente do vírus não é nem o desejo por mais, mas o desejo por ter mais do que os outros. O *mais do que* é a chama que faz ferver a poção.

Todos nós temos o desejo inato de crescer, de nos tornarmos quem podemos ser. No entanto, é difícil interpretar o que isso significa e saber como chegar lá. É muito fácil se distrair, tomar o caminho errado, sair em busca de objetivos inferiores e se deixar guiar por ambições menores. Nós queremos experiências incríveis e uma vida significativa, mas com frequência somos atraídos por desejos, comparações e buscas que não são importantes nem emocionantes. A vida se torna repetitiva e entorpecida quando nosso maior objetivo ou desejo, em última instância, é vazio.

David Foster Wallace, finalista do Prêmio Pulitzer, defende que estaremos enganando a nós mesmos se acharmos que não idolatramos nenhum objetivo/coisa/deus. Ele explica:

Nas trincheiras diárias da vida adulta não existe ateísmo. Não existe isso de não idolatrar nada. Todo mundo idolatra alguma coisa. Nossa única escolha é o quê. E um ótimo motivo para escolher algum tipo de deus ou figura espiritual - seja J. C., Alá, Javé, a deusa-mãe Wiccana, as Quatro Nobres Verdades ou algum conjunto de princípios éticos invioláveis - é que basicamente qualquer outra coisa que idolatrarmos vai nos comer vivos. Se idolatrarmos dinheiro e bens materiais - se buscarmos neles o verdadeiro sentido da vida -, nunca teremos o bastante. Nunca sentiremos que temos o bastante. A verdade é essa. Se idolatrarmos nosso corpo, nossa beleza e nosso poder de atração sexual, quando o tempo e a idade começarem a deixar marcas, morreremos um milhão de vezes antes de finalmente nos enterrarem. De certa forma, já sabemos tudo isso - é algo que foi codificado em mitos, provérbios, clichês, chavões, ditados, parábolas: é o esqueleto de toda grande história. O segredo é manter essa verdade em nossa consciência diária. Se idolatrarmos o poder, nos sentiremos fracos e com medo, e precisaremos sempre conquistar mais poder sobre os outros para manter esse medo sob controle. Se idolatrarmos o intelecto, o fato de sermos vistos como inteligentes, acabaremos nos sentido burros, uma fraude, sempre prestes a ser descobertos. E assim por diante.[7]

Talvez você diga: eu não me importo com a opinião dos outros. Não tenho apegos nem vícios. Só quero ser feliz. Então talvez a felicidade seja o seu deus. Nesse caso, ela será inalcançável para sempre se sua vida não tiver mais significado e desejos outros que não apenas suprir suas próprias necessidades. A vida será uma busca contínua por mais - mais conforto, mais aceitação, mais seguidores ou simplesmente mais ocupação.

A busca por fantasmas

Em seu reflexivo livro *Season of Life* (Temporada da vida), Jeffrey Marx fala sobre o estilo único do treinador Joe Ehrmann, antigo astro da NFL que se tornou assistente voluntário no colégio de ensino médio Gilman, em

Maryland. De fora, a carreira de Ehrmann na NFL parecia ser um sucesso, mas ele se sentia vazio.

Ele explica:

> Eu achava que o futebol americano profissional me ajudaria a encontrar algum propósito ou sentido na vida. Mas a verdade é que tudo que encontrei na NFL foi mais confusão. Eu insistia em acreditar que, se não fosse naquele contrato, no próximo eu com certeza encontraria alguma serenidade ou paz, ou na próxima garota, na próxima casa, no próximo carro, no próximo prêmio, quando eu jogasse numa final de campeonato, quando eu chegasse ao Super Bowl. E acho que o que aconteceu comigo acontece com muitos atletas profissionais: você começa a perder perspectiva. Você meio que vai subindo a escada do sucesso e, quando chega ao topo, percebe que ela levava ao edifício errado.[8]

Joe percebeu que tinha sido ensinado a buscar apenas os fantasmas daquilo que realmente queria. "O grande fracasso da sociedade é fazermos um péssimo trabalho na hora de ensinar os meninos a serem homens", diz ele.[9] Em seu desejo de ser homem, ele buscou uma masculinidade falsa, tentando encontrar validação em suas habilidades atléticas, em suas conquistas sexuais e no sucesso econômico. Joe diz:

> A masculinidade, em primeiro lugar e acima de tudo, precisa ser definida em termos de relacionamentos. O sucesso existe em termos de relacionamentos. O segundo critério – o único outro para masculinidade – é que todos nós devemos ter uma causa, um propósito na vida, que seja maior do que nossos sonhos, esperanças, desejos e vontades individuais. No fim da vida, devemos poder olhar para trás e saber que o mundo de algum jeito se tornou melhor porque nós vivemos, amamos, colocamos o outro no centro e nos voltamos para os outros.

A abordagem incomum de Joe vem da sua própria experiência em busca do sonho americano, um sonho que, no fim das contas, não cumpriu o prometido. O que Joe queria era algo mais substancial que troféus, mais significativo que dinheiro. Enquanto jogava futebol americano profissional, ele descobriu que os atraentes símbolos externos do sucesso lhe traziam uma gratificação instantânea, mas desviavam seu foco das qualidades que o ajudariam pelo resto da vida.

A armadilha em que Joe caiu e o vírus que o afligiu aprisionam quase todos nós. Todo mundo quer ser bem-sucedido, mas o que isso significa? Com frequência, as pessoas dizem que só querem ser felizes, mas até mesmo esse conceito é difícil de definir. Não somos muito bons em determinar o que nos traz felicidade, e muito menos em saber como nos sentir vivos de verdade. Queremos alegria, paz e satisfação reais e duradouras, mas todos os dias deparamos com potenciais atalhos que sabotam essa busca. Algo no horizonte sempre nos atrai para recompensas temporárias, nos distraindo do processo de aprimoramento do caráter necessário para desenvolvermos força interior.

Quando temos força interior, agimos no mundo com paz e confiança, não importam as circunstâncias. Quando nossa vida interior é instável, agimos no mundo com fraqueza, não importa quanto dinheiro ou sucesso tivermos.

É natural querer pular o processo de desenvolvimento do caráter de nosso mundo interior. Nossa cultura ensina que devemos nos concentrar em objetivos temporários, superficiais. É fácil acabarmos presos em um entorpecimento robótico, obcecados em alcançar o próximo patamar na vida pessoal ou profissional. Nesse processo, o significado se perde, só importa o resultado final, vencer ou perder, e como seremos avaliados e vistos pelos outros. Acabamos perdendo de vista o motivo pelo qual queremos realizar nossos desejos, que são as experiências que temos e o crescimento que resulta delas. Em vez de a usarmos para aprender e crescer, cada performance e seus respectivos resultados se tornam cada vez mais uma avaliação de nosso valor pessoal e uma busca constante por ele.

Assim acabamos buscando sentimentos para nos apaziguarmos, nos tornando escravos de nossos impulsos, em vez de fazermos o que precisa ser feito para construirmos uma base duradoura para a melhor vida possível.

A obsessão pela vitória

Quando era garoto e depois, durante o tempo em que atuei como atleta profissional, eu sonhava em ser o herói – em rebater a bola que garantiria um home run e a vitória da World Series ou marcar o touchdown vencedor do Super Bowl. Então, quando fui selecionado para jogar pelo Chicago Cubs, isso foi a realização de um sonho. Só que minha obsessão pelo estrelato vinha acompanhada de uma pressão absurda. Permiti que minha identidade se tornasse atrelada ao uniforme do time. Minha mente foi dominada pelo medo de não estar à altura e de não viver a vida para a qual eu estava destinado. Como resultado, passei a me deixar definir pelo meu desempenho. Meu valor pessoal dependia de como eu jogava.

É fácil confundir a emoção da vitória com a experiência de aprender, crescer e me sentir vivo. O que eu não entendia era que a parte que mais me trazia realização não era usar o uniforme do Chicago Cubs, acertar a bola no ponto exato ou mergulhar e conseguir pegar uma bola impossível.

A vitória tem um fascínio ilusório porque nosso mundo de redes sociais é obcecado por ela. No entanto, vencer não significa que você tenha sido ótimo, dado seu melhor ou mesmo que sequer tenha tido um bom desempenho. Podemos dizer que vencer é tanto a solução quanto o problema – é algo que fica a meio caminho entre aquilo que realmente queremos e a ilusão inspirada pela afluência. Pense em uma corrida em que um atleta bate um recorde pessoal, mas perde por um décimo de segundo, e o vencedor não alcança seu próprio recorde. Quem teve uma corrida melhor? Enquanto a maioria das pessoas responderia que o atleta mais rápido venceu, talvez a real vitória tenha sido daquele que bateu seu recorde pessoal.

Jogar para vencer é uma ótima motivação em competições, mas, quando vencer se torna mais valioso do que viver o momento por inteiro e melhorar, percebemos que muitas variáveis estão fora do nosso controle, e a tensão e a dúvida se tornam nossas companheiras constantes.

O preço de qualquer coisa, como disse Henry David Thoreau, é a quantidade de vida que trocamos por ela. Trocar a própria alma por uma vitória é se perder na obsessão da sociedade por tudo aquilo que é rápido, chamativo e empolgante: os 454 cavalos de potência, o ar de elegância italiano, o câmbio acolchoado, o fator que nos causa tanto fascínio.[10] Sem ganhar prêmios (nem cobertura da imprensa), a disciplina, o autocontrole e o trabalho duro necessários para alcançar o sucesso ficam invisíveis – e o processo não recebe o devido valor.

Conquistar a medalha de ouro (ou o Maserati) não é ótimo por causa da medalha em si. A grandeza está na pessoa que nos tornamos, que pode fazer a diferença na vida dos outros, que se sacrificou para aprender e crescer e se tornar alguém que nunca imaginamos que poderíamos ser. O processo de aprender e crescer em amor, sabedoria e coragem – de nos tornarmos mais completamente quem somos –, mesmo com todas as adversidades, é o que torna a conquista incrível.

Os melhores professores e treinadores sabem que uma vida extraordinária é possível, por isso transmitem habilidades como disciplina, coragem e amor. Eles valorizam bem mais o aprendizado e o crescimento do que a tarefa que estão ensinando ou o jogo que estão tentando vencer. Dean Smith, lendário treinador de basquete da Carolina do Norte, conta:

> Nossos jogadores na Carolina do Norte raramente me escutam falar sobre vencer. A vitória deve ser o subproduto do processo. Não pode haver atalhos. Considerar a vitória o objetivo final não costuma ser um bom jeito de ensinar as coisas.[11]

Ele acrescenta que Tom Osborne, ex-treinador de futebol americano da Universidade de Nebraska, acreditava que o foco na vitória era tanto um obstáculo quanto uma motivação. Segundo Smith, "muitas das coisas que aconteciam nas partidas estavam fora do nosso controle: o talento e a experiência dos times, decisões erradas de juízes, lesões, azar". Definir o sucesso com base em fatores que não podemos controlar é uma forma de sabotar o processo que nos leva até ele, e Smith fazia questão de que seus jogadores soubessem disso.

Vencer e perder são coisas bastante parecidas, mas seus efeitos emocionais sobre nós são bastante diferentes. A maioria das pessoas é tão apegada ao resultado que isso obstrui sua visão e seu foco. Nós nos tornamos tão obcecados por vencer que acabamos com medo de perder, e isso nos rouba a liberdade e a alegria. O que nós realmente queremos da vida vai muito além da vitória em uma partida ou uma medalha; o que queremos são recompensas permanentes que enriqueçam nossa existência, como experiências incríveis, a sensação de estar vivo, aprender, crescer e encarar desafios.

Quando conseguirmos "encontrar o Triunfo e o Desastre e tratar esses dois impostores como iguais", como disse Rudyard Kipling, não seremos tão seduzidos pela falsa sensação de segurança que a vitória pode trazer nem perderemos o crescimento que a derrota oferece.[12] O fracasso é doloroso, mas o aprendizado e a experiência que ele traz são tão valiosos que, sem ele, simplesmente não somos capazes de crescer para nos tornar quem realmente somos, nosso verdadeiro eu.

Vitórias não são a melhor forma de avaliar o sucesso, porque não são algo que possamos controlar ou sustentar. Até podemos vencer, mas talvez não tenhamos feito nosso melhor, o que nos deixa tentados a recair na preguiça. Objetivos como conquistar uma medalha de ouro olímpica ou se tornar CEO do Google são incríveis, mas, à medida que for aprendendo a *Excelência Interior*, você verá que é preciso mirar bem mais alto que isso. Você pode usar os princípios e as ferramentas deste livro para alcançar seu objetivo e ainda assim se sentir vazio. Por mais ambiciosas que sejam, essas metas são pequenos pirulitos, quando na verdade fomos criados para ser a loja de doces inteira.

Mike Krzyzewski, treinador de basquete que ganhou cinco campeonatos nacionais pela Universidade Duke, descreve sua abordagem:

> Se ficarmos sempre olhando nossos registros de vitórias e derrotas para determinar se estamos indo bem, estaremos usando o barômetro errado. Enquanto nos esforçarmos para alcançar um sucesso que foi definido por outra pessoa, acredito que sempre nos sentiremos frustrados. Nunca haverá campeonatos suficientes, nunca haverá vitórias suficientes. E, quando finalmente as alcançarmos, se tivermos essa sorte, elas serão apenas números. Alguém dirá que somos incríveis ou bem-sucedidos, mas, no fim das contas, saberemos que é um sucesso vazio. A única maneira de evitar esse triste final é definindo nosso próprio sucesso o tempo todo. A nossa definição deve ser mais profunda do que algo como vencer um campeonato nacional. Ela deve ser a paixão que nos move no fundo do nosso coração.[13]

Como Krzyzewski descobriu, a maior vitória, no fim das contas, não é conquistar algo brilhante, rápido e extravagante, ganhar uma medalha de ouro, um escritório grande ou um campeonato nacional, mas vencer a batalha contra nós mesmos – a batalha pelo nosso coração. A cada atuação nossa, escolhemos entre nosso apego à vitória e o desejo profundo de nos sentirmos completamente vivos, de aprender, crescer e nos tornar mais em paz, mais estáveis, mais capazes de vivenciar momentos poderosos, significativos. É claro que isso nos deixa livres para atuar com paixão e perseverança – e ganhar com mais frequência.

Na busca por uma vida corajosa, devemos estar sempre aprendendo sobre nós mesmos – sobre quem somos de verdade e o que realmente importa. Há apenas uma maneira de conhecer a liberdade, que é encontrar aquela parte de nós mesmos que anseia por ela e descobrir exatamente quais são seus desejos para além das posses e dos prazeres temporários que nos possuem. Devemos ter a determinação de ser disciplinados de uma forma que nos empodere, sacrificando o orgulho e o status em prol do crescimento e da experiência. Nessa busca, podemos encontrar uma liberdade sem limites, que não se deixa escravizar pelos resultados nem seduzir pelo sucesso, mas se concentra no propósito e no altruísmo.

PONTOS PRINCIPAIS

- Há dois caminhos na vida: uma vida de liberdade em um caminho estreito e arriscado, em que você precisa encarar seus medos para ir atrás dos seus sonhos e do seu verdadeiro eu; ou uma vida protegida, em que você viaja por uma estrada ampla, de relativo conforto e segurança, em busca de recompensas temporárias que oferecem menos riscos e ainda menos possibilidades.

- A cultura ocidental é obcecada por símbolos externos de sucesso, o tempo todo nos impulsionando para termos e sermos mais, como uma esteira que nunca para. Aos poucos, isso faz com que nossa busca por relacionamentos significativos e crescimento pessoal seja substituída por recompensas temporárias e superficiais.

- O preço da plenitude da vida é alto, mais do que a maioria das pessoas está disposta a pagar. Ele exige que você faça o trabalho duro de encarar a verdade sobre sua vida interior e seus relacionamentos, e ajuste a lente pela qual vê e julga o mundo.

- A maioria das pessoas se distraiu com a definição de sucesso da nossa cultura e se deixou definir pelos próprios sentimentos e por seu desempenho, recaindo numa obsessão pelo que deseja (bons resultados), mas não consegue controlar.

- As pessoas que mudaram o mundo, de acordo com Maslow, foram capazes de dedicar seu coração e sua mente ao crescimento pessoal a longo prazo, deixando de lado as recompensas externas. Isso permitiu que elas desenvolvessem a força interior que as sustentou durante tempos difíceis.

- Os *autotranscendentes* de Maslow são pessoas cientes da necessidade do ego de reconhecimento; elas se protegem das medidas de defesa do ego que isolam sua vida em vez de elevá-la.

- A menos que tenha um sistema claro para treinar seu coração e sua mente, você vai acabar preso na ilusão cultural do sucesso, afastando-se cada vez mais da força e da paz interior que nascem de um coração não dividido que revela o seu verdadeiro eu.

PERGUNTAS E ATIVIDADES EXTRAS

- Analise a sua vida. Em que caminho você está? Caso se identifique pelo que faz ou pelo que tem, essas coisas lhe oferecem paz e realização verdadeiras? Se elas ou suas conquistas desaparecessem, quem você seria?

- Imagine que você tem 80 anos e está pensando em tudo que viveu. O que foi mais importante? Se continuar vivendo como vive hoje, qual será seu legado?

- Nas ocasiões em que teve seu melhor desempenho possível, quais características descrevem como você se sentiu e em que estava pensando?
- Quanta liberdade você sente ter quando está no trabalho ou em casa? O que será necessário para viver e trabalhar com total liberdade (mesmo no emprego que você tem agora)?

2

ONDE VIVEM OS MONSTROS

Orgulho e medo e o centro do universo

No Ocidente costumamos pensar que nossos maiores problemas são externos, ambientais. Não temos habilidades para lidar com a vida interior, onde estão as reais origens dos nossos problemas. As distrações externas de nossos interesses refletem uma falta de integração interior da nossa própria vida. Tentamos ser diversos eus de uma vez só, sem organizarmos todos eles em uma única vida dominante dentro de nós.[1]

– THOMAS R. KELLY, *Um testamento de devoção*

Para a maioria das pessoas, isso começa na infância, provavelmente nos primeiros anos do ensino fundamental. Você tenta fazer algo que ama – talvez seja ótimo no beisebol ou toque flauta muito bem – e, um dia, algo muda. Você começa a pensar demais; a mente passa a se intrometer. Talvez você esteja jogando basquete, prestes a fazer um lance livre que vai definir a partida. Antes, estaria completamente focado e daria tudo certo. Só que agora, em vez de apenas seguir a rotina, você pensa: Preciso acertar essa. Essa pequena mudança de perspectiva é o início da batalha de uma vida inteira. Você deixa de aproveitar o momento e começa a ter que acertar, seu coração de um lado e o ego do outro.

Em nossa sociedade orientada para o consumo e obcecada pelas redes sociais, milhares de informações lutam por nossa atenção e nos assolam todos os dias, nos bombardeando desde o momento em que acordamos até o minuto em que vamos dormir. Nós temos mais tecnologias, mais formas de poupar tempo, e cada vez menos tempo. Esse dilúvio de distrações faz nossos pensamentos seguirem por infinitas direções – estamos preocupados o tempo todo, pensando principalmente em nós mesmos. É algo que suga nossa energia e, no processo, nos distancia de nossos objetivos e de nós mesmos, o que é irônico. Nossos pensamentos se tornam obstáculos.

Nossos pensamentos afetam todos os aspectos da nossa vida. A diferença entre sermos concentrados ou distraídos, bem-sucedidos ou malsucedidos, realizados ou frustrados está na maneira como reagimos a eles. Todo o nosso desempenho durante a vida inteira será, em grande parte, moldado por essa batalha travada na mente. Passamos boa parte da vida com uma mente que faz o que quer, quando quer e como quer – como uma criança mimada. Aquilo que acreditávamos ser o centro de controle (a mente) está fora de controle. Assim como o corpo, a mente precisa ser treinada, renovada diariamente, e desfrutar de um descanso quando necessário. Precisamos abrir mão da nossa preocupação com o eu – e todos os pensamentos de autoproteção e desordenados que ela nos traz.

Neste capítulo, falaremos sobre o maior obstáculo que você vai enfrentar: a mente, ou, para ser mais exato, a parte da mente que está o tempo todo fazendo comparações e julgamentos, sentindo-se ameaçada, nunca satisfeita – o ego.

A origem do medo: o egocentrismo

Na minha experiência como atleta profissional e coach trabalhando com atletas de elite, observei que o medo asfixia nossa liberdade e prejudica nosso desempenho mais do que qualquer outra coisa. O medo do fracasso, o medo da rejeição, o medo de não ser o suficiente. No entanto, ele não passa do sintoma de uma questão mais complexa. Sua origem é um vírus do coração: o egocentrismo.

Talvez você não se considere egocêntrico, mas pense no seguinte: tudo que você pensa, diz e faz não é baseado nos seus objetivos, experiências e crenças? Quando fica aborrecido, não é porque você ou algo que era seu foi ameaçado?

Não importa se a imagem que você tem de si mesmo é lisonjeira ou crítica demais, as duas perspectivas são geradas por um egocentrismo que cria inibição, isolamento e falta de visão.

O egocentrismo surge cedo. Quando somos recém-nascidos, aprendemos que nosso choro é recompensado com comida e atenção, criando um mundo de causa e efeito baseado em nossas necessidades e vontades. Esse método de sobrevivência inato permanece conosco pelo resto da vida e nunca é questionado. Até agora.

Não se trata de egoísmo – essa não é uma questão moral. Na verdade, é uma preocupação com nós mesmos que limita nossas opções e atrofia nosso crescimento. Todos nós temos um processo mental para interpretar os acontecimentos e lhes atribuir sentido. Esse processo se baseia em todos os fracassos e lembranças dolorosas do passado. E esse foco no passado e a maneira como nos comparamos com os outros preparam o terreno para o medo se desenvolver.

O medo é o oposto do amor. Ele nos separa de nosso verdadeiro eu. Que, como veremos mais tarde, é incondicional, não dividido pelas tentações e seduções do mundo. Enquanto o amor conecta e integra, o medo separa e isola. O medo se concentra no eu e no futuro. Ele surge da projeção dos fracassos passados no futuro, enxergando mais empecilhos e incertezas. O foco em nós mesmos e nas derrotas anteriores alimenta o medo.

Imagine encarar uma situação semelhante a alguma outra em que você tenha fracassado no passado. Talvez seja acertar uma bola fácil em um jogo de golfe ou lembrar das suas falas durante uma peça. A mente, em uma tentativa de proteger você, lembrará desse fracasso, e essa memória negativa e intrusiva afetará seu desempenho. Em vez de enxergar a situação atual com um olhar novo, como uma oportunidade de performar, você vai encará-la com ansiedade e medo.

O egocentrismo, obviamente, é apenas algo natural. Por toda a vida, só enxergamos o mundo por nossos próprios olhos. Você não viu o que eu vi nem o que alguma outra pessoa viu – não da mesma perspectiva. Além disso, nosso ponto de vista é distorcido com base nas nossas percepções do que vimos e vivenciamos. Toda experiência que temos é comparada com eventos semelhantes do passado e com o sentido que a mente atribuiu a eles. Esse fato não é bom nem ruim, apenas limitante. É por esse filtro tendencioso e limitado que enxergamos o mundo, e ele está lotado de lembranças de fracassos passados.

David Foster Wallace compartilha mais ideias (no seu discurso para os formandos da Kenyon College):

> Tudo na minha experiência imediata confirma minha crença profunda de que sou o absoluto centro do universo, a pessoa mais real, vívida e importante da existência. Nós quase nunca falamos sobre esse tipo de egocentrismo natural, básico, porque ele é socialmente repulsivo, só que, no fundo, todo mundo pensa mais ou menos assim. É nosso padrão de fábrica, que já veio programado desde o nascimento. Pense comigo: você nunca passou por nenhuma experiência em que não fosse o centro absoluto. O mundo, como você o vivencia, está bem aí, na sua frente, ou às suas costas, ou à sua direita ou esquerda, na sua televisão, no seu monitor ou em qualquer outro lugar. Os pensamentos e sentimentos das outras pessoas precisam ser comunicados a você de alguma maneira, mas os seus são imediatos, urgentes, reais – já deu para entender... Não é uma questão de virtude – é uma questão de escolher fazer o esforço para, de alguma maneira, alterar ou me livrar da programação natural que já veio assim de fábrica, que é ser extrema e literalmente egocêntrico, e ver e interpretar tudo pela lente do eu.[2]

O apego ao passado e a fracassos anteriores nos deixa inibidos, constrangidos, preocupados com nós mesmos e com o que os outros pensam de nós. Caso você esteja tentando fazer um lance livre sob pressão, por exemplo, a tarefa não é difícil apenas por causa das consequências de errar, mas também pelo pensamento de que a pessoa a cometer tal erro seria você. E é claro que você já errou alguns lances livres.

Quando ficamos constrangidos, queremos nos sentir melhor. Então o que costumamos fazer? Nós nos comparamos com os outros e, para isso, usamos as cinco medidas do sucesso associadas ao vírus da afluência – aparência física, conquistas, influência social, meios materiais e abundância financeira. Nós avaliamos o que temos e o que os outros têm, o que fizemos e o que os outros fizeram. A aparência física e as conquistas são componentes especialmente importantes do ego, porque são extremamente pessoais. É inevitável que exista alguém mais bem-sucedido ou bonito do que nós, então queremos mais, porque a nossa identidade está em jogo. O vírus da afluência nos domina.

O problema não é a busca por conquistas; na verdade, este livro fala sobre conquistar o extraordinário. O problema é colocar nossa segurança em coisas que estão fora do nosso controle. É como o que dissemos sobre a vitória: o problema não está nela – todo campeão joga para vencer. O problema surge quando o resultado final ofusca o processo e perdemos a nós mesmos pelo caminho.

Perder-se significa perder o contato com nosso verdadeiro eu, aquele que deseja viver e amar completamente. Quando perdemos a nós mesmos, nosso coração fica dividido, preocupado em agradar os outros e em parecer bem-sucedido aos olhos do mundo. Não conseguimos estar realmente presentes nos momentos sagrados da vida que nos são enviados para ensinar lições e nos trazer sabedoria e beleza.

Quando nossa identidade vem de métricas de sucesso definidas pela sociedade (como os elementos da sigla ACIMA), nos tornamos apegados a elas. Como somos incapazes de controlar por completo nossos objetivos, nos tornamos carentes e perdemos nossa liberdade. Nós nos agarramos às nossas circunstâncias (situações de vida) para tentar monitorar se estamos nos aproximando ou nos distanciando deles – e nossas circunstâncias são a métrica que usamos para avaliar a distância que percorremos.

À medida que nos apegamos às circunstâncias e precisamos que certas coisas aconteçam, também nos tornamos apegados aos nossos pensamentos. Somos mais influenciados pelas dúvidas quando estamos apegados às circunstâncias. (Falaremos sobre como gerenciar os pensamentos no Capítulo 6.) A frustração e a ansiedade surgem quando o que achamos que deveria acontecer não acontece. A lacuna entre o que queremos sentir e o que estamos sentindo aumenta ainda mais. As dúvidas que se voltavam aos elementos externos (Não vou conquistar meu objetivo) entram no campo pessoal (Não sou capaz) e passam a afetar nossa identidade (Sou um fracasso). Deixados à própria sorte, nossos sonhos se paralisam de medo. Quando estamos apegados ao que queremos mas não conseguimos controlar, a frustração ou o medo estão sempre por perto.

A falta de autoconfiança, a dúvida em relação a nós mesmos, é um desafio imenso, mas também é um desdobramento do egocentrismo. De onde surgem as dúvidas? As pessoas só têm o poder de fazer com que nos sintamos inferiores, incompetentes ou incapazes quando nossa própria mente pensa, aceita e afirma isso. As dúvidas são impulsionadas por nossos próprios pensamentos à medida que as lembranças de fracassos passados vão chegando de mansinho, tornando-nos suscetíveis a influências negativas de fontes externas.

Todos os dias acordamos com uma escolha a fazer. Vamos reconhecer nosso egocentrismo e tentar nos afastar dele e nos aproximar da plenitude da vida ou vamos (por padrão) resvalar para a insegurança, as dúvidas e o medo? Com essa decisão, vem a oportunidade de agir com coragem apesar do medo. Nos próximos capítulos falaremos sobre os momentos incríveis que aguardam aqueles que abrem mão da rota egocêntrica mais fácil e mais larga e escolhem o caminho estreito, que nos oferece um campo de visão muito mais amplo.

Figura 2.1 – O caminho para o medo

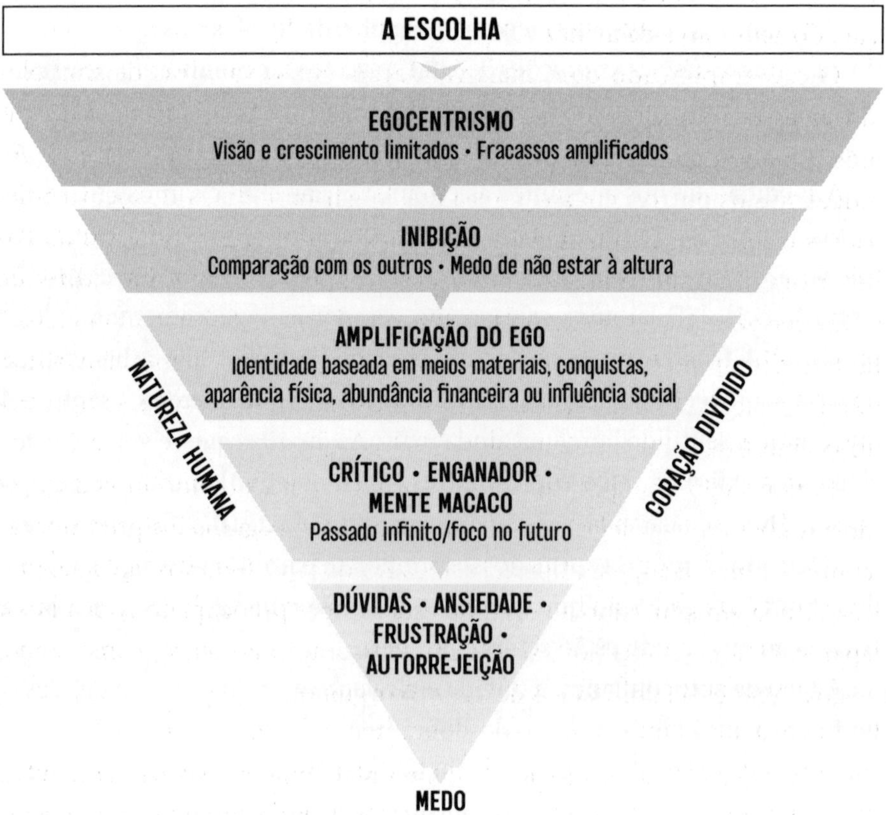

A obsessão pelo eu

No dia a dia, 99% dos nossos pensamentos são egocêntricos.[3]

– SHUNRYU SUZUKI, mestre zen

Como vemos na Figura 2.1, o egocentrismo leva à inibição, que amplifica o ego. O ego é o maior adversário que enfrentaremos, porque ele nos limita aos nossos cinco sentidos e ao conhecimento que advém apenas das nossas experiências pessoais. Esse foco estreito exclui as ideias, oportunidades e conexões que são possíveis com uma visão mais ampla. Quando temos uma visão que se restringe apenas às nossas necessidades e vontades, passamos a pensar somente na nossa satisfação. A vida se distancia do aprendizado e do crescimento, de dar e receber, e passa a girar em torno da autopreservação, do acúmulo e da avidez.

O ego amplificado quer mais validação, então vai atrás de símbolos do sucesso. Só que sempre vai existir alguém mais bem-sucedido do que nós. Então julgamos essa pessoa (lhe damos um veredito negativo). Ao julgarmos os outros, começamos a nos julgar também, a nos sentir inferiores e a ser enganados pela nossa própria mente. Escutamos uma voz interior que sussurra julgamentos negativos sobre nós mesmos, dizendo "Quem é você para ser excelente no que faz?" ou "Você não é suficiente". Essa parte da mente, o combustível do ego, é o que chamei de Crítico, Mente Macaco e Enganador. Entraremos em mais detalhes no próximo capítulo.

Então o ego é amplificado e se transforma em orgulho e medo, e os dois roubam nossa alegria. Na nossa definição, o orgulho é a preocupação com o eu marcada pela inibição, ou, como diria C. S. Lewis, a concentração sisuda em si mesmo. O orgulho está sempre preocupado com a nossa aparência, com como nos saímos em comparação ao outro, como somos vistos. Aqui está como Lewis descreve o orgulho:

> O orgulho não sente prazer em ter algo, mas apenas em ter mais do que o outro. Dizemos que as pessoas sentem orgulho de ser ricas, inteligentes ou bonitas, mas isso não é verdade. Elas se orgulham de ser mais ricas, mais inteligentes ou mais bonitas do que os outros. Se

todo mundo se tornasse igualmente rico, inteligente ou bonito, elas não encontrariam motivos para sentir orgulho.[4]

Em nossa preocupação (inibida) por nós mesmos, o ego vem com tudo para se destacar, mas termina fazendo o oposto, acabando com nossa alegria. O Dr. Timothy Keller, autor de *Ego transformado*, afirma que o orgulho destrói nossa capacidade de sentir real prazer. Ele explica:

> O ego está sempre chamando atenção para si mesmo. Ele se mantém extremamente ocupado tentando preencher o vazio. E se mantém extremamente ocupado fazendo duas coisas em específico – comparando e se vangloriando. (...) A maneira como o ego tenta preencher seu vazio é se comparando com outras pessoas. O tempo todo. A competitividade está no âmago do orgulho. (...) Quando estamos na presença de alguém que é mais bem-sucedido, inteligente ou bonito do que nós, perdemos todo prazer que sentíamos em relação ao que tínhamos. Isso acontece porque aquilo nunca nos deu prazer. Apenas orgulho.[5]

Talvez você agora esteja se perguntando: mas e os superastros do esporte e CEOs com o ego descontrolado? Apesar de eu acreditar que o medo é o principal obstáculo que enfrentamos, ele não limita todo mundo. O medo pode ser extremamente motivador; é uma energia poderosa, afinal. A pegadinha é que, para a maioria das pessoas, ele as impede de atuar com liberdade e paixão. Como podemos estar completamente presentes no momento quando ficamos nos comparando com os outros e nos preocupando com o que eles vão pensar? Este livro fala sobre como alcançar um desempenho extraordinário e plenitude da vida. Com um ego descontrolado, isso é impossível.

Egocentrismo versus consciência de si

Não sou doida, mas uma pessoa extremamente sentimental em um mundo doido. Agora explico isso quando alguém me pergunta por que choro tanto. Eu digo: "Pelo mesmo motivo que rio tanto – porque estou prestando atenção." Explico que podemos escolher ser perfeitos e admirados ou verdadeiros e amados. Precisamos decidir.[6]

– GLENNON DOYLE MELTON, *Somos guerreiras*

Em nossa discussão, o egocentrismo é um atributo que bloqueia nosso crescimento com comparações e inibição, frustração e medo. Ele nos impede de enxergar o quadro geral e divide nosso coração. A consciência de si, pelo contrário, promove nosso crescimento ao reconhecer que somos parte de algo maior. Quando temos essa autoconsciência, somos capazes de observar nossos pensamentos e comportamentos de forma desapegada, o que nos permite enxergar nosso lugar no quadro geral, interconectados com os outros. É uma lente poderosa pela qual podemos enxergar com clareza suficiente para aprender e crescer de forma a nos tornarmos nosso verdadeiro eu.

O egocentrismo é uma miopia que não enxerga nada além de nossos fracassos e limitações. Somos tomados por pensamentos limitantes que nos dizem quem não podemos ser e o que não podemos fazer. A visão mais ampla da consciência de si, no entanto, enxerga opções que não se limitam a nossas experiências ou à mente racional. Ela é a sabedoria que discerne que nosso verdadeiro eu e nosso enorme potencial estão além do que conseguimos visualizar agora, nos ajudando a encarar circunstâncias de forma objetiva, como um feedback para continuarmos aprendendo e crescendo.

Uma pessoa egocêntrica sai de uma reunião em que seu desempenho deixou a desejar e diz a si mesma que não sabe falar em público e que nunca se sentirá à vontade apresentando-se na frente de outras pessoas. Ela olha para os colegas e pensa: "Quem dera eu fosse mais parecida com eles, porque aí conseguiria mostrar a todos como sou boa e ganhar destaque." Ela se surpreende quando um colega a elogia por algo que disse na apresentação e parte do princípio de que ele estava apenas sendo simpático, que provavelmente falará mal do seu trabalho pelas costas. Quando a reunião seguinte é marcada, ela fica apavorada só de pensar em entrar na sala. O egocentrismo é o véu que cobre nossa capacidade de enxergar possibilidades, nos desconecta dos outros e nos deixa inibidos.

Enquanto isso, uma pessoa com boa consciência de si pode sair da mesma reunião difícil sentindo-se igualmente decepcionada com o próprio desempenho. Ela olha ao redor e percebe que as pessoas que lidaram melhor com a situação dedicaram mais tempo a se preparar e entende que precisará fazer o mesmo se quiser apresentar suas ideias de forma eficiente. Aberta aos elogios dos colegas, ela os utiliza para reafirmar a crença de que suas ideias inteligentes só precisam de alguns ajustes para ser recebidas da maneira como ela gostaria. Quando a reunião seguinte é marcada, ela se sente confiante. A pessoa com consciência de si enxerga mais opções. Não existe fracasso, apenas feedback.

A obsessão do ego pelo resultado

O ego é obcecado pela vitória e nunca se dá por satisfeito. Ele está o tempo todo se comparando com os outros e se sentindo ameaçado. Ele nos torna inibidos porque depende do mundo exterior para obter validação. Quando temos enfeites chiques, influência social ou medalhas, olhamos para nós mesmos e pensamos "Eu sou alguém; estou com tudo; eu fiz isso". Conseguimos nos projetar em diferentes papéis e usar as máscaras que encobrem quem realmente somos.

Quando o ego assume o controle, nos tornamos apegados demais ao resultado da nossa atuação e às circunstâncias que levam a ele. Com tantas coisas fora do nosso controle, a instabilidade abre espaço para a ansiedade e o medo. Dean Smith, que foi técnico de Michael Jordan na Carolina do Norte, disse: "É completamente necessário que um líder saiba lidar com a derrota. Quanto mais importante for o trabalho de uma pessoa, mais perdas ela sofrerá e mais custosas elas serão."[7] O ego não sabe perder, porque sua identidade é completamente baseada em resultados e a derrota é um golpe direto contra a validação que ele busca. O apego do ego ao resultado (em vez de estar por completo no momento presente) dá início ao processo da dúvida e do medo.

Conquistas extraordinárias dependem de desejos extraordinários e treinamento intenso, sobretudo da mente, para que ela se concentre no processo, não no resultado. O caminho mais produtivo é direcionar nossos desejos e nosso foco ao processo de aprendizado e crescimento, vivenciando nossa vocação a cada momento. O ego, no entanto, está sempre preocupado com o futuro e em como será nossa realidade em comparação com a dos outros.

Um dos aspectos da autotranscendência, como explicou Maslow, é "reconhecer as defesas do ego e ser capaz de abandoná-las quando necessário".[8] Para nossos propósitos, o ego é essa autoimagem defensiva, a parte da mente que se agarra a prazeres temporários, sem dar a devida atenção à motivação por trás das nossas vontades. (A parte da mente que é superconfiante - essa que desejamos desesperadamente - não é assim.)

O ego está apegado ao que a professora Caroline Dweck, de Stanford, descreve como mentalidade fixa, na qual sempre corremos o risco de ser avaliados por um fracasso.[9] Um fracasso pode nos definir de forma permanente. A ideia de se esforçar e ainda assim fracassar - de não ter justificativas - é o pior medo da mentalidade fixa. De acordo com Dweck, muitas pessoas acreditam que grandes gênios não precisam se esforçar e que, se nos dedicarmos ao máximo e ainda assim fracassarmos, não teremos desculpas.

A batalha pelo coração

Talvez a questão não seja tanto como se livrar dos medos, mas o que fazer com eles. Como gerenciar os pensamentos que levam a esses medos? David Foster Wallace fala sobre nosso mar de pensamentos:

> Como imagino que vocês já saibam, é extremamente difícil permanecer alerta e atento, sem se deixar hipnotizar pelo monólogo constante dentro da nossa cabeça, que pode até estar acontecendo agora mesmo. Aprender a pensar na verdade é um atalho para uma ideia muito mais profunda e séria: significa aprender a exercer certo controle sobre como e o que pensamos. Significa ter consciência e

percepção suficientes para escolher em que prestar atenção e como construir sentido a partir da experiência.[10]

Na batalha pelo coração, nossos pensamentos são essenciais. Todos os dias acordamos com sonhos a realizar e experiências incríveis à nossa espera. A mente, com sua predisposição ao egocentrismo, tenderá às limitações, a se inibir e se apegar às necessidades do ego – a menos que você treine seu coração. A boa notícia é que seguimos na direção daquilo que pensamos, e podemos começar hoje mesmo a orientar nossos pensamentos e nosso coração rumo a coisas belas e incríveis. Ao longo da história, as pessoas aprenderam a direcionar seus pensamentos, concentrar seus desejos e enxergar o mundo como ele realmente é. Elas aprenderam a colocar rédeas nos confins inexplorados, onde o eu era o centro do universo.

PONTOS PRINCIPAIS

- O medo de ser um fracassado é o principal obstáculo para a liberdade e o alto rendimento.
- Nossa preocupação natural com nós mesmos e o apego ao passado são a origem desse medo.
- A preocupação com fracassos anteriores leva ao egocentrismo, que alimenta o ego.
- Em nosso desejo intenso, motivado pelo ego, de alcançar o sucesso, nos apegamos aos resultados de nossos objetivos, mas não podemos controlá-los, então nos tornamos carentes.
- Ninguém nos ensinou a lidar com a mente, então as dúvidas e a ansiedade têm mais poder do que deveriam.
- O desenvolvimento da consciência de si é essencial para nos tornarmos quem fomos criados para ser, para conseguirmos deixar para trás julga-

mentos e comparações, enxergando o mundo por uma lente de presença incondicional.

PERGUNTAS E ATIVIDADES EXTRAS

- Treine parar de pensar tanto em si mesmo, concentrando-se na sua respiração e usando seus sentidos. Você consegue parar de analisar e apenas respirar? Apenas sentir?

- Com que frequência você percebe que sua mente está no passado ou no futuro? Carregue um caderninho no bolso e, durante um dia inteiro, registre sempre que sua mente se perder no passado ou no futuro.

- Você já se pegou ruminando os pequenos contratempos da vida – uma fechada no trânsito, uma multa, um comentário grosseiro – ou consegue superar as circunstâncias de forma consistente e permanecer focado no que realmente importa?

- Aqui vai um exercício para você experimentar: Eu, mim e meu.
  - A próxima vez que você for a um jantar ou evento social em que houver pessoas desconhecidas,
    - veja se consegue passar a noite toda sem dizer nada que apresente você sob uma luz favorável;
    - tente ter conversas envolventes sem falar sobre si mesmo (exceto ao responder perguntas diretas) e não use as palavras eu, mim e meu.
  - O objetivo do exercício é desenvolver a consciência do seu ego e de como é difícil não ser autocentrado nem buscar aceitação.

3

OS MAIORES OPONENTES QUE VOCÊ PRECISARÁ ENFRENTAR

O Crítico, a Mente Macaco e o Enganador

Não é o crítico que importa; nem o homem que aponta como o forte cambaleia, ou como algo já feito poderia ter sido feito melhor. O crédito pertence àquele que de fato está na arena, cujo rosto está sujo de terra, suor e sangue; que segue destemido; que erra, que perde uma vez após outra, pois não existe esforço sem equívocos e fraquezas; mas que luta por suas conquistas; que conhece grandes entusiasmos, grandes devoções; que se dedica a uma causa nobre; que vivenciou, na melhor das hipóteses, o triunfo de uma grande vitória, e que, na pior, se fracassar, pelo menos fracassou ousando, para jamais ser equiparado às almas frias e tímidas que não conhecem vitórias nem derrotas.[1]

– THEODORE ROOSEVELT, 26º presidente dos Estados Unidos

Talvez você já tenha ouvido falar que J. K. Rowling, uma mãe solo que contava com programas de auxílio do governo para se sustentar, foi rejeitada por 12 editoras antes de conseguir publicar Harry Potter e se tornar bilionária. Talvez você saiba que Justin Rose, número um no ranking de golfistas de 2018, não conseguiu se classificar para os primeiros 21 campeonatos de sua carreira profissional. Talvez você até saiba que, antes de vencer seis Super Bowls como técnico principal dos New England Patriots, Bill Belichick foi treinador dos Cleveland Browns e quebrou o recorde de derrotas em cinco anos antes de ser demitido. Mas sabe como eles superaram suas adversidades e alcançaram o sucesso? Sabe qual é a verdadeira batalha que você está enfrentando para alcançar seus objetivos e sonhos, e quem são seus principais adversários?

No meu trabalho com atletas de elite e outros profissionais, descobri três adversários que têm um impacto radical em nossa capacidade de estar focados e confiantes. O nome de cada um deles já descreve seus efeitos: o Crítico, a Mente Macaco e o Enganador.

O Crítico é a voz que julga tudo. Ela dá um veredito negativo sobre uma coisa (ou circunstância) ou uma pessoa (com frequência, nós mesmos) e depois tem uma reação emocional a esse julgamento. (Aqui vamos definir a palavra julgar como "dar um veredito negativo", enquanto discernir é "usar sabedoria para determinar a melhor linha de ação".)

A Mente Macaco é aquela presença barulhenta na nossa cabeça. Ela bagunça a mente com um excesso de pensamentos (com frequência negativos ou improdutivos) sobre coisas demais, gerando análises excessivas e ansiedade.

Por fim, o Enganador é aquela voz que mente para nós.[2] Ele sempre tenta nos convencer a acreditar nas nossas limitações e o tempo todo nos acusa de não sermos merecedores de realizar nossos sonhos.

O Crítico constante

Shakespeare disse: "Nada é bom ou mau por si só, apenas quando assim julgamos."[3] Ao julgar e reagir constantemente ao mundo exterior, perdemos a criatividade e a curiosidade de enxergar as possibilidades escondidas pelos nossos julgamentos. O julgamento e a criatividade não podem coexistir. Quando julgamos algo ou alguém, a curiosidade vai embora, levando consigo a criatividade. A criatividade é crucial para o desempenho extraordinário e, quando a perdemos, perdemos muito. Precisamos de uma mente clara que consiga enxergar as soluções sob pressão, e o julgamento nos priva disso.

O Crítico é obcecado pelas circunstâncias e vive apegado a elas. Como sua identidade está calcada nos resultados positivos que lhe trazem prêmios e reconhecimento, o ego sempre analisa os acontecimentos que levam aos resultados para ver se estamos no caminho certo. Ele julga e compara nossos resultados e circunstâncias com os dos outros. Se parecer que estamos nos aproximando de nossos objetivos, nos sentimos bem (temporariamente); se parecer que estamos nos afastando, nos sentimos mal. Apesar de não termos todas as informações, costumamos agir como se tivéssemos, julgando cada circunstância e tendo reações emocionais a elas.

Se nossa necessidade maior for vencer a partida, acertar uma tacada ou fazer uma apresentação impecável, é fácil nos apegarmos não apenas ao resultado, mas também às circunstâncias que cercam nossos esforços para alcançar esse objetivo.

O medo toma conta, porque, quando queremos muito algo que está fora de nosso controle, tememos fracassar. Da mesma maneira, quando temos algo que valorizamos, tememos perdê-lo.

Ao julgar nossas circunstâncias, uma série de perguntas assustadoras surgem: E se eu perder o jogo? E se eu fracassar? E se meu chefe ou meu treinador me tirarem do time? Quando nossa maior necessidade é ter algo sobre o qual não temos controle absoluto, nos tornamos dependentes do resultado. E perdemos nosso poder.

Toda circunstância se torna um barômetro para o Crítico julgar quem somos e o que conquistamos ou deixamos de conquistar. Somos escravizados pelo nosso desempenho, ou melhor, pelo feedback constante do ego sobre como nossa vida está em comparação com a dos outros.

A maioria das pessoas vive em estado de constante reação, e, assim, tem dificuldade para alcançar seus objetivos. A sabedoria e os insights se perdem em meio às emoções nos momentos de adversidade. Não conseguimos entender que a dificuldade faz parte do treinamento de que precisamos para crescer. A verdade é que o esforço de superação é essencial para a grandeza.

Se conseguirmos abrir mão do nosso apego aos resultados, podemos parar de julgar toda situação no caminho até eles – especialmente os fracassos. Então seremos capazes de enxergar com mais clareza, aprender e crescer.

A loucura da Mente Macaco

O maior [obstáculo para o alto rendimento] para grande parte dos atletas, nos meus 30 anos de experiência, é pensar demais – a tendência, pelos motivos certos, a começar a analisar demais as coisas, que os impede de ter um foco absoluto no próprio desempenho. O segundo maior obstáculo é se importar demais, ter quase uma obsessão pelo sucesso – se importar a ponto de interferir.[4]

– Dr. Cal Botterill, psicólogo do esporte,
autor de *Perspective*

Desde o instante em que acordamos até o momento em que adormecemos, a mente anda para lá e para cá em um fluxo interminável de pensamentos. Mesmo no sono, ela separa, arquiva e analisa os pensamentos que tivemos ao longo do dia. A maior parte deles é sobre nós mesmos e tudo que nos afeta, e, infelizmente, muitos são improdutivos ou negativos. Esses pensamentos tendem a se repetir, dia após dia, e a se transformar em crenças sobre o que é ou não possível, sobre quem somos e quem podemos – ou provavelmente não – nos tornar. Esse estado negativo, desordenado, faz uma coisa que realmente nos prejudica: lota o espaço necessário para sonhar grandes sonhos, para imaginar possibilidades. É a Mente Macaco.

Quando damos ouvidos às dúvidas e aos medos, nos abrimos a um falatório incessante e a análises intermináveis. Análises são importantes para o aprendizado e o crescimento, mas se transformam em obstáculo quando não conseguimos desligar o monólogo interior, especialmente durante uma performance. Com frequência excessiva, ficamos presos na nossa mente, pensando demais e ignorando o poder que nos espera quando vivemos por inteiro, da cabeça aos pés, de coração e alma. Somos seres espirituais, mentais e físicos, mas é muito comum nos deixarmos dominar por uma mente lotada de pensamentos improdutivos, não aproveitando a intuição que nasce de uma consciência mais guiada pelo espírito.

Apesar de termos milhares de pensamentos por dia, não prestamos atenção na maioria deles. São tantos que paramos de notá-los; simplesmente viram uma parte de nós. Entretanto, é um erro ignorar o enorme impacto de cada pensamento.

Charlie Maher, coach de habilidades mentais que trabalha com os Cleveland Guardians, diz que nosso maior obstáculo é a falta de consciência dos nossos pensamentos: "Principalmente, é a incapacidade dos atletas de perceber seus pensamentos improdutivos e as formas improdutivas de encarar a situação em que se encontram. Eles acabam sendo traduzidos em 'E se tal coisa acontecer?', 'E se aquela outra coisa acontecer?', 'Não estou indo bem'. O termo técnico apropriado é se fundir com a linguagem. Eles deixam a linguagem formar uma realidade própria."[5]

Maher explica como isso afeta jogadores profissionais de beisebol: "Fundir-se com a linguagem é ter um pensamento e criar uma realidade: 'E se tal coisa acontecer?' e 'Não sei se consigo acertar essa jogada'. Assim eles estão criando uma realidade – quando o fato real é que existem um arremessador e um receptor, e talvez homens na base. Aí, quando isso é traduzido para eles, eles perdem o foco, perdem o equilíbrio e ficam tensos."

Todos nós já criamos histórias sobre nós mesmos distorcidas pela negatividade, geralmente sem perceber. Não importa quais são nossos verdadeiros talentos quando criamos uma história sobre nós mesmos carregada de pensamentos improdutivos.

Mentirinhas enganadoras

Outra barreira é aquela voz na nossa cabeça que sussurra pensamentos que não correspondem à realidade, despertando dúvidas e ansiedade no meio de situações significativas. Quando estamos apegados às nossas circunstâncias e investidos em nossos objetivos, não rejeitamos as mentiras do Enganador. Mas ignorá-las só faz com que ganhem força e atraiam outros pensamentos negativos. Com frequência esses pensamentos nos convencem de que, sim, é verdade, não vamos conseguir aquela promoção, nos classificar para o próximo nível nem alcançar nosso pleno potencial. Nós nos deixamos convencer e chegamos a defender as nossas limitações.

Não importa se ela aparece na mente de artistas, atletas profissionais ou jovens YouTubers, a mensagem do Enganador costuma ser a mesma: Seu valor depende completamente dos seus resultados.

Ele diz coisas como:

- Olhe só quantos fracassos – você não é o tipo de pessoa capaz de alcançar um sucesso duradouro.
- Você é uma fraude.
- Não existe o suficiente para todo mundo. Você precisa se colocar em primeiro lugar.
- Você precisa se proteger.
- Você vai ser rejeitado se tentar.

A voz do Enganador facilmente nos leva à sobrecarga e à autorrejeição. Ele tem dois componentes principais: enganações e acusações. O Enganador é tão eficiente em nos ludibriar porque parece muito racional. Ele sempre apresenta lembranças de fracassos anteriores para sustentar suas críticas. Ele conhece todos os nossos pontos fracos e sabe nos provocar, fazendo isso sempre que possível. Após anos escutando essas mentiras, é natural começar a acreditar em algumas delas. Na verdade, A Grande Enganação é a autoilusão. A mentira mais comum é ter uma visão muito elevada ou muito inferior de nós mesmos. De toda forma, perdemos de vista quem realmente somos e começamos a duvidar, sem saber como ser autênticos. Na incerteza sobre nós mesmos, nos enganamos – a pessoa mais fácil de enganar é você mesmo.

Esta é a maior meta do Enganador: enfraquecer nossa identidade. A identidade é nossa percepção de quem realmente somos e do que é possível (ou não). É essa percepção a força motriz por trás dos nossos comportamentos. Assim passamos a buscar validação o tempo todo, porque a necessidade de nos sentirmos bem em relação a nós mesmos se torna tão intensa que fazemos qualquer coisa para supri-la.

Pessoas de alto rendimento não são imunes à autorrejeição. O sucesso cria expectativas altas e, com frequência, tendências perfeccionistas. Então, quando fracassamos, acabamos nos colocando para baixo e deixando de enxergar tudo que poderíamos aprender com a situação. Em vez de ficarmos mais motivados a nos aprimorar, o Enganador exagera nossos erros e gera um mal-estar em relação a nós mesmos.

Fracassos podem ser um gatilho para nos afundarmos ainda mais em julgamentos contra nós mesmos. O Dr. David Coppel, psicólogo do esporte, chama essa sequência de eventos de deslize D:

O deslize D começa quando o fracasso passa da mera decepção, do "Eu devia ter conseguido e não consegui", para a devastação, que se espalha para mais áreas em que você se sente incapaz, tornando-se em seguida uma sensação de derrota, que faz você se sentir impotente para mudar essa visão e, por fim, desembocando na ideia de que você é defeituoso: "Há algo errado comigo." Algumas pessoas deslizam rapidamente por esse caminho ou seguem uma ordem diferente, porém, após um tempo, muita gente vai direto da decepção para o sentimento de ser defeituoso. Elas se sentem cada vez mais inibidas e todo erro aumenta esse mal-estar sobre si mesmas, deixando-as na defensiva, tentando se proteger.[6]

Digamos, por exemplo, que você perca uma venda grande. Você não se sente apenas decepcionado – uma reação natural –, mas devastado, porque queria tanto fazer essa venda que se tornou apegado a ela. O Crítico diz "Essa situação é mesmo péssima", e o Enganador entra em cena para lembrá-lo de todos os seus outros fracassos e projetá-los no futuro. Você começa a achar não apenas que fracassou, mas que é um completo fracassado.

Outro truque do Enganador é nos convencer a buscar objetivos menores. Em vez de ansiarmos pela loja de doces inteira (a plenitude da vida), nos contentamos com o pequeno pirulito (recompensas superficiais). Isso acontece de muitas maneiras, mas é quase sempre o resultado de uma enganação. Essa voz em nossa cabeça sussurra várias mentiras e dúvidas, como "Você não é capaz disso" e "Quem é você para ser excelente no que faz?".

Henri Nouwen, professor de Yale, considera as vozes negativas na nossa cabeça nossas dificuldades supremas:

> Essas vozes negativas são tão ruidosas e persistentes que é fácil acreditar nelas. Essa é a maior armadilha. É a armadilha da autorrejeição. Ao longo dos anos, percebi que a grande armadilha da vida não é o sucesso, a popularidade ou o poder, mas a autorrejeição.[7]

Talvez, para Nouwen, o vírus da afluência seja causado pela autorrejeição. Como sentimos que não somos suficientes simplesmente por ser quem somos, estamos sempre buscando mais sucesso e mais promoções para ganhar validação, só que ela nunca dura. Assim, acabamos presos em um ciclo infinito de tentar ser mais e ganhar mais, alimentando o Crítico, o Enganador e a Mente Macaco.

Pensamentos versus circunstâncias

Um dos maiores erros que cometemos nas histórias que criamos sobre nós mesmos é confundir as circunstâncias com nossos pensamentos sobre elas. As circunstâncias são os fatos da situação, livres de opiniões ou emoções. Já os pensamentos costumam ter emoções e julgamentos atrelados a eles, algo que em geral não percebemos. Pensamentos não são fatos. Pensamentos são opiniões.

Aqui vai um exemplo:

Circunstância: Uma pandemia global fecha escolas, cancela eventos esportivos, coloca o mundo em quarentena, e muitas pessoas ficam doentes e morrem.

Pensamentos: O mundo está fora de controle. Minha vida acabou. Será que alguém que eu conheço vai morrer? Tudo está desmoronando. Não há o que fazer.

Verdade: Durante uma pandemia, a vida é bem diferente. Interações sociais, viagens, trabalho e escola – tudo muda. As pessoas ao seu redor podem ficar doentes e morrer. A verdade é, no entanto, que todo mundo vai morrer um dia, porém a questão mais importante é: nós viveremos plenamente todos os dias que nos restam? Também é verdade que um estilo de vida completamente diferente, nesse momento, pode ser melhor para você e sua família. Em vez de julgar e rejeitar o que você perdeu ou pode perder, esteja presente para o que é possível agora. Essa coisa específica (uma pandemia) pode ser a oportunidade perfeita para você pensar profundamente sobre sua vida, sobre o caminho que está seguindo e sobre o que mais deseja (para você e seus filhos).

Uma habilidade que os indivíduos autotranscendentes com *Excelência Interior* desenvolveram é a de não ficarem mentalmente encurralados nas circunstâncias que não estão sob seu controle. Eles mantêm em mente dois pressupostos importantes:

Todas as circunstâncias que encontramos estão aqui para nos ensinar e nos ajudar – tudo conspira para o nosso bem.

Assim como:

O problema não é o problema; o problema é a maneira como eu o encaro.

O Crítico, a Mente Macaco e o Enganador nos tiram do momento presente e nos roubam a chance de nos entregarmos a ele por completo, fazendo com que percamos todos os aprendizados e oportunidades de crescimento que ele traz em si. Eles nos puxam o tempo todo para o passado e para o futuro. No passado, estão todos os nossos fracassos; no futuro, está tudo que é desconhecido. Não importa se estamos em casa ou no trabalho: se não soubermos interromper os julgamentos, as mentiras e o fluxo interminável de pensamentos, cairemos na armadilha da limitação e da negatividade. Por sorte, você está prestes a aprender os três recursos mais poderosos para superar o Crítico, a Mente Macaco e o Enganador: amor, sabedoria e coragem – e a liberdade, a crença e o foco que os acompanham.

PONTOS PRINCIPAIS

- Os três grandes adversários que todos nós enfrentamos quando tentamos ter foco e autoconfiança são o Crítico, a Mente Macaco e o Enganador.
  - O Crítico julga tudo (dá um veredito negativo) e tem reações emocionais.
  - A Mente Macaco faz análises intermináveis e fica lotada de pensamentos.
  - O Enganador mente para nós e nos convence a nos contentarmos com pouco.

- O Crítico ganha força quando você fica apegado aos seus objetivos. Caso sua maior meta seja algo que deseja mas está fora de seu controle, o Crítico julgará toda pessoa, coisa ou circunstância relacionada a essa meta, criando frustração e medo.

- A Mente Macaco prospera em uma mente cheia de preocupações, que não tem um foco central nem propósito.

- O Enganador é alimentado pelo Crítico e pela Mente Macaco. Ele convence você a acreditar em suas inseguranças e o acusa de ser falso. Caso você esteja apegado aos seus resultados ou ao que as pessoas pensam ou dizem, o Enganador causará problemas.

- Sempre que enfrentar uma situação desafiadora, diferencie com clareza as circunstâncias (os fatos da situação, livres de opiniões e emoções) dos seus pensamentos sobre elas.

PERGUNTAS E ATIVIDADES EXTRAS

- Treine observar o Crítico, a Mente Macaco e o Enganador.
  – Quando eles parecem surgir no seu dia? Em que tipo de circunstância?

- Passe um dia observando os três grandes adversários. Escreva num diário tudo que você aprender.

- Sempre que se sentir frustrado, questione: "Quais são as circunstâncias desta situação e quais são meus pensamentos?" Quando as duas categorias estiverem separadas (e não existir a possibilidade de discussão sobre quais são as circunstâncias), então pense na solução (mas só depois disso).

- Programe um alarme no seu celular para que esta mensagem apareça nele em algum momento do seu dia: "Onde está minha mente agora?" Então observe se algum dos três adversários estava ocupando seus pensamentos. Em caso positivo, faça um reset: respire fundo duas vezes, bem devagar, inspirando pelo nariz, com a expiração mais longa que a inspiração.

4

A OUSADIA E O CREPÚSCULO

Três pilares do desempenho extraordinário

O amor é o triunfo da imaginação sobre a inteligência.

– H. L. Mencken

No dia 15 de julho de 2007, Lewis Gordon Pugh entrou em sua cabine no *NS Yamal*, um navio quebra-gelo abastecido por energia nuclear que seguia para o Círculo Polar Ártico.[1] Enquanto vestia sua sunga minúscula, ele pensou no perigo que estava prestes a encarar. O navio russo balançava no embalo das águas gélidas e completamente escuras em que Pugh logo nadaria. O medo o dominava. Ele tentaria bater o recorde mundial, nadando por 1 quilômetro no Polo Norte Geográfico, completamente exposto à água gélida. Era uma jornada em que ele havia embarcado três anos antes – e que, na meia hora seguinte, mudaria sua vida para sempre.

O professor Tim Noakes, médico e cientista esportivo sul-africano, entrou no cômodo para colocar nele um medidor de temperatura corporal. Além de alguns guardas armados atentos à presença de ursos-polares, Noakes era a única pessoa que poderia interromper a empreitada; na verdade, era por isso que ele estava ali. Quando nadamos em águas congelantes, o cérebro entra em câmera lenta. "Ele não pensa com clareza nem reage da forma normal", explicaria Noakes mais tarde. "Se a temperatura do corpo cair até certo ponto, não há como se recuperar. O nadador estará nadando e, quando der por si, estará afundando no mar. Eu precisava garantir que ele não chegasse a esse ponto."[2] Em outras palavras, a vida de Pugh estava nas mãos de Noakes.

"Se houvesse algum jeito de desistir, eu teria desistido", admitiu Pugh depois. "Olhei no fundo dos olhos de Tim e vi medo, algo que nunca tinha visto antes. As mãos dele tremiam enquanto ele colocava o medidor de temperatura em mim." Cientistas do mundo todo tinham dito que a façanha era impossível, que iria matá-lo.[3] O Dr. Noakes tinha sido um dos poucos a dizer que aquilo poderia ser feito. Ainda assim, agora que a hora do mergulho se aproximava, Noakes estava assustado. Talvez os outros cientistas tivessem razão.

Três semanas antes da tentativa no Polo Norte, Pugh havia treinado em um lago glacial na Noruega. A temperatura da água era de 3ºC, significativamente mais quente que a do oceano Ártico. O máximo que ele havia conseguido nadar, no entanto, tinham sido cerca de 600 metros.

Dois dias antes do nado épico, Pugh e sua equipe (formada por 29 pessoas) tinham decidido fazer outro teste – e os resultados tinham sido ainda mais desastrosos. Ele não havia completado nem um terço da distância antes de ser dominado pela dor e obrigado a desistir. As células nas suas mãos tinham estourado. "Nem consigo descrever a sensação", disse Pugh. "Era como se alguém tivesse passado horas pisoteando minhas mãos."

Após as duas tentativas fracassadas, Pugh tinha sérias dúvidas. Com a equipe inteira contando com ele, sem mencionar a imprensa mundial ligando todos os dias para receber atualizações, a pressão só aumentava. Mesmo assim, Pugh estava determinado. O feito era maior do que ele: ter sucesso na tentativa no Polo Norte, onde a água normalmente congela formando camadas de metros de gelo, chamaria atenção para os efeitos devastadores do aquecimento global.

Dois grandes contratempos e a possibilidade muito real de morte não impediriam Pugh de tentar. Apesar do seu medo intenso, ele seguiu em frente com sua tentativa de nadar por 1 quilômetro em águas que cientistas concordavam que matariam a maioria das pessoas em menos de um minuto. Dessa vez ele conseguiu.

Como? Obviamente, Pugh não se tornou mais forte, mais rápido nem diminuiu a temperatura do próprio corpo em dois dias. A conquista era um nítido triunfo da força interior. A diferença não era física; algo deve ter mudado dentro dele, algo interno que mudou tudo e virou o jogo. O que levou Pugh dos testes fracassados, que o deixaram dominado pelo medo, para a confiança e o foco que lhe permitiram conquistar o impossível? Como ele superou seu medo?

Neste capítulo veremos como Pugh venceu sua batalha interior e como você pode fazer o mesmo. Estudaremos os três recursos mais poderosos do mundo, o amor, a sabedoria e a coragem, e como eles formam a base dos três pilares do desempenho extraordinário: seguir o coração, expandir sua visão e estar completamente presente.

Na busca pelos nossos objetivos e sonhos mais difíceis, todos nós precisamos encarar nossas dúvidas e nossos medos. O medo é tão poderoso em parte porque temos dificuldade em entender suas origens, o que torna mais difícil enfrentá-lo. O medo nos separa da verdade – de quem somos e do que é possível na vida. Conforme nos familiarizamos com o funcionamento da mente, aprendemos a abraçar o medo e não nos deixar paralisar por ele. E, se a vida tiver um propósito maior que nós mesmos, estaremos dispostos a correr mais riscos, empoderados por uma vida de conexão e significado.

Quando a pressão é mais intensa, quando nossos maiores medos são iminentes, precisa haver algo maior para que sejamos capazes de superar o medo – algo além do nosso objetivo, além de vencer, além, talvez, até da morte.

O garoto canadense que sofria bullying

O pequeno George cresceu em uma pequena cidade do Quebec, no Canadá, com um pai alcoólatra em casa e sofrendo bullying na escola. Ele vivia todos os dias com a possibilidade apavorante de levar uma surra depois da aula. Quando começou a fazer aulas de artes marciais, parecia que finalmente tinha encontrado um lar, um lugar onde aprendeu a encarar seus medos. Com o tempo, ele acabaria se tornando lutador profissional, mas continuava com medo. George explica:

> Quando eu era pequeno, achava que o nervosismo e o medo desapareceriam com o tempo. Mas percebi que não apenas eles não desaparecem, como pioram. A única coisa que mudou foi minha forma

de aceitá-los hoje em dia. Sei que estarão presentes. Sei como lidar com eles. Agora, com a experiência, sei que vou sentir medo da luta que está por vir; sei que não vou conseguir dormir bem na semana anterior, mas aceito isso.

[No começo da carreira], eu ficava nervoso, dormia só quatro horas na véspera da luta. Eu me pressionava, porque achava que não teria o melhor desempenho possível por causa da falta de sono. Mas agora sei que isso é normal. Aceito esse fato. É um processo de sofrimento que preciso enfrentar antes de uma luta. Continua sendo ruim, a única diferença é que agora aceito o que vai acontecer.[4]

George St. Pierre se tornaria campeão mundial e um dos maiores lutadores de artes marciais mistas da história.

Todos nós temos medos. A grande pergunta é: o que você fará com os seus? Caso seja como a maioria das pessoas, você tentará se afastar daquilo que teme – isso faz parte da natureza humana. Só que essa evitação na verdade limita a sua vida e a grandeza para a qual você foi criado. Nós nos tornamos grandiosos não ao evitar nossos medos ou mesmo ao superá-los, mas ao encará-los e estar dispostos a sentir todas as emoções que surgirem nesse processo.

A ousadia e o crepúsculo

Muito melhor é ousar realizar feitos grandiosos, obter triunfos gloriosos, mesmo encontrando fracassos, do que se misturar aos pobres espíritos que nunca aproveitam nem sofrem demais, porque vivem no crepúsculo cinzento que não conhece a vitória nem a derrota.

– Theodore Roosevelt, 26º presidente dos Estados Unidos

Lewis Pugh estava com medo. Na verdade, o que não mudou nos dois dias entre seus fracassos arrasadores e seu sucesso impressionante foi o medo. Após a segunda tentativa frustrada, ele pensou: "Na melhor das hipóteses, vou perder uns dedos; na pior, vou morrer."[5] Ele queria desesperadamente voltar atrás e desistir. Foi só no momento em que entrou no mar gélido que o medo se transformou em agressividade. Como ele conseguiu superar o medo, a depressão e a dúvida?

Antes de analisarmos como ele fez isso, talvez seja útil pensar em por que faria isso. Ele se fazia a mesma pergunta sem parar: "O que motiva alguém? Não sou maluco; não sou doido. Sou advogado. Tenho muita experiência como nadador. O que motiva alguém a ir até o Polo Norte, passar sete dias em um barco, encarar o gelo e pular na água, mesmo quando os especialistas dizem que isso seria suicídio?"[6]

Por que alguém arriscaria a própria vida? Aparentemente, há três motivos possíveis:

- Por um propósito maior que o indivíduo (uma causa mais importante, para salvar ou ajudar alguém).
- Para se sentir vivo de um jeito que só pode ser experimentado quando o risco é grande o suficiente – talvez até de ameaça à vida – e exige muita concentração: estar completamente presente.
- Por falta de cuidado por si mesmo.

> O que motiva alpinistas não é a vontade de morrer, mas de viver, de viver de verdade – completa, intensa, totalmente. Nunca conheci um grupo de pessoas tão vivas – no sentido físico, emocional, intelectual, espiritual. Em vez de buscarem um perigo despropositado, eles fazem isso como forma de aprofundar e enriquecer sua experiência.[7]
>
> – Nicholas O'Connell, *Beyond Risk: Conversations with Climbers* [Além do risco: conversas com alpinistas]

O medo serve para nos preservar, para nos proteger de perigos e nos ajudar a ter foco. No entanto, ele e outras emoções podem sair do controle. Há tanta energia no medo que ele pode ser paralisante. Pugh, por outro lado, conseguiu canalizar a energia do medo para se empoderar. Quando entrou nas águas gélidas do Ártico, ele foi tomado por uma sensação de confiança e intensidade. Algo se encaixou quando sentiu o frio extremo: "Eu estava em uma frequência completamente diferente. Saí do navio e, por algum motivo, pela primeira vez, me senti confiante demais em que aquilo daria certo." O "eu" dele ficou em segundo plano e Pugh se sentiu de tal forma conectado com a missão e com sua equipe que estava pronto a arriscar a própria vida para alcançar aquele objetivo.

O que Pugh fez foi se conectar com algo superior. Nadar era seu jeito de usar seus talentos para fazer a diferença no mundo. Ele tinha encontrado algo que o motivava tanto – chamar a atenção para a devastação do aquecimento global – que estava disposto a arriscar a vida em prol daquela causa. Foi aí que encontrou uma maneira de encarar seus medos e estar vivo de verdade.

Automaestria e a busca pela grandeza

Viver de verdade, de acordo com Maslow, é buscar a autorrealização. É o último estágio no desenvolvimento pessoal. No Capítulo 1 rebatizei esse nível de *autotranscendência* e a defini como alcançar a maior vocação possível – ser nosso verdadeiro eu enquanto servimos aos outros e vivemos em plenitude. Há uma palavra grega que descreve esse fenômeno: zoé.

Zoé é o estado de ser possuído pela vitalidade, com plenitude absoluta da vida, sendo real e genuíno, ativo e vigoroso. É o pleno potencial de sua vida interior, o gerador de beleza e paixão intensas.

É a expressão completa de amor, sabedoria e coragem. Esses três recursos estão intimamente interconectados – não dá para vivenciá-los sem algum dos outros dois. Quando experimentamos os três juntos, zoé se desdobra em momentos sagrados e incondicionais.

Com frequência, ficamos emaranhados em buscas e motivações que parecem interessantes, mas nos afastam do que mais queremos. Elas dividem o coração à medida que vamos tentando preencher nossa vida com sucesso e felicidade – porém toda conquista só traz uma satisfação temporária. A maioria das pessoas nem sabe ao certo o que mais deseja na vida, além do sucesso material.

No entanto, sei que, enquanto você lê estas palavras, está entendendo que a melhor vida possível é aquela preenchida por amor, sabedoria e coragem. O amor é destemido, a sabedoria cria as melhores decisões a longo prazo, e a coragem faz isso tudo com ousadia e elegância sob pressão. Essas três virtudes são a base da plenitude da vida, assim como do desempenho extraordinário.

Ter o coração inteiro e presença incondicional é buscar aprender e crescer em amor, sabedoria e coragem acima de tudo. Todas as outras coisas que buscamos são temporárias e uma potencial distração de nosso verdadeiro eu, que vive plenamente e ama enormemente.

As três características cruciais para dominar qualquer performance são:

1. Crença
2. Foco
3. Liberdade

CFL são os três aspectos vitais da alta performance. A *crença* separa os melhores do restante; *foco* é a capacidade de ter uma percepção ampliada no momento presente; e *liberdade* é a capacidade de ter ousadia e de correr riscos, dando o máximo de si.

O desempenho com liberdade significa jogar seu esporte, tocar seu instrumento ou desempenhar seu papel como fazíamos quando éramos crianças no parquinho, sem nos preocuparmos com a opinião dos outros nem nos compararmos - desempenhar com amor incondicional, não amar a performance *apenas se* você for bem ou puder receber algum prêmio.

A palavra "competir" vem de *competere*, do latim, que significa "buscar juntos; almejar em comum; coincidir". A verdadeira competição significa que dois rivais (ou mais) estão fazendo o que amam juntos. Grandes atletas amam a competição por si só – uma oportunidade de se sentirem vivos.

A competição genuína não se destina a ver se você vai vencer o oponente ou quem é o melhor. É um evento no qual pessoas que amam a mesma coisa podem experimentar e descobrir quanto conseguem motivar uma à outra a desenvolver a automaestria para aprender e crescer em amor (liberdade), sabedoria (crença) e coragem (foco).

Pense no lema olímpico: "O mais importante nos Jogos Olímpicos não é vencer, mas competir. Assim como o mais importante na vida não é o triunfo, mas a batalha. O essencial não é ter conquistado, mas ter lutado bem." Ainda podemos acrescentar o seguinte: " ... é aprender e crescer para ser seu verdadeiro eu e preencher seu coração com amor, sabedoria e coragem para ter uma vida extraordinária."

Para viver entre os ousados, e não no crepúsculo cinzento, é necessário ter uma mentalidade e um estilo de vida diferentes. Aqueles que fazem isso são únicos em três formas básicas:

1. Eles sabem quem são (e que foram criados para alcançar a glória).
2. Eles pensam, falam e agem de forma distinta das outras pessoas.
   a. Eles têm limites rígidos em relação à rotina, às pessoas a quem se associam, aos assuntos que conversam e aos pontos em que se concentram.
   b. Eles reorientam continuamente o próprio coração para se distanciarem das recompensas superficiais e das coisas brilhantes que o mundo alega serem prestigiosas, preferindo construir algo duradouro: um mundo interior poderoso.
3. Eles anseiam pela grandeza – e pela glória para a qual foram criados. Em vez de se conformarem com o mundo e sua versão do sucesso, entregam a própria vida, sacrificando prazeres temporários, aceitação e conforto. Enquanto o restante do mundo está tomando chocolate quente ao lado da lareira, eles estão encarando os próprios medos de um jeito que o mundo diz ser loucura.

Quando percebemos que todos os bens materiais e prêmios que ganhamos no mundo são apenas um leve reflexo de uma vida cheia de amor, sabedoria e coragem, passamos a ansiar pela plenitude da vida acima de tudo e deixamos que tudo mais nos chegue por conta própria (o sucesso e os reconhecimentos serão consequência). Essa busca não diminui o tempo que dedicamos a nos aprimorar em nossa área – na verdade, talvez até o aumente. Ela nos oferece força interior para ir diretamente atrás daquilo que desejamos acima de tudo.

Uma vida extraordinária não necessariamente inclui quebrar recordes mundiais ou ser um atleta profissional. Você pode ter um destino extraordinário como maquiador ou monge (ou como as duas coisas). Você pode ser faxineira ou campeã olímpica. Não importa seu papel ou sua situação social, a sua vida pode ser preenchida com relacionamentos profundos e significativos e experiências grandiosas. Todos nós podemos almejar e viver com zoé – a plenitude absoluta da vida.

Vejamos a escolha que você pode fazer todos os dias e o caminho em direção a zoé. Observe a Figura 4.1.

Figura 4.1 – O caminho em direção a zoé

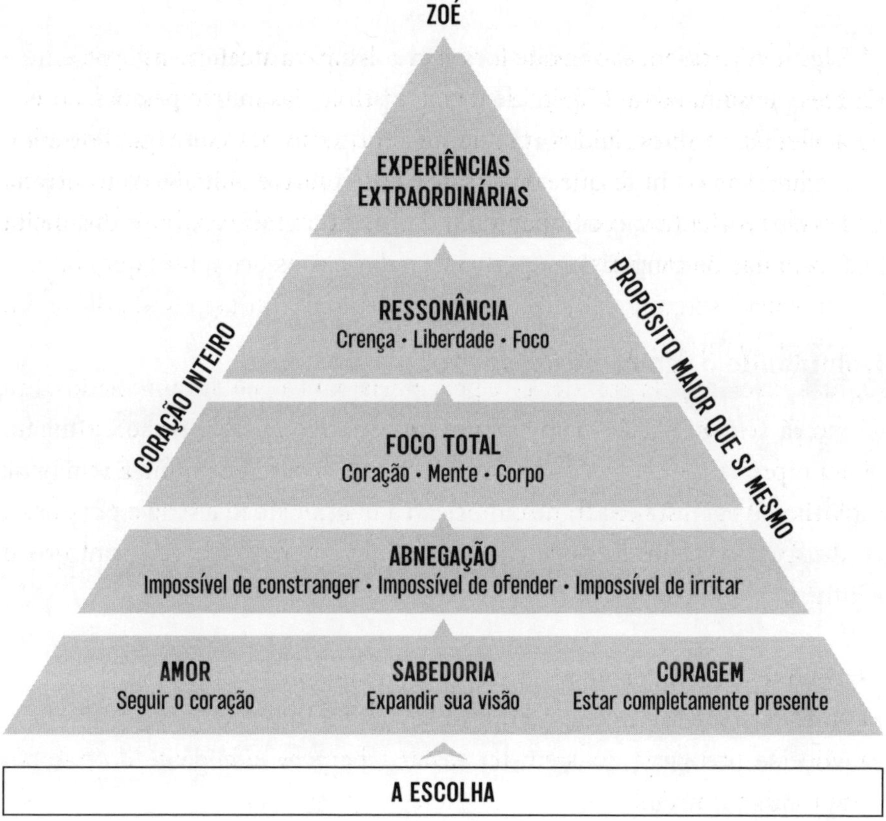

Seguir o coração é desenvolver a consciência de si necessária para viver com paixão e ser seu verdadeiro eu. Significa esclarecer como você quer se sentir e viver, e quem deseja se tornar – quem você está destinado a se tornar. Significa aprender a amar incondicionalmente, porque esse tipo de amor – o único real – é destemido. Seguir o coração traz liberdade.

Expandir sua visão é enxergar além de si mesmo; ter um propósito além dos próprios objetivos, fazer parte de algo maior que você e continuamente expandir a crença que motiva seu crescimento. Expandir sua visão traz sabedoria.

Estar completamente presente é estar no momento, ter uma mente livre de confusão e um coração leve, sem necessidades ou autointeresse. Estar completamente presente traz coragem e revela a beleza que traz gratidão.

Seguir o coração, expandir sua visão e estar completamente presente é buscar a automaestria. Maestria é a busca pelo crescimento pessoal, aprender a viver com amor, sabedoria e coragem, e, acima de tudo, zoé. Portanto, a automaestria é a busca direta por zoé como o maior objetivo de todos; ela nos permite abrir mão do apego a todas as outras metas, o que aumenta nossa chance de alcançá-las.

Dominando o ego na busca por zoé

Como já vimos, nosso maior adversário é o ego, aquela parte da mente que sempre se sente ameaçada, sempre faz comparações e nunca se dá por satisfeita. O ego está em franca oposição à busca pela maestria e por zoé.

Aqui estão alguns itens de checagem para entender até que ponto você é influenciado pelo ego:

- Você se preocupa com a opinião dos outros sobre sua pessoa.
- Você tem medo de fazer ou dizer algo constrangedor.
- Você se preocupa mais em ter razão e parecer inteligente do que em aprender a verdade.
- Você é obcecado pela vitória, e não por viver o momento e se aprimorar.
- Você se ofende ou fica irritado quando se sente constrangido ou humilhado.

Aqui vão algumas formas de reconhecer se você está no caminho da automaestria:

- O ritmo da sua vida é mais tranquilo, com mais compaixão e menos impaciência.
- Você se vê cada vez menos preso à própria mente e está desenvolvendo uma percepção sem julgamentos e entendendo que não sabe o que é verdadeiramente melhor para sua vida (no que diz respeito às circunstâncias).

- Você está menos apegado aos resultados, querendo mais aprender e crescer e se aprimorar do que ser reconhecido por suas conquistas.
- Você está se preocupando mais com o empoderamento dos outros do que com seu próprio poder, status ou reconhecimento.
- Você escuta mais do que fala.
- Você está desenvolvendo rotinas diárias rígidas que o ajudam a seguir seu coração, expandir sua visão e estar completamente presente.

O ego tem certas necessidades e, quando elas não são supridas, ficamos constrangidos, ofendidos ou irritados. O ego diz que sempre precisamos parecer gratos, inteligentes e bem-sucedidos (não constrangidos), respeitados (não ofendidos), e confortáveis (não irritados). É por isso que os cinco fatores do vírus da afluência são tão atraentes, porque parecem aumentar nossa imagem de inteligência e sucesso. Com eles podemos nos tornar mais bonitos, conquistar mais respeito e alcançar maior conforto na vida. Pelo menos é isso que o ego nos diz.

Quando penso em automaestria, penso que é possível dominar o ego tornando-se três coisas:

1. Impossível de constranger: ser completamente humilde/abnegado, sem que exista nada que você mesmo ou qualquer outra pessoa possa dizer para envergonhá-lo, constrangê-lo ou reduzir seu bem-estar.
2. Impossível de ofender: ser completamente humilde/abnegado, sem que exista qualquer palavra ou ato que o faça perder a calma ou se irritar; ter autocontrole, não ficar na defensiva.
3. Impossível de irritar: firme, calmo e compassivo (com as imperfeições dos outros); estar completamente presente para a beleza e as possibilidades que sempre o aguardam.

Ser impossível de constranger é chegar ao ponto em que nenhum erro, palavra ou ato tolo (de nós mesmos ou dos outros) possa nos trazer uma sensação de inferioridade ou gerar uma vontade de fugir e de nos esconder. Sentir-se constrangido é simplesmente um sinal de preocupação com o eu. Quanto mais envergonhados ficamos, mais preocupados com nossa imagem estamos. A humilhação é um construto mental. Caso contrário, como é possível que, diante da mesmíssima situação, uma pessoa se sinta traumatizada enquanto outra dê risada sem se importar? Ter humildade não é se considerar inferior aos outros; é pensar menos em si mesmo, reduzindo a autoproteção e o medo que acompanham uma vida autocentrada.[8]

Ser impossível de ofender é ser tão abnegado (e, portanto, destemido) que ninguém é capaz de dizer ou fazer nada que ameace seu senso de identidade e roube sua paz e presença. Quando somos impossíveis de ofender, temos a liberdade de viver desapegados das palavras ou dos atos de quem cruza nosso caminho. Em nosso mundo direcionado pelas redes sociais, o novo normal é uma vida de comparações. Quando estamos nos comparando o tempo todo, é comum nos sentirmos insuficientes, o que desperta a autoproteção. Por isso nos ofendemos com facilidade. Nesse caso, vivemos sempre a um comentário de distância de uma briga, nos tornando marionetes puxadas na direção em que as palavras e os atos dos outros podem nos levar.

Talvez você esteja pensando: Tudo bem, mas e se alguém for muito grosseiro comigo ou tirar vantagem de mim? Nesses casos, o melhor caminho é usar a sabedoria para discernir como proceder. Não permita que a falta de sabedoria dos outros se torne a sua. O propósito da sua vida deve ser sempre seu fio condutor – em todos os momentos –, sem deixar o ego afastá-lo por causa de algum evento ou circunstância temporária. Se quisermos ter uma vida extraordinária, não podemos deixar que as palavras ou os atos de outras pessoas nos tirem do nosso ritmo ou fluxo.

A maioria das pessoas tem ambições pequenas demais e, se você está lendo este livro, seus sonhos provavelmente são maiores do que a média. Quanto maiores eles forem, menor se torna seu grupo de colegas. Cada vez menos pessoas estarão dispostas a sacrificar o que você está disposto a sacrificar. Elas não terão a mesma disciplina nem os mesmos limites. Isso significa não que você seja melhor do que alguém, mas apenas que precisa tomar cuidado ao escolher com quem passar seu tempo, porque sempre nos assemelhamos às pessoas com quem mais convivemos. Também significa que mais pessoas podem não entender sua realidade ou julgar você. É preciso estar emocionalmente preparado para isso caso queira realizar coisas extraordinárias. Para termos a melhor vida possível, não podemos nos deixar influenciar pela negatividade de vidas pequenas.

Ser impossível de irritar[9] é estar em uma situação em que ninguém nem circunstância alguma seja capaz de abalar sua presença. É estar livre da necessidade de que as coisas sejam como você quer. Talvez alguém dirija colado em você na estrada, alguém se atrase para encontrá-lo ou o Wi-Fi esteja lento e intermitente. Talvez alguém use palavras inapropriadas ao falar com você. A vida é cheia de momentos que podem roubar nosso foco e nossa liberdade. É fácil deixar uma pessoa ou uma situação sequestrar nossas emoções. Quando isso acontece, é porque fomos consumidos pelas circunstâncias; porque algumas palavras ou eventos que não tinham nada a ver com o nosso verdadeiro eu nos roubaram nossas opções e nos tiraram do fluxo.

À medida que trabalhamos para dominar o ego, seguimos rumo ao ideal de nos tornarmos impossíveis de constranger, ofender e irritar. Assim nos tornamos imbatíveis. Talvez nunca sejamos capazes de alcançar esse ideal por completo, mas vale a pena dedicar nossa energia a esse objetivo, pois quanto mais nos aproximamos dele, maior nossa liberdade, nosso foco e nossa crença.

Sonhos versus objetivos

As palavras *sonhos* e *objetivos* costumam ser usadas de forma intercambiável, mas aqui nós as diferenciamos. Objetivos são resultados externos que não estão totalmente sob nosso controle: conseguir um emprego, vencer uma partida, acertar uma tacada perfeita, se tornar CEO. Sonhos são sentimentos. Nós estabelecemos objetivos para alcançar os sentimentos que desejamos. Vencer um campeonato é incrível por causa da sensação de felicidade no momento e da satisfação por todo o esforço que dedicamos. Não é o troféu nem a medalha que trazem isso – eles são apenas um símbolo. O que realmente queremos são formas de usar nossos talentos e nossa paixão para nos sentirmos verdadeiramente vivos – isso é viver nossos sonhos.

Dawn Staley foi jogadora de basquete profissional e ganhou três medalhas de ouro nos Jogos Olímpicos. Ela descreve sua perspectiva ao se preparar para as Olimpíadas:

> Ganhar a medalha de ouro é meu objetivo, não meu sonho. Meu sonho é jogar para vencer sempre que possível, com e contra as melhores jogadoras de basquete do mundo. Ganhar a medalha de ouro é um objetivo que me direciona, mas meu sonho é algo que preciso viver todos os dias. E faço isso sempre que jogo para vencer. (...) Quando jogo para vencer, sinto uma ressonância. Se eu ganhar, ótimo. Eu quero ganhar, e ter a medalha de ouro como meu objetivo me faz jogar para vencer. Mas o que eu amo fazer, meu sonho, é jogar para vencer.[10]

Dawn adora jogar para vencer; é aí que ela se sente viva. Quando a partida termina, acabou. Vitórias ou derrotas não passam de feedback – a alegria e a paixão verdadeiras estão no jogar. Quando conseguimos jogar de verdade – sem apego ao que acontece no final –, uma energia tão positiva é criada que o sistema nervoso é resetado (nos sentimos totalmente recarregados). Se existe uma arte que vem se tornando cada vez mais perdida em nossa vida atarefada, é a capacidade de brincar como uma criança, completamente livres.

Outra forma de pensar nessa energia positiva, que é parecida com a de crianças brincando com total liberdade, é a *ressonância*. Na física, ressonância é um estado em que frequências se alinham. É uma força dinâmica, capaz de produzir as harmonias mais belas da música, por um lado, e de quebrar vidro, por outro. Estar completamente presente no momento, com uma mente livre de confusão e um coração leve é vivenciar a ressonância.

Ela nos proporciona momentos tão incríveis que só podem ser descritos como sagrados. Quando a alcançamos, nosso desempenho se torna fácil e o resultado vem por conta própria. O desempenho extraordinário é apenas um subtipo de experiência extraordinária; resultados excelentes são uma consequência da ressonância. O segredo para o desempenho extraordinário, então, é estabelecer uma base que proporcione condições para ressonância.

A busca pela automaestria é a busca por dominar o ego para podermos ser nosso verdadeiro eu. Esse eu verdadeiro aparece quando estamos completamente presentes e vivemos de coração inteiro, de forma incondicional, criando a energia da ressonância. Essa energia é o ritmo da vida zoé.

Amor: seguir o coração

O que é seu verdadeiro eu e por que ele é importante

Seguir o coração é aspirar a ser seu verdadeiro eu, quem você nasceu para ser, de forma a ser capaz de vivenciar a plenitude absoluta da vida. Seguir o coração nos conecta com a lei mais fundamental do universo:

> *Se se agarrar à sua vida, você a perderá; mas, se abrir mão da sua vida pelos outros, você a encontrará.*[11]

A natureza humana é egocêntrica. Se vivermos no automático, estaremos o tempo todo buscando ganhar mais na tentativa de encontrar a felicidade, sem jamais nos sentirmos realizados (lembra-se de Maslow e do Maserati?). Assim acabamos na direção contrária, vivendo com ansiedade e estresse. No entanto, se dedicarmos nossa vida a um propósito maior que nós mesmos e nos comprometermos a elevar nosso nível de excelência para elevar o dos outros, encontraremos a plenitude da vida. Só então seremos capazes de atuar com liberdade *e* de alcançar feitos extraordinários.

Pense sobre as nove características que Maslow usou para descrever as pessoas de alto rendimento no Capítulo 1: absorção total no momento, crescimento pessoal, consciência de si, Gemeinschaft (construir uma comunidade), gratidão, autenticidade, solitude, propósito e ausência de defesas do ego. Essas características exemplificam seguir o coração. Apesar de ser um estilo de vida muito abnegado, por outro lado também é muito egoísta, porque é o que rende as melhores recompensas pessoais. No entanto, seu custo é alto. Ele exige intenção e sacrifícios, e a disposição a abrir mão do conforto e do autointeresse. Significa abrir mão da carência e da ideia de que o mundo nos deve alguma coisa para conseguir alcançar grandes realizações.

O apego à própria vida nasce de uma visão de mundo baseada numa perspectiva limitada de escassez. Como se todos nós estivéssemos comendo uma única torta e a quantidade não fosse suficiente para todo mundo. Quando a última fatia for levada, não restará nenhum pedaço nem de maçã nem de chantili. No entanto, a menos que percebamos que a melhor vida possível (com mais liberdade, confiança e alegria) só é viável quando abrimos mão da autoproteção e dos ganhos pessoais, nossa visão sempre será limitada, baseada em comparações e em uma percepção de ameaça. Abrir mão da própria vida por um propósito maior cria uma consciência expansiva à medida que perdemos o autointeresse, nos conectamos profundamente com os outros e enxergamos possibilidades ilimitadas. Assim, todos nós podemos comer a torta inteira, e não apenas a de maçã, como a de abóbora e a de cereja também. Quem sabe até um cheesecake.

Seguir o coração começa com a busca pela consciência de si necessária para desenvolver nosso verdadeiro eu. Ele é a grandeza dentro de nós que enxerga com clareza, ama com intensidade e vive por completo. Que tem possibilidades desconhecidas, ilimitadas. A sua contribuição para o mundo é única. Ninguém mais tem os mesmos talentos, suas conexões, sua energia singular nem observa a vida pela mesma lente que a sua.

Para sermos destemidos, precisamos ser abnegados; caso contrário, sempre teremos medo de perder algo ou parte de nós. Para sermos abnegados, precisamos desenvolver a força interior para nos deixar guiar pela fé, não pelos olhos, para parar de achar que encontraremos circunstâncias estáveis e de depender do que os outros pensam de nós. Quanto mais fizermos isso, mais a vida se tornará espiritualizada, guiada por fé e destemor, e não física e mental, guiada por medo e escassez.

Quando seguimos o coração, temos a capacidade de enxergar beleza e conexões que apenas nós conseguimos ver. De conectar ideias, pessoas e sonhos de um jeito que ninguém mais é capaz. Seguir o coração nos dá a coragem para ser ousados e talvez até correr o risco de fazer papel de bobo se isso significar viver de acordo com nosso propósito e ir atrás de nossos sonhos.

Aqui vai a comparação entre uma mentalidade competitiva típica e seguir o coração.

Mentalidade competitiva típica

Quero vencer você – custe o que custar. Se você tropeçar ou cometer um erro, melhor ainda. Só quero ganhar, só isso importa.

Mentalidade de quem segue o coração

Quero fazer o meu melhor para poder estimular você a fazer seu melhor também. Sou incansável em minha busca pela excelência. Isso me ajuda em todos os aspectos da vida, não apenas nos esportes ou no trabalho. Não quero que você cometa erros, mas que também aprenda, cresça e seja excelente. Eu quero vencer, mas também quero, acima de tudo, me dedicar a um objetivo nobre, que, neste momento, é a busca pela excelência, pela gratidão incondicional, pela humildade necessária para enxergar as coisas com clareza, por uma percepção ampliada da verdade e da beleza. Quero compartilhar essa verdade e essa beleza com você e com o mundo – mesmo enquanto você tenta desesperadamente me superar.

Seguir o coração é amar incondicionalmente seu trabalho, seus oponentes, seus colegas de equipe e você mesmo. Isso não significa passar o dia inteiro puxando o saco uns dos outros nem gostar o tempo todo do seu trabalho e das pessoas que o cercam (não é necessário gostar de uma pessoa para amá-la). Significa que os padrões do que você acredita ser possível refletem seu nível de respeito pelos outros e por si mesmo, e que por isso você estabelece limites rígidos para seus pensamentos, seu treinamento e seu ambiente (falaremos mais sobre isso no Capítulo 6). Significa não mudar de atitude nem de hábitos com base em circunstâncias ou sentimentos, mas apenas quando isso for necessário para permanecer fiel ao seu propósito e à sua busca pela excelência.

Amor incondicional e por que ele é importante

Nosso coração foi programado para amar e fazer conexões. Essa é nossa necessidade mais profunda e nosso maior poder. O amor é a lente que enxerga grandes possibilidades e a interconexão da vida. Amar incondicionalmente significa levar uma energia destemida para as situações que encaramos, sem julgá-las. Significa viver de acordo com nosso propósito e nossos maiores valores, independentemente das circunstâncias, que estão em perpétua transformação. O medo é uma sensação egocêntrica, voltada para o futuro, enquanto o amor é uma energia presente e poderosa, focada nos outros. Quando o medo e o amor estão pau a pau, o amor sempre vence se for incansável.

Esse tipo de amor incondicional – o único real – também não tem preocupação com o eu. Ironicamente, quando não nos preocupamos com nós mesmos, conseguimos nos cuidar melhor. Nossa percepção fica ampliada, e enxergamos possibilidades que antes eram obscurecidas pelos problemas.

Sem essa fixação no eu, as preocupações evaporam e as ansiedades e o medo batem em retirada. Quando amamos a nós mesmos (de um jeito grato e humilde), dedicamos a vida (em sacrifício) aos outros, elevando nosso nível de excelência para elevar o dos outros.

Vejamos um exemplo de amor incondicional na vida cotidiana. Imagine que seja hora do rush e você esteja em um engarrafamento. Você dá passagem a alguém. Esse é um comportamento amoroso. Mas, se você estiver em busca de um aceno de agradecimento, seu amor terá acabado de se tornar condicional. É como caminhar pela rua e sorrir para um desconhecido. Esse pequeno ato de amor é condicional se você ficar aborrecido quando a outra pessoa o ignorar ou retribuir com um olhar rabugento. E se você der passagem no meio do engarrafamento ou sorrir para uma pessoa sem esperar resposta alguma? Isso é viver seu poder. Você se tornou um pouco mais destemido porque gerou uma energia poderosa que não dependia da reação de terceiros.

Seguir o coração é uma jornada rumo à grandeza. É o caminho de buscar de forma apaixonada (e às vezes dolorosa) o crescimento em vez dos resultados, de buscar seu verdadeiro eu para viver e amar plenamente. Seguir o coração é ter a missão de descobrir o que é possível na vida, de entender quem você pode se tornar e como elevar seu nível de excelência para elevar o dos outros. É determinar limites rígidos ao redor da sua energia e do seu foco, protegendo o coração de comparações e ressentimentos, medos e frustrações. Paradoxalmente, esse caminho de amor rumo aos outros (e, como consequência, a si mesmo) vai levar você aos melhores resultados.

Caso você seja atleta ou artista, seguir o coração significa abraçar com gratidão todos os aspectos do seu trabalho incondicionalmente, inclusive o desconforto e talvez o sofrimento que possam fazer parte da formação e do treinamento. Significa amar seu ofício não apenas por tudo que ele tem a oferecer (talvez algum prestígio ou um contracheque polpudo), mas pela pessoa que ele lhe permite ser em sua busca pela automaestria. Quando pratica sua vocação com amor incondicional – especialmente as partes mais banais ou dolorosas –, você pode ter um desempenho extraordinário, porque os resultados não o definem e os fracassos não vão acabar com você.

Sabedoria: expandir sua visão

Com os Chicago Bulls, aprendi que a maneira mais eficiente de criar um time vencedor é recorrer à necessidade dos jogadores de se conectarem com algo maior. Até para aqueles que não se consideram "espiritualizados" no sentido convencional, criar um time bem-sucedido – seja um campeão da NBA ou uma equipe recordista de vendas – é basicamente um ato espiritual. É preciso que os indivíduos abram mão do interesse pessoal em nome de um bem maior, de forma que o todo seja maior que a soma das partes.[12]

– PHIL JACKSON, treinador de basquete membro do Hall da Fama da NBA

Ao expandir sua visão para além dos seus próprios pensamentos e experiências, você vai enxergar mais da realidade. A verdade é que, se fosse capaz de ver TODA a realidade, você ficaria atordoado com tanta beleza – seria demais para sua compreensão. No entanto, é essencial para o desempenho extraordinário e a plenitude da vida que você enxergue um pouco mais da realidade e, assim, mais beleza e mais possibilidades.

Com frequência perdemos uma grande parte da realidade (e de sua beleza) porque estamos distraídos demais com o Crítico, a Mente Macaco e o Enganador. Para encontrar mais beleza (e possibilidades na nossa vida), precisamos buscar a sabedoria. Ela é a verdade profunda sobre quem você é e mostra por que está aqui e o que é possível na sua vida. A sabedoria e uma visão expansiva caminham de mãos dadas.

Expandir sua visão é encontrar um propósito maior que si mesmo – ainda que seja apenas para vivenciar a plenitude da vida e compartilhá-la com os outros. À medida que desenvolve uma percepção maior, mais você enxergará a interconexão de toda a humanidade, o que vai aumentar sua compaixão e aprofundar seus relacionamentos. A sua consciência o ajudará a reconhecer os efeitos ofuscantes do egocentrismo, do orgulho e do ego, e lhe mostrará como a humildade é a base de todas as experiências extraordinárias.

Quando somos completamente humildes, não podemos ser humilhados. Não há ego a ser ferido. Sem a ameaça do constrangimento ou da humilhação, estamos livres para explorar possibilidades, para correr o risco de fracassar e conseguir levantar rapidamente após as quedas.

A humildade é uma visão certeira do eu; é estar livre da soberba e da autorrejeição.

Uma visão certeira do eu é entender que 90% de tudo que temos ou fizemos de bom na vida nos foi dado. Talvez você diga: "Que loucura, trabalhei duro, nunca me dei por vencido, fiz isso, fiz aquilo." Mas de onde tirou a mente e a energia para se dedicar tanto ao trabalho? Você não escolheu o país onde nasceu, seus familiares, seus treinadores e mentores, seus professores ou sua genética. E se você tivesse nascido no Afeganistão durante a invasão dos mongóis ou durante a Grande Fome da Irlanda nos anos 1840? Trabalhar duro não faria diferença e sua vida seria uma sucessão de dificuldades. Uma visão certeira do eu sempre nos conduz à gratidão.

A conexão entre humildade e confiança nem sempre é aparente, mas deveria ser. Ser destemido (e, da mesma forma, encarar nossos medos) é ser abnegado, de forma a não existir nada que o medo (ou alguém) possa roubar de nós. A humildade tira o eu do centro do nosso universo, colocando o amor em seu lugar. O amor é destemido. E essa substituição da preocupação com o eu pelo amor expande enormemente nossa visão. A pessoa mais poderosa é aquela que não tem nada a perder e tudo a ganhar, que não tem um eu para defender, mas um importante propósito a seguir. Isso é humildade.

As pessoas autorrealizadas estudadas por Maslow (que vimos no Capítulo 1) descobriram que, para alcançar seus maiores objetivos, precisavam se conectar com os outros, aprender com eles e ajudá-los. O professor Mihaly Csikszentmihalyi (pronuncia-se tchic-sent-mi-rái), da Universidade de Chicago, que estudou milhares de atletas de elite em sua pesquisa sobre fluxo e criatividade, concluiu: "Para alcançar o máximo rendimento, é preciso ter um objetivo altamente direcionado que não seja egoísta."[13]

Quando nos conectamos profundamente com os outros, captamos a visão deles e vemos coisas maiores, enxergamos mais além. Isso nos dá um poder maior de expandir nossas crenças e superar as adversidades. A força interior é nosso livre-arbítrio, a possibilidade de escolher ver além dos nossos desejos e necessidades temporários. Mas primeiro precisamos abrir mão de tudo que é transitório para poder alcançar a grandeza que nos espera e deixar nosso verdadeiro eu vir à tona.

Como já vimos, Lewis Pugh nadou no Polo Norte não em busca de glamour ou dinheiro, mas para denunciar os efeitos do aquecimento global, especificamente nos corais mortos que ele viu com seus óculos de natação. O que lhe deu a coragem necessária para enfrentar a morte foi um propósito maior que ele.

A conexão de Pugh com sua equipe foi outro fator determinante em sua conquista épica. Após sua tentativa fracassada pouco antes do grande dia, seu treinador, David Becker, o chamou até a proa do navio e bolou um plano:

> Sua equipe é formada por 29 pessoas de 10 países. Vou colocar uma bandeira de cada nação a cada 100 metros. A primeira vai ser da Noruega, porque isso vai fazê-lo entrar na água. (Pugh é da Grã-Bretanha, que é rival da Noruega.) A segunda será da Suécia, depois a da Rússia, a do Canadá, e assim por diante, até você chegar à bandeira da Grã-Bretanha no final. Quero que você pense apenas nessas pessoas que sacrificaram muita coisa por você, que o inspiraram a ponto de você estar aqui hoje. E, quando estiver prestes a mergulhar, quero que pense apenas nos noruegueses da equipe. Pense apenas nos primeiros 100 metros. Por favor, Lewis, não pense em completar 1 quilômetro; você não vai conseguir assim. Divida esse monstro em pequenos pedaços manejáveis e, quando chegar à bandeira da Noruega, esqueça os noruegueses e pense nos suecos, e assim por diante, até o fim.[14]

Quando encontrarmos um propósito gratificante em si mesmo, cuja recompensa é o simples ato de buscá-lo, seremos empoderados. Se esse propósito servir ao bem maior, ele ainda vai oferecer um sentido à nossa vida. Um propósito maior que nós mesmos faz com que nossa identidade deixe de se basear no que temos e passe a ser determinada pelo que conquistamos no serviço aos outros. Nosso valor aumenta e nossa preocupação com o eu diminui.

Lewis alcançou essa conquista por causa do amor incondicional. Se ele fosse condicional e dependesse de sentimentos, admiração ou resultados, teria desistido. Ele tinha um propósito maior que si mesmo, que girava em torno de verdades importantes, não de transações temporárias.

Coragem: estar completamente presente

A coragem de um mestre é medida por sua disposição a se entregar.[15]

– George Leonard, *Maestria*

Lewis Pugh precisou estar completamente presente para conseguir nadar em águas congelantes. Ele não podia pensar nem por um segundo na temperatura do mar nem no fato de que a maioria das pessoas morria após passar um ou dois minutos em uma água tão fria. Estar presente dessa forma em situações de vida ou morte exige muita coragem.

Coragem é a capacidade de estar completamente presente diante de uma situação adversa. Essa presença nos permite aprender as lições que a vida tem a nos ensinar; e assim podemos ganhar sabedoria para como viver com paixão e seguir o coração. No entanto, não é uma tarefa fácil. É difícil manter essa postura quando estamos cercados por medos e comparações por todo lado. Precisamos de muita determinação para permanecer fiéis a nós mesmos em um mundo que quer nos tornar iguais a todos os outros. Se nosso objetivo é alcançar um desempenho extraordinário, precisamos aprender a estar completamente presentes nas situações mais intensas.

Pode ser difícil ter coragem se nosso foco estiver voltado para os objetivos, algo que está no futuro e sobre o qual não temos controle absoluto. Por outro lado, se nosso foco for compartilhar algo lindo com a plateia, a coragem se torna mais fácil. Compartilhar a beleza, mesmo que apenas na forma de perseverança em meio às adversidades, nos ajuda a trazer nosso foco para a presença.

Para ter mais coragem, precisamos estabelecer um processo e metas-chave, que estejam sob o nosso controle. Assim podemos nos aprimorar e ser bem-sucedidos todos os dias. Em vez de ficarmos obcecados com o resultado (ou com o melhor desempenho), devemos redefinir o sucesso nos concentrando no processo diário de aprimoramento. No fim do dia, pergunte a si mesmo se alcançou as quatro metas a seguir.

Os quatro destemidos

Metas diárias para o processo de aprimoramento:

1. Dar meu melhor (100% do que tenho hoje).
2. Estar presente.
3. Ser grato.
4. Manter o foco na minha rotina e *apenas* no que sou capaz de controlar.

Quando percebemos quanto os resultados extraordinários dependem do nosso mundo interior, aprendemos a nos concentrar nos componentes cruciais (como essas quatro metas) que nos levam a eles. Como Lewis Pugh e suas bandeiras posicionadas a cada 100 metros em sua jornada de 1 quilômetro, divida seus objetivos em pedaços menores e manejáveis. Você vai ver, assim como Lewis, que os resultados virão por conta própria.

Em 2019 um dos golfistas profissionais com os quais trabalho estabeleceu a rotina de se encontrar com seu caddie antes de toda rodada e repassar essas quatro metas diárias. Após revisar as metas, os dois tiravam um minuto de silêncio para visualizarem a si mesmos concretizando-as ao longo de todo o dia. Após várias semanas fazendo isso, a recompensa veio. Eles ganharam (mais de 1 milhão de dólares).

Todo mundo quer ganhar. A pergunta é: qual é o melhor processo para vencer e dar o seu melhor? Em geral, o seu melhor desempenho surge como uma consequência, não como o objetivo final. Às vezes atletas confundem dar o seu melhor com ser o melhor. Conversei a esse respeito com Frosty Westering, treinador de futebol americano, para nos ajudar a esclarecer essa confusão.

Frosty Westering define os três tipos de melhor

> A questão é: quem não quer ser o melhor do mundo? Todos nós queremos vencer, mas isso depende de como definimos a vitória e de como entendemos a alegria de competir sem o medo do fracasso. É essencial definir o que é "o melhor". A sociedade diz que vencemos

quatro campeonatos nacionais, mas também perdemos quatro; só que os que perdemos foram jogos incríveis, jogos simplesmente maravilhosos. O que eu fiz foi tentar pegar as três definições de *melhor* e transmiti-las de um jeito que nossos caras entendessem.

A primeira é ser *o* melhor. É disso que todo mundo fala. Ser o campeão da NBA. Quando vence, você é tudo; quando perde, você volta para casa como um zero à esquerda. Não acredito absolutamente nisso, mas é algo que precisamos questionar. Ser o melhor é resultado de outras coisas.

A segunda definição é ser o *seu* melhor. E como sabemos qual é o nosso melhor de verdade? Acho que este é o maior segredo para ser um bom treinador – tentar ajudar a pessoa a alcançar seu pleno potencial, seja ele qual for. Então perguntamos: "Como avaliar o potencial?" Nós fazemos um monte de testes de aptidão física – velocidade, agilidade, fatores no *combine* –, mas existe uma outra avaliação, o jogo interior, o teste interno, que é ainda mais importante.

(Observação: *combine* é uma avaliação de potenciais jogadores de futebol americano da NFL conduzida ao longo de uma semana pelos times.)

[No futebol americano], a gente precisa conseguir correr, ter mira e muitas outras coisas, mas, no fim das contas, o que faz a diferença não é nada disso. Pais sempre dizem para os filhos darem o seu melhor, mas, muitas vezes, não fazemos isso. Nós nos esforçamos, mas não damos nosso melhor. Então precisamos entender outra maneira de lidar com as competições, entendendo, de novo, que podemos não ser os melhores, podemos não dar o nosso melhor, mas podemos conquistar uma coisa, que é a terceira definição... fazer o melhor que podemos.

Fazer o melhor que podemos é apenas nos preparar e entrar em campo amando o que fazemos, mesmo quando não nos saímos muito bem. Nós amamos o que fazemos porque trabalhamos duro e entendemos que é isso que nos torna melhores. Quando fazemos isso com frequência suficiente, mesmo sem alcançar os resultados esperados, e nos cercamos de pessoas que acreditam na mesma coisa, começamos a despertar o melhor uns nos outros. E, para mim, essa é uma vitória dupla.

A vitória dupla é trazer à tona o melhor nos nossos companheiros de equipe e em nós mesmos. Quando fazemos isso, mesmo quando não alcançamos nosso melhor, os outros nos ajudam a despertá-lo, porque nunca sabemos quem vai estar do nosso lado. Nós aprendemos a fazer o melhor que podemos em tudo que fazemos, mesmo quando isso não é muito bom. Quando fazemos o melhor que podemos o tempo todo e amamos a competição, começamos a fazer nosso melhor mais vezes e nos tornamos os melhores com mais frequência.[16]

– FROSTY WESTERING, treinador de futebol americano da Universidade Luterana do Pacífico, quatro vezes campeão nacional

Nas quatro metas de desempenho diário que acabamos de ver, dar o seu melhor significa fazer o melhor possível naquele dia. Talvez ele não seja muito bom. Podemos alcançar apenas 40% do nosso desempenho normal hoje – talvez tenhamos sofrido uma lesão que não para de doer, estejamos gripados ou nossa tartaruga de estimação tenha acabado de morrer –, mas podemos dar 100% desses 40%. Se fizermos isso, encontraremos o sucesso.

O Diamante da Vida e a busca por zoé

Todos os dias precisamos fazer uma escolha: deixar nosso egocentrismo natural e o ego nos guiarem rumo a dúvidas e medos, ou nos concentrar no amor, na sabedoria e na coragem? Se não tomarmos uma decisão consciente, inevitavelmente seguiremos nossa inclinação natural e desceremos pirâmide abaixo.

Falamos sobre o caminho egocêntrico rumo ao medo nos Capítulos 2 e 3 e sobre o caminho repleto de propósito rumo a zoé neste capítulo. Vejamos como os dois se encontram no Diamante da Vida ilustrado na Figura 4.2.

Em resumo, o medo é superado por meio da combinação de amor, sabedoria e coragem. Esses três pilares são a base da automaestria, que nos permite ser fiéis a nós mesmos e viver com paixão, propósito e equilíbrio. A maestria se revela em nossa capacidade de estar completamente presentes, com energia positiva. Essa energia positiva é acentuada pelo foco no processo de aprimoramento diário (não no resultado) e no propósito da vida.

Figura 4.2 – O Diamante da Vida

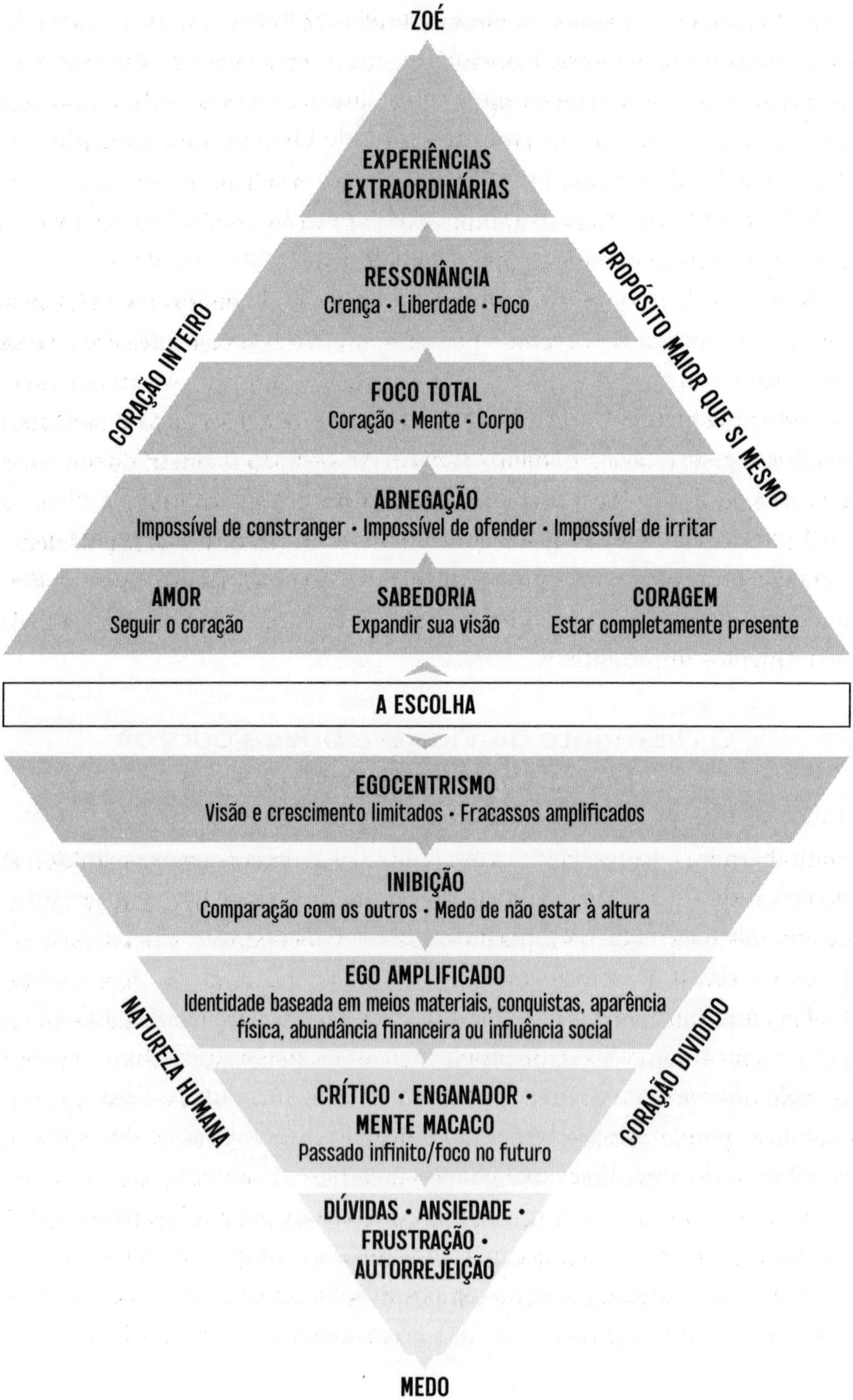

O propósito e o processo

Manter o foco não no resultado, mas no processo (e no aprimoramento diário) é almejar os três pilares da *Excelência Interior* que nos ajudam a realizar nosso propósito de vida – amor, sabedoria e coragem.

Quando falo sobre propósito de vida, me refiro àquilo que mais valorizamos e que mais nos fazem sentir vivos. Para mim (o autor), meu propósito é compartilhar o amor, a sabedoria e a coragem de Deus com atletas e líderes de todo o mundo. Ninguém se sente mais cheio de vida do que a pessoa que vive segundo um propósito construído com base no sacrifício do eu em nome do serviço aos outros. É uma energia muito poderosa e positiva.

A jornada rumo a zoé, a plenitude absoluta da vida, passa a girar mais em torno da experiência do que dos resultados, mais em torno dos relacionamentos do que das circunstâncias. Para isso, buscamos um propósito maior que nós mesmos, e esse é o segredo para o destemor que nos aguarda. Quando nos aproximarmos do fim da vida, olharemos para trás sem arrependimentos, apenas com paz e satisfação. Isso é zoé.

PONTOS PRINCIPAIS

- Os três pilares da excelência que superam o medo e formam a base da força mental e de uma vida extraordinária são amor, sabedoria e coragem.

- A manifestação do amor é seguir o coração; a da sabedoria é expandir sua visão; e a da coragem é estar completamente presente. Tudo isso leva à ressonância e a experiências extraordinárias.

- A busca pelos três pilares da excelência é a busca pela automaestria.

- Redefinir o sucesso é essencial para alcançar seu pleno potencial. Concentre-se nas quatro metas-chave no processo de aprimoramento diário.

- Fazer o melhor possível é algo que você pode fazer independentemente de como se sente, e isso vai ajudá-lo a permanecer presente e ter coragem.

- Automaestria é dominar o ego, aquela parte sua que só se preocupa com a própria imagem e que sempre se sente ameaçada e faz comparações. Dominar o ego é se tornar:
  - Impossível de ofender;
  - Impossível de constranger;
  - Impossível de irritar.

- Ressonância é estar completamente presente, usando seus talentos, sentindo-se desafiado e conectado ao seu verdadeiro eu.

- Há dois componentes essenciais para você se tornar destemido: um propósito maior que si mesmo e o amor incondicional.

- Zoé é a plenitude absoluta da vida, a autotranscendência daqueles que são fiéis a si mesmos.

- A maior liberdade que você tem é a de escolher os próprios pensamentos, e o maior poder é o de amar incondicionalmente.

PERGUNTAS E ATIVIDADES EXTRAS

- Escreva em seu diário como você deseja viver, se sentir e competir.

- Que tipos de escolha você pode fazer para expandir sua visão? Comprometa-se a se colocar em situações que antes seriam desconfortáveis. Você consegue abrir mão da inibição em meio ao desconforto?

- Pense no que significa sentir ressonância. Quando você está absorto no trabalho ou em um esporte que ama, o que gera ressonância? O que acaba com ela?

- Para você, o que significa buscar a plenitude absoluta da vida?

5

O CÓDIGO DO SAMURAI

Como um grupo de guerreiros dominou o próprio ego

Para um guerreiro, a principal preocupação deve ser manter a morte em mente, dia e noite. (...) É preciso pensar sempre na morte para cumprir os preceitos de lealdade e evitar uma série de males e calamidades, ser fisicamente apto e saudável e ter uma vida longa. Mais do que isso, seu caráter se aprimorará e sua virtude aumentará.[1]

– TAIRA SHIGESUKE, guia do séc. XVII para jovens samurais

No Capítulo 1 falamos sobre as armadilhas de uma sociedade materialista e transacional, e como ela usa ilusões para nos distanciar de nosso verdadeiro eu. No Capítulo 2 analisamos a origem do medo, que é o egocentrismo, a lente míope pela qual enxergamos o mundo. O Capítulo 3 revelou os três grandes adversários que vamos enfrentar na vida: o Crítico, a Mente Macaco e o Enganador. O Capítulo 4 apresentou a solução para o egocentrismo: amor, sabedoria e coragem.

Agora veremos como um grupo de guerreiros vivia de acordo com essas três virtudes e como esse código permitiu que se tornassem destemidos.

O paradoxo do samurai

É preciso morrer repetidas vezes, toda manhã e toda noite. É preservando continuamente o estado da morte na vida diária que se entende a essência do Bushido.[2]

– Yamamoto Tsunetomo, samurai

No Japão feudal, os guerreiros samurais eram a lei. Eles eram lendários pela lealdade, a autodisciplina e o compromisso com a honra. Os samurais viviam de acordo com um código de ética conhecido como Bushido, que significa o "caminho do guerreiro", e que consistia em valorizar a virtude e o caráter acima de tudo. Assim como a *Excelência Interior*, esse preceito se baseava amplamente em três valores: amor, sabedoria e coragem. Com amor, eles serviam; com sabedoria, enxergavam a impermanência da vida; com coragem, colocavam a honra e a integridade acima de preocupações e recompensas terrenas. Seu treinamento se baseava em se preparar todos os dias para lutar até a morte. Para serem destemidos na batalha, os guerreiros precisavam estar prontos a morrer.

Não é algo fácil de imaginar em nossa cultura ocidental voltada para o conforto. Enquanto boa parte do mundo vive na pobreza, nós comemos em lanchonetes de fast-food (quando estamos com pressa), vamos a restaurantes para jantares sofisticados (quando queremos relaxar) e pedimos que toda e qualquer coisa seja entregue em domicílio. Estamos sempre tentando encontrar um jeito de tornar a vida mais fácil e mais confortável. O entretenimento é uma indústria multibilionária que ganha dinheiro com nossa necessidade sempre maior de conforto.

Os samurais, por outro lado, encontravam prazer no aprimoramento, liberdade na disciplina, e conexão no serviço aos outros. Enquanto os atletas profissionais ocidentais são conhecidos tanto por seu desempenho quanto por trapacearem, os samurais não tinham qualquer necessidade do dinheiro ou do status advindos da trapaça. Ao se prepararem para morrer todos os dias, eles se concentravam diariamente no que mais importava: seu espírito. O paradoxo do samurai é que eles aprendiam a lutar até a morte se concentrando no amor – no amor pela honra e pelo serviço mais do que pelo eu.

O espírito da maestria: amor acima do medo

Dominar os outros é força. Dominar a si mesmo torna você destemido.[3]

– Lao Tsé, filósofo chinês

No Capítulo 4 aprendemos que automaestria é a busca por crescimento pessoal, aprender a viver com amor, sabedoria e coragem, e não deixar o ego ser nosso mestre. É abrir mão da preocupação com o eu para enxergar o que é possível e quem podemos nos tornar quando paramos de tentar nos proteger. A jornada da automaestria é descobrirmos como ser fiéis a nós mesmos, tentando caminhar com amor e não com medo, com uma visão expansiva, vivendo o momento presente.

Dominar a si mesmo, assim como os samurais, é deixar para trás os medos e apegos que dominam você – entregá-los a um poder maior. A força mais poderosa que existe é o amor – que é completamente presente e destemido. Não há medo no amor – o amor perfeito expulsa o medo.

Bem e mal e tudo que é lindo

O amor é nossa maior necessidade. A rejeição é nosso maior medo. Passamos a vida buscando amor e evitando a rejeição.

– Dr. Stephen Klemich e Dra. Mara Klemich, *Above the Line* [Acima da linha]

As duas principais forças do mundo são o amor e o medo. Sempre vivemos mergulhados em alguma forma de um ou outro. Ou estamos no modo de autoproteção (medo) ou no de autoexpressão (amor) – expressando nossos talentos. Ninguém pode trazer ao mundo o mesmo que você. Você é o único. E foi criado para a glória, para ser seu verdadeiro eu e expressar esses talentos, mas eles são escondidos e permanecem assim dependendo da sua disposição para encarar seus medos e viver empoderado pelo amor.

Você pode ganhar muito dinheiro, conquistar troféus, talvez até ter um milhão de seguidores, mas, a menos que confronte o ego e os medos que o acompanham, nunca trará ao mundo tudo de que você é capaz.

Se quisermos ser destemidos e viver com liberdade, a única maneira de fazer isso de forma duradoura é tornar o amor a força motriz da nossa vida – isto é, viver com mais energia e propósito do que apenas bem-estar. Parece estranho abrir mão da sua vida para ganhar liberdade, mas essa é a lei do universo em ação (se se agarrar à sua vida, você a perderá, então é preciso abrir mão dela para ganhá-la). Mais uma vez, não se trata de uma questão moral, mas de algo que os maiores entre nós aprenderam. Agarrar-se à vida leva a comparações e julgamentos, tensão e separação. Abrir mão da vida traz alegria e paz, liberdade e conexão.

Caminhar com amor, e não com medo, é se deixar guiar pela fé, não pelos olhos. É viver segundo o que é profundamente significativo e atemporal, e não superficial e temporário. Não existe outra forma de viver a plenitude da vida. As coisas mais importantes – as mais poderosas – são as invisíveis. Todos os outros caminhos podem oferecer bugigangas e prazeres bobos ou recompensas financeiras, mas nunca paz, propósito e poder duradouros. As maiores vidas se basearam numa crença extraordinária. Elas acreditavam no amor.

E. Stanley Jones, teólogo e amigo próximo de Gandhi, explicou:

> Ninguém é livre até ser livre em seu âmago. Quando nos desapegamos nesse ponto, nos tornamos livres de verdade. Quando renunciamos ao eu, nos tornamos completamente desiludidos,* diferenciados, sem nada a pedir. Tudo que nos chega é lucro. A vida se torna então uma surpresa constante.**

Ser livre em nosso âmago é abrir mão do autointeresse, e fazemos isso por meio do amor.

---

* Para Jones, desiludido significa livre de ilusões (não iludido).

** Acredito que surpresa constante signifique gratidão constante pelas belezas que sempre nos cercam.

Perguntas e respostas

Isso levanta algumas questões:

1. O que significa ter o amor como força motriz em tudo que faço?
2. Como treinar meu coração para permanecer no caminho em momentos de estresse ou crise?
3. Como voltar para o caminho do amor quando o medo aparecer?

E algumas respostas:

1. A sensação é semelhante à ressonância, na qual o principal propósito é aprender e crescer e compartilhar nossos talentos, não acumular troféus, prêmios ou sucesso (eles são sempre apenas uma consequência da *Excelência Interior*).
2. Abasteça seu coração todos os dias com as palavras, ideias e histórias das pessoas que viveram com amor antes de nós. Então, quando uma crise surgir, o que está no seu coração virá à tona. A força desses "mentores" o acompanhará.
3. Lembre-se sempre dos pressupostos e ferramentas da *Excelência Interior* para se resetar e voltar ao caminho certo.

Talvez a maior diferença entre os samurais e as pessoas comuns fosse a disposição e o preparo deles a morrer para se sacrificarem pelos outros. O que você tem de mais valioso é a sua mentalidade e a dedicação focada ao seu propósito de vida.

A vida nos desafia o tempo todo; para sermos criativos e encontrarmos soluções, precisamos de uma mente livre de confusão, sem necessidade de reagir nem de ameaças contra as quais nos defender. As ideias chegam quando estamos completamente presentes, quando somos capazes de enxergar a beleza, e não vivendo em constante estado de reatividade.

Boa parte do que fazemos na jornada da automaestria depende da nossa capacidade de abrir mão da autoproteção e do autointeresse em nome do amor, para vivermos de forma incondicional, com o coração inteiro – com coração, mente e corpo completamente presentes. Talvez seja interessante comparar a automaestria com o ego para compreendermos as características de ambos.

Uma comparação entre maestria e ego

MAESTRIA	EGO
Abnegado	Egocêntrico
Identidade forte	Inibido
Grato	Acha que o mundo lhe deve algo
Impossível de constranger	Fácil de constranger
Impossível de ofender	Fácil de ofender
Impossível de irritar	Fácil de irritar
Compassivo	Julgador
Aprendizado constante	Comparações constantes
Vencer a batalha interior	Vencer a qualquer custo
Focado no processo	Focado no resultado
Fazer o melhor que podemos	Vencer ou perder
Disposto a parecer bobo	Medo da humilhação
Completamente presente	Vivendo no passado e no futuro
Fiel a si mesmo	Sem consciência do verdadeiro eu
Disposto a fazer sacrifícios	Busca gratificação instantânea
Disposto a sofrer/ficar desconfortável	Busca conforto
Sensação de controle	Controlado pelos resultados
Liberdade e paixão	Medo e tensão
Acolhe o oponente	Odeia/teme o oponente
Humilde	Arrogante
Busca crescimento	Busca validação

MAESTRIA	EGO
Visão ampla	Visão limitada
Enxerga a beleza primeiro	Enxerga os problemas primeiro
Caminha guiado pela fé	Caminha guiado pelos olhos
Centrado	Disperso
Busca sabedoria	Busca status
Poucas necessidades	Carente
Propósito maior que objetivos	Não há propósito real
Imaginação ilimitada	Limitado pelas experiências
Transcende as circunstâncias	Apegado às circunstâncias
Estável	Imprevisível

Renove a mente

Seu tempo é limitado, então não o desperdice vivendo a vida de outra pessoa (...) tenha coragem para seguir seu coração e sua intuição. (...) Lembrar que vou morrer no futuro próximo é a ferramenta mais importante que já encontrei para me ajudar a tomar as grandes decisões na vida.[4]

– Steve Jobs, fundador da Apple, após ser diagnosticado com câncer

É difícil manter o foco na busca por maestria quando vivemos em um ambiente contaminado pela afluência e baseado no ego. Por isso devemos sempre renovar a mente para revisitar nosso propósito e estar preparados a fazer sacrifícios, e até sofrer, para desenvolver a consciência de nosso verdadeiro eu. Todo dia a mente é ocupada por um monte de tralha desnecessária, então precisamos remover tudo que não seja nosso e resetar o sistema (algo que veremos no Capítulo 6). Para renovar a mente é necessário sempre retornar à Verdade com V maiúsculo (que é Deus e é quem nós somos), assim como capturar nossos pensamentos para manter os bons e descartar os que não nos servem. Em vez de deixar os pensamentos correrem soltos sem percebê-los, desenvolvemos maior consciência deles, intencionalmente nos concentrando nos que nos empoderam (relacionados à Verdade) e deixando para trás os negativos (que não correspondem à verdade).

Os samurais passavam muito tempo em meditação, sabendo que o menor erro causado por julgamentos morais ou egocentrismo – aos quais hoje em dia somos indiferentes – poderia ser fatal. Se um samurai humilhasse outro publicamente com palavras ríspidas, talvez fosse instado a tirar a própria vida. Sabendo disso, eles precisavam manter a mente afiada, enxergando além de si mesmos – prontos a se sacrificarem –, porque o código que seguiam exigia responsabilidade constante e severa.

A renovação da mente começa com a consciência de que a natureza humana é egocêntrica e que, toda manhã ao acordarmos, o ego deseja se comparar com os outros para se sentir um pouco melhor. Com frequência isso leva a estresse e frustração, já que inúmeras coisas estão fora do nosso controle. Aqui vai uma rotina que você pode seguir antes de dormir para renovar sua mente.

Ritual de beleza antes de dormir: uma ferramenta de cinco passos para renovar a mente

1. Repasse seu dia. À noite, pense em tudo que aconteceu, do começo ao fim. Pense no que foi bem e no que você aprendeu.
2. Lembre-se de três momentos de beleza. Encontre momentos específicos durante o dia pelos quais ser grato; quanto menores e mais específicos, melhor. Ser grato por sua saúde não é específico nem pequeno. Ser grato pelo momento durante seu treino em que você percebeu que não estava ansioso é específico e pequeno. E de grande beleza.
3. Reprograme os erros e deixe o dia para trás. Veja a si mesmo mudando tudo de que não gostou em seu comportamento ou desempenho, fazendo exatamente o que preferia ter feito (o Capítulo 9 vai ensinar em detalhes como fazer isso). Então deixe o dia para trás. Talvez você possa

se visualizar reunindo todos os acontecimentos do dia, agradecendo a Deus por eles e jogando-os no espaço sideral.

4. Preveja o amanhã. Visualize-se acordando e seguindo seu dia, executando suas rotinas diárias. Esse passo garante que você se recorde da sua rotina e das ferramentas que utilizará nas várias situações no dia seguinte.
5. Visualize o amanhã. O quinto passo gira em torno de sentimentos. Imagine-se em alguma parte do seu dia, sentindo exatamente como você quer se sentir, seguindo sua rotina, usando suas ferramentas, aceitando cada desafio com gratidão. Essa etapa prepara o inconsciente (sobre o qual falaremos no Capítulo 6), dando um impulso para a energia e os sentimentos que você quer ter no dia seguinte.

Depois disso, talvez seja interessante escrever seus pensamentos em um diário. Muitos de nós levamos as preocupações e os problemas para a cama. Isso é um erro. Quando dormimos, a mente inconsciente processa os acontecimentos do dia e consolida nossas memórias. Se não lidarmos com o dia de forma positiva, a mente inconsciente pode absorver ainda mais o erro ou a memória dolorosa. Esse é um dos motivos pelos quais fazer uma prece antes de dormir é tão poderoso: isso significa deixar nossas questões para trás e permitir que Deus assuma o comando. Também por isso é muito importante tirar um dia entre os sete da semana para se recarregar por completo (sem trabalhar nem resolver nada). Só assim o inconsciente é capaz de se concentrar em possibilidades criativas em vez de ficar remoendo, pensando em tudo que pode dar errado.

O medo e a ansiedade são dois dos maiores obstáculos para a criatividade e as possibilidades. Como o medo separa e isola, ele divide nosso coração e não deixa a mente inconsciente imaginar as possibilidades com clareza. Mas, quando lidamos com nossos erros e medos toda noite, o inconsciente poderoso consegue imaginar soluções inesperadas de forma criativa.

Para compartilhar a glória, devemos compartilhar o sofrimento

"Ter um recém-nascido não vai nos distrair do tempo que temos juntos?", perguntou ela. "Você não acha que se despedir do seu filho tornará sua morte mais dolorosa?"

"Não seria ótimo se tornasse?", respondi.

Eu e Lucy acreditávamos que a vida não girava em torno de evitar sofrimentos.[5]

– Dr. Paul Kalanithi, *O último sopro de vida* (um jovem neurocirurgião sofrendo de câncer terminal decide com a esposa se devem ou não ter um filho antes de sua morte)

Não seria ótimo se a morte fosse mais dolorosa? À primeira vista, essa é uma declaração maluca. Mas acho que o Dr. Kalanithi quis dizer que, quanto mais valiosa é uma coisa, mais difícil é perdê-la. Sofrer uma perda intensa significa que você antes tinha algo extremamente precioso. Não rejeite um presente apenas por causa do sofrimento que vai sentir se o perder. Na verdade, quanto maior for a dor da perda, mais importante era o presente recebido. É melhor amar e perder do que nunca ter amado. Tudo tem um começo e um fim, e cada fim traz um novo começo. Não deixe de aproveitar a beleza e a alegria da vida por medo da dor.

Uma diferença que notei nas minhas viagens para outros países é que, em alguns deles, as pessoas são menos apegadas a confortos e prazeres e têm menos medo da dor. Elas são alegres e gratas pelo que têm. O que limita nossa alegria e gratidão talvez seja a obsessão da cultura ocidental pela felicidade.

Felicidade versus alegria

De nosso ponto de vista, a felicidade é um sentimento positivo e temporário associado a uma circunstância; é sentir-se bem com base no que está acontecendo. A alegria, por outro lado, é uma sensação profunda de bem-estar, liberdade e gratidão independente das circunstâncias; mais profunda e ampla que qualquer prazer.

A alegria é possível quando estamos infelizes em relação às circunstâncias, mesmo em meio ao sofrimento, já que não depende de circunstâncias nem sentimentos. A alegria se baseia em amor, esperança e verdade, no fato de sermos criados para alcançar a glória, preenchidos pelo infinito, por um valor inerente e por possibilidades ilimitadas.

É difícil não colocar a felicidade em um pedestal. A cultura ocidental diz que felicidade *é* sucesso. Supostamente, sucesso significa que nós e a nossa família estamos felizes e confortáveis. A felicidade se transformou na Grande Busca. Só que, na realidade, correr atrás da felicidade é o Grande Erro. A busca pela *Excelência Interior* (e pela plenitude da vida) rapidamente se transforma no caminho para a Mediocridade Interior quando passamos a vida tentando encontrar a felicidade para preencher nossa ausência de alegria. Acabamos correndo atrás do próprio rabo e perdendo muito pelo caminho. Ficamos desnorteados.

Como seres humanos, somos guiados pelos olhos, e isso gera apego às circunstâncias. Se vemos boas coisas em nossa vida, nos sentimos bem. No entanto, se nosso carro está dando defeito, se nosso melhor amigo pretende se mudar para outra cidade ou se nossa saúde vai mal, não nos sentimos felizes. Por isso, num esforço para nos sentirmos melhor, acabamos correndo atrás de circunstâncias melhores que possam gerar sentimentos melhores. A vida se torna reativa e emotiva, pois as decisões são tomadas com base na falta e na escassez, não na abundância e na beleza. Benefícios a longo prazo são dispensados em nome de sentimentos a curto prazo.

Na tentativa de encontrar a felicidade, é fácil passar a vida tentando torná-la mais confortável, com menos problemas. Só que esse é o grande erro. Nós ficamos tão ocupados nesse modo de resolução de problemas que passamos a vida inteira apagando incêndios, vivendo de forma reativa, e não sonhando grande, levando uma vida de criatividade. Deixamos de ver belezas incríveis porque passamos tempo demais concentrados nos problemas, e não nas possibilidades.

Quando penso em felicidade e alegria e em como são duas coisas diferentes, sempre imagino duas situações:

Situação A

A abertura das Olimpíadas

Eu era um dos treinadores da seleção sul-africana de beisebol nas Olimpíadas de Sydney de 2000. Nelson Mandela tinha acabado de fazer um discurso de incentivo. Aqueles eram os segundos Jogos Olímpicos desde que Mandela havia sido democraticamente eleito presidente da África do Sul, pondo fim a séculos de governo da minoria branca. Ele havia passado 27 anos na prisão por sua oposição ao regime racista. Sua prisão e seu sofrimento não foram seu fim, mas um meio para que ele pudesse mudar o mundo. Quando entramos no estádio, um silêncio surreal preencheu a arena. Foi um momento incrível.

Situação B

O apartamento apertado de Ricky em Los Angeles

Meu amigo tocava no violão uma música espiritual de gratidão. Não era uma situação nem um momento especial. Eu estava afundado em dívidas depois de passar cinco anos apenas escrevendo e fazendo pesquisas para a primeira versão deste livro.

A sensação que tive na abertura das Olimpíadas foi de júbilo ("Isto é incrível"), mas encobria uma ansiedade generalizada ("Há incertezas demais na minha vida").

No apartamento de Ricky, fui tomado por um profundo bem-estar. Eu senti que era amado pelo criador do universo e que nada que tivesse feito ou pudesse fazer seria capaz de mudar o amor que Ele sentia por mim. A sensação de ser completamente conhecido e amado por alguém de imenso valor e glória preencheu minha alma de vida – de plenitude da vida.

Na Situação A as circunstâncias eram incríveis, enquanto na situação B não estava acontecendo nada de mais. Só que em cada uma das ocasiões me senti indescritivelmente diferente. Durante a Situação A, a felicidade encobria a ansiedade. Já a Situação B me trouxe uma alegria independente de toda a instabilidade na minha vida.

Nós, no Ocidente, somos tão motivados a buscar a felicidade que vivemos correndo atrás de circunstâncias melhores que possam nos trazer mais conforto e prazer (já que a felicidade depende de circunstâncias confortáveis). É por isso que o sofrimento e a morte são assuntos tabus na nossa cultura – eles são o oposto da felicidade que tanto valorizamos. Sofrer parece um fracasso, já que a felicidade teoricamente está associada ao sucesso.

Outras culturas encaram o sofrimento e a morte de jeitos distintos. Durante o tempo que passei na África do Sul, tive a impressão de que a morte era mais integrada ao ciclo da vida. Na América do Norte há muita resistência em encarar e falar sobre sofrimento e morte; quando essas coisas acontecem, são acompanhadas de choque e pena.

A morte na África

Uma vez, na África do Sul, eu estava no banco traseiro de uma picape (ou *bakkie*, como eles chamam), a caminho de uma reserva de caça, quando deparamos com um grande pássaro exótico no meio da estrada de terra, uns 75 metros à nossa frente. Quanto mais nos aproximávamos, mais eu imaginava que ele sairia voando; porém, quando o alcançamos, ouvi um baque e vi penas voando.

Alguns minutos depois, chegamos ao portão da reserva e o motorista disse algo para o guarda num idioma que eu não conhecia. O guarda foi até à frente do *bakkie*, esticou o braço e tirou o pássaro imenso (e agora morto) da grade dianteira do veículo. Os acontecimentos que se seguiram me tiraram um pouco da minha zona de conforto.

O guarda segurou o pássaro com as duas mãos, aparentemente com respeito, então o entregou pela janela ao carona, como se lhe passasse um prato de macarrão. O passageiro o segurou com as duas mãos e o balançou um pouco, como que tentando avaliar seu peso, e então o entregou para o motorista, que fez o mesmo. Fiquei com medo de passarem o pássaro para mim! Nunca descobri o que eles diziam nem por que cada um segurou o animal morto, mas foi uma reação muito diferente daquela a que eu estava acostumado, tendo sido criado na América do Norte. Eles não faziam questão de evitar o sofrimento e a morte a todo custo, da maneira como eu esperava.

Se conseguirmos aceitar que o sofrimento é parte da vida e que todos vamos morrer – talvez bem mais cedo do que desejamos –, seremos capazes de começar a viver e superar nossos medos.

Para aprender a automaestria e ter uma vida extraordinária, devemos abraçar o desconforto. Sem dor, não há crescimento. Nunca seremos capazes de nos tornar quem nascemos para ser se ficarmos resistindo às adversidades e aos desafios necessários para nosso desenvolvimento. Se quisermos estar fisicamente em forma, não há como fazer isso sem certo nível de desconforto. A mediocridade pode encontrar maneiras de evitar sacrifícios e desconforto, mas, aqui, estamos falando de *Excelência Interior*, não de Mediocridade Interior.

A *Excelência Interior* é a busca pela verdadeira glória – pelo brilho e pelo peso do valor inerente e infinito que acompanha a alegria verdadeira. Só que, para vivenciarmos essa glória, precisamos vivenciar o sofrimento. Isso significa que não podemos ser escravos do conforto e do prazer; devemos ser abnegados para nos tornarmos destemidos. Assim não nos permitimos ser jogados para lá e para cá por nossos sentimentos e desejos – que, sem a devida supervisão, só aumentam – e nos tornamos disciplinados o suficiente para abraçar o desconforto e a adversidade. Então conseguimos enxergar com clareza a beleza que sempre está à espera de ser descoberta.

Quanto mais conforto há na sua vida, mais difícil se torna encarar o desconforto. Isso não significa que conforto seja ruim, mas apenas que quanto mais tempo passamos no sofá, mais difícil é sair dele. "E quanto mais pessoas estiverem no sofá com você, mais difícil será sair dele também", acrescenta Joshua Medcalf, autor de *Chop Wood Carry Water* [Cortar lenha, carregar água].[6]

Conforto em excesso também nos torna mais frágeis se não tomamos cuidado. Um hábito empoderador é tentar passar tanto tempo com pessoas em situação de rua quanto com pessoas privilegiadas. Isso é útil para não ficarmos viciados em conforto e preservarmos nossa humildade, mantendo os pés no chão; caso contrário, podemos acabar com uma visão grandiosa demais de nós mesmos: um caminho rápido para a mediocridade.

Quanto mais dor vivenciamos, mais gratidão sentimos pelos momentos sem dor. (Mas não se engane: estamos falando aqui sobre a dor da disciplina para nos tornarmos alguém que nunca fomos, não de abuso ou maus-tratos, que exigem uma intervenção imediata. Coisas muito ruins podem ter acontecido na sua vida, mas tenha isto em mente: nós podemos carregar o passado conosco com amargura ou podemos deixá-lo para trás com o perdão.)

O garotinho e seus patins

Em Federal Way, Washington, um garotinho descendente de japoneses costumava acordar às 3h30 da manhã, antes de ir para a escola, para andar de patins. Seu pai o despertava, prendia uma lanterna em sua cabeça e o levava para treinar no estacionamento. "Era horrível", admitiu o jovem. Mas o garotinho se tornaria Apolo Anton Ohno, campeão olímpico de patinação de velocidade, o atleta americano com maior número de medalhas nos Jogos Olímpicos de Inverno.[7]

Enquanto se preparava para as Olimpíadas de Inverno em Vancouver, Apolo pediu a seu treinador de força e condicionamento que morasse com ele para que os dois treinassem sem parar. "Nós passávamos entre 8 e 12 horas por dia fazendo treinamentos físicos, sem incluir os treinos mentais, fisioterapia e o treino de recuperação que eu também fazia", explicou.

Ao ser questionado por que achava que era tão bem-sucedido, respondeu: "Estou disposto a fazer o que ninguém mais está." Ele disse que pode ser que tenha treinado seu corpo em excesso, mas o que isso fizera por sua mente era inestimável. Apolo estava disposto a sofrer para ser o tipo de pessoa que se sentia tão preparada que merecia vencer.

Apolo se apaixonou pelo processo de aprimoramento. Nos Jogos Olímpicos de Vancouver, seu objetivo não era quebrar recordes. "Obviamente, eu queria vencer corridas e competir usando todo o meu potencial, mas nunca fui de me concentrar nos resultados. Para mim, o processo é muito mais importante e significativo."

> "A conversa não termina quando você fracassa. É aí que a conversa começa."[8]
>
> – Apolo Anton Ohno, campeão olímpico

Se quisermos ser grandes, precisamos pagar o preço. Todos nós fomos criados para alcançar a glória, mas o caminho até lá é bloqueado pelos obstáculos do ego, do conforto e do prazer. O desafio é que todo mundo tem um corpo que deseja permanecer confortável, que jamais quer levar um soco no estômago. É aí que campeões se diferenciam: eles conseguem passar por cima da tendência humana a buscar conforto – da vontade de dormir mais um pouquinho, de parar após se esforçar por um tempo razoável – por saberem que, acima de tudo, estão treinando a mente e o coração, aprendendo a fazer sacrifícios sem se deixar guiar pelos sentimentos e a ser incansáveis na busca pela excelência.

O sofrimento chama nossa atenção de um jeito que as outras experiências não fazem. Com frequência, ele é o único mecanismo capaz de vencer nosso egocentrismo, expandindo nossa consciência e nos trazendo compaixão e conexão com os outros.

Os psicólogos do esporte Terry Orlick e Shaunna Burke entrevistaram montanhistas que haviam chegado ao topo do monte Everest. Quando questionado sobre como havia conquistado seu objetivo, um deles respondeu:

> A melhor coisa de todas é passar por dificuldades. Sofri muito em outras expedições antes de ir para o Everest. As pessoas costumam me perguntar o que é preciso para escalar o Everest, e, para ser sincero, a resposta é uma vida inteira de sofrimento. É isso a que você recorre, a essa habilidade de dizer "Eu consigo aguentar o sofrimento". Escalar o Everest é como um cansaço doloroso que alcança o fundo da sua alma. Então, na primeira vez que uma dificuldade aparece na subida, e é um longo período de sofrimento, você consegue aguentar, porque diz "Sim, já sofri assim antes, e sofri por longos períodos de tempo".[9]

Barreiras ao aprendizado que o sofrimento pode trazer

Na cultura ocidental, sofrimento é o oposto de sucesso, algo que deve ser evitado a qualquer custo. Essa percepção nos impede de abraçar o sofrimento e aprender com ele. O valor que atribuímos a uma experiência afeta a forma como a encaramos. Quando enxergamos o sofrimento como algo insignificante, algo que não merecemos, nós o tornamos maior.

Grande parte do sofrimento está no pensamento de que não deveríamos passar por sofrimento algum. Existe a dor causada pelas circunstâncias da vida, e existe a interpretação que fazemos dessa dor. Quando estamos deprimidos, existe a depressão e existe a interpretação de que não deveríamos estar deprimidos – o que só piora a situação.

Uma das coisas que aprendemos a fazer no treinamento do Método Wim Hof (sobre o qual você lerá no Capítulo 8) é manter o foco nas partes do corpo que estão frias em vez de ignorá-las. Em geral, quando sentimos dor, desejamos que ela desapareça ou fingimos que não existe, mas nesse programa aprendemos a nos concentrar nela e abraçá-la. O medo ganha força quando tentamos ignorá-lo.

O medo é uma das muitas barreiras para os ensinamentos que o sofrimento pode trazer. O foco dele é o eu, o futuro e o desconhecido. O que vai acontecer comigo? Quando isso vai parar? O medo de não conseguir aguentar – e, em última instância, o medo de não sobreviver – é gatilho para uma necessidade de fugir do sofrimento.

O vício da felicidade

Quando rejeitamos a dor e a adversidade ou fugimos delas, entramos no caminho sem volta do vício. Todo vício – seja em sexo ou chocolate, metanfetamina ou heroína, compras ou agradar os outros – gira basicamente sobre a mesma questão. Ele é uma maneira de evitar a dor (com frequência emocional) que recorre a algum substituto que nos permita evitar nossos medos. O problema é que a situação não desaparece quando a evitamos, apenas piora. Ela não desaparece porque está nos mandando um recado: *Pare de fugir do desconforto e da dor emocional. Quando encará-los, você descobrirá que é muito mais forte do que imaginava.*

Não importa qual seja o vício, o processo que acontece no corpo é o mesmo. O alimento, a droga ou outro agente viciante qualquer entra em nossa mente/corpo, ocorre uma reação química e encontramos aquela sensação em que nos viciamos.

Não pense que ter um corpo em forma ou uma conta bancária polpuda torna seu vício diferente do vício de alguém que come compulsivamente ou de um usuário de drogas. De muitas formas, o seu vício oculto é bem mais difícil de abandonar, porque é socialmente aceito ou mesmo invisível. Pense no vício do orgulho ou do reconhecimento. Esses são vícios escondidos que afetam todas as áreas da vida; entretanto, a maioria das pessoas os levará para o túmulo, sem jamais melhorar. Isso porque eles não são vistos como um problema; esse é o seu poder. Qual é o seu vício?

Outro vício comum, mas negligenciado, além do orgulho (e da necessidade de reconhecimento ou de estar certo), é o vício em conforto. Tudo remete à Grande Busca (também chamada de o Grande Erro), que é a busca pela felicidade... a crença de que precisamos estar felizes, confortáveis e livres de dor. Orgulho e prazer, ego e conforto, todos são potenciais obstáculos para a transformação que aguarda aqueles que estão dispostos a encarar os próprios medos.

Por que devemos aceitar e abraçar o sofrimento

> *O sofrimento não é algo que eu evite. É algo que adoro – adoro o que ele traz, o que há do outro lado depois que ele passa. Quando escalamos o monte Everest, todos nós sofremos juntos, encarando a mesma batalha, indo atrás do mesmo sonho. Sofrer torna a conquista ainda mais gratificante.*[10]
>
> – Elizabeth Rose, a canadense mais jovem a escalar os Sete Cumes

O sofrimento não precisa ser um obstáculo à plenitude da vida. Na verdade, ele pode ser um meio para encontrarmos a alegria e a paz. Abraçar o sofrimento é silenciar o Crítico, já que, para ele e o ego, sofrer é ruim. Qual é o maior medo do Crítico se não o medo de a vida seguir na direção errada, do fracasso – ou pior –, do sofrimento? Quando aceitamos o sofrimento, somos capazes de transcender nossas circunstâncias; nós nos soltamos das amarras dos acontecimentos, somos liberados de nossa mente, de nosso corpo e de todos os altos e baixos que os acompanham. Conseguimos enxergar mais à frente, sob um ângulo diferente, com mais significado e clareza. Talvez seja apenas com olhos molhados de lágrimas que conseguimos enxergar quem realmente somos.

Sofrer gera perseverança, perseverança gera caráter, e caráter é a base da esperança necessária para enxergar a glória do futuro que nos aguarda em meio à dor das circunstâncias temporárias.

As figuras mais extraordinárias da história (por exemplo, Gandhi, Mandela, Martin Luther King e madre Teresa) construíram seu caráter sobre uma base de sofrimento. Essas pessoas entendiam o valor do sacrifício e, portanto, estavam preparadas para sofrer.

O Dr. Viktor Frankl descobriu nos campos de extermínio que as pessoas mais resilientes não eram as fisicamente mais fortes nem as que falavam mais alto, mas aquelas que tinham um propósito mais profundo que não poderia ser tirado delas pelas condições brutais. Parte de sua força era o desejo de responder à vida da melhor forma possível, de ser digna de seus sofrimentos; de aceitar a dor com honra. Frankl explica:

> [O escritor russo] Fiódor Dostoiévski disse: "Tenho apenas um medo: o de não ser digno dos meus sofrimentos." Essas palavras com frequência me vinham à mente depois que conheci os mártires cujo comportamento no campo [de concentração] e cujo sofrimento e morte eram um testemunho de que a última liberdade interior não pode ser perdida. (...) Eles eram dignos de seus sofrimentos; a maneira como os enfrentavam era uma verdadeira conquista interior. É essa liberdade espiritual – que não pode ser tirada de você – que tornava a vida significativa e repleta de propósito. (...) Nós precisávamos entender e, além disso, ensinar aos desesperados que o que importava não eram nossas expectativas para a vida, mas as expectativas da vida para nós. Precisávamos parar de questionar o sentido da vida e começar a pensar que nós é que éramos questionados pela vida – a cada dia e a cada hora.[11]

Quando Nelson Mandela fez seu discurso à delegação sul-africana na vila olímpica, sua chegada causou burburinho; conhecê-lo era uma honra incrível. Enquanto ele se dirigia a nós e nos desejava boa sorte, era impossível não pensar no sacrifício imenso que ele havia feito por seu país e em sua disposição a colocar as necessidades do povo acima das suas. Mandela estava disposto a sofrer e, por meio do seu sofrimento, se tornou um dos maiores líderes do mundo.

Como ele sofreu os 27 anos de uma prisão injusta e conseguiu sair de lá sem amargura em relação a seus algozes e acabar com séculos de um regime racista? Ele foi moldado pelo sofrimento diário. Quem poderia imaginar o destino que aguardava Mandela – que ele se tornaria presidente, lideraria a África do Sul para acabar com o apartheid e mudaria o mundo? Quem sabe como seu sofrimento afetará o seu desenvolvimento e moldará seu futuro?

Nós vamos sofrer. Todo momento de desconforto oferece a oportunidade de resistir ou abraçar o sofrimento. Quando resistimos às dificuldades, nossa perspectiva se estreita. O sofrimento parece pior e nos sentimos vitimizados. "Por que isso está acontecendo comigo?", perguntamos, sentindo pena de nós mesmos. O aprendizado e o crescimento não acontecem porque a autoproteção entra em cena e o medo passa a dominar tudo. Sempre que você deparar com adversidades, lembre-se do pressuposto:

Todas as circunstâncias que encontramos estão aqui para nos ensinar e nos ajudar – tudo conspira para o nosso bem.

Quando abraçamos as dificuldades com a crença de que tudo está aqui para nos ensinar e nos ajudar a encontrar a glória para a qual fomos criados, nossa perspectiva se expande.

Uma das maiores diferenças entre uma jornada rumo à plenitude e uma vida de frustração e medo é esta: a plenitude surge ao encontrarmos a abnegação, que inclui a disposição a sofrer. Quando abrimos mão por completo do "eu" em prol de um propósito poderoso, amando os outros em primeiro lugar e acima de tudo, a abnegação nos faz parar de pensar apenas em nós mesmos e silencia o Crítico, a Mente Macaco e o Enganador. Ela nos ajuda a estar presentes por completo, de coração, mente e corpo, e revela uma paz e uma alegria que são viciantes. É um vício que empodera – que nos revela a glória para a qual fomos criados.

Quando sacrificamos por completo nosso *eu* pelos outros ou por uma causa digna, quando encaramos nossos medos e estamos dispostos a sofrer para aprender e crescer, uma graça e beleza extraordinárias são reveladas de um jeito que o resto do mundo não enxerga. Ao longo da jornada revelamos essa beleza para os outros ao nosso redor.

A posição mais perigosa

Nós nos tornamos tão obcecados em fazer comparações e ser bem-sucedidos – para saber que somos alguém, que estamos bem – que frequentemente escolhemos o caminho errado para ir atrás dos nossos sonhos. Em seu livro *Mente Zen, mente de principiante*, Shunryu Suzuki compartilha a seguinte lição:

> Em nossas escrituras, é dito que existem quatro tipos de cavalo: excelentes, bons, razoáveis e ruins. O melhor cavalo corre devagar e rápido, para a esquerda e para a direita, seguindo os comandos do cavaleiro antes de ver a sombra de um chicote; o segundo corre tão bem quanto o primeiro, logo antes de o chicote acertar a pele; o terceiro corre quando sente dor no corpo; o quarto, apenas quando a dor penetra o tutano de seus ossos.
>
> Dá para imaginar como o quarto tem dificuldade em aprender a correr. Ao ouvir essa história, quase todos nós queremos ser o melhor cavalo. Se for impossível ser o melhor, queremos ser o segundo melhor. Só que isso é um erro. Quando aprendemos com facilidade demais, deparamos com a tentação de não nos esforçar, de não penetrar a essência do treinamento.
>
> Quem estuda caligrafia sabe que os praticantes não tão habilidosos acabam se tornando os melhores. Os muito habilidosos com as mãos costumam ter mais dificuldade após alcançarem certo patamar. Isso vale para a arte e para a vida.[12]

Quando vencemos, somos como o melhor cavalo. Não sentimos a dor do chicote. Essa é uma posição muito perigosa – talvez a mais perigosa de todas –, porque ficamos tentados a relaxar. A vitória sempre é perigosa, porque nos coloca em uma posição de orgulho e arrogância potencial que ignora nossas falhas. O fracasso também é perigoso, porque nos deixa propensos a internalizá-lo e seguir pelo caminho da autorrejeição.

O caminho do campeão é muito estreito, e poucos estão dispostos a percorrê-lo. É o caminho do risco e do fracasso, do aprendizado e do crescimento. O campeão não é o mais talentoso, mas o que tem mais garra (paixão e perseverança); talvez nem seja a garra que você tem agora, mas a que ganhará ao encarar seus medos hoje e estar disposto a fracassar.[13]

Então qual é a sua história? Você está sentindo a dor do chicote? A dor que penetra o tutano dos seus ossos faz você se retrair ou renovar sua mentalidade?

Figura 5.1 – A tábua de salvação do sofrimento e do crescimento

Os 12 passos que mudaram a vida de milhões

Outro grupo de pessoas que conhecem o sofrimento encontrou um método não apenas para transcender suas aflições, mas para conquistar os próprios demônios e transformar vidas no mundo todo. Durante a Grande Depressão dos anos 1930, Bill Wilson se tornou alcoólatra e foi apresentado a um estilo de vida poderoso que o ajudou a deixar seu vício em álcool para trás. Ao se tornar cofundador dos Alcoólicos Anônimos (AA), Wilson, junto com o Dr. Bob Smith, desenvolveu um programa de 12 passos que foi adotado no mundo todo como um caminho para a superação de uma variedade de vícios e sofrimentos.

O programa lida com as três dimensões da experiência humana: física, mental e espiritual. Fisicamente, os indivíduos não conseguem mudar por vontade própria. Mentalmente, sabem que a maneira como vivem os prejudica, mas esse conhecimento, junto com o desejo de mudar, não é suficiente. A raiz do problema é espiritual.

A doença em todos os grupos de 12 passos é o egocentrismo.[14] Seguir os passos faz com que o egocentrismo seja substituído por uma consciência moral cada vez maior e pela disposição a se sacrificar e tomar atitudes construtivas e altruístas. Os 12 passos ajudam seus participantes a superar o egocentrismo por meio dos seguintes princípios:

- Disposição de morrer para sua velha natureza e sua maneira de fazer as coisas.
- Buscar a consciência de si para enxergar as coisas como elas realmente são.
- Abrir mão do controle e da ideia de que podemos fazer tudo sozinhos.
- Ter uma visão além de nós mesmos para nos conectarmos com uma força superior e outras pessoas.

(Veja o Anexo A para encontrar todos os 12 passos.)

Ryan S. tinha o hábito de entorpecer a dor emocional que sentia em sua vida com álcool.[15] A certa altura, ele acabou em uma clínica de reabilitação que seguia os princípios do AA. Sua vida mudou. Perguntei a Ryan como ele conseguiu superar o alcoolismo e qual foi o segredo para mudar sua vida. Ele refletiu: "Ao descobrir que eu não tinha controle sobre outras pessoas, situações e coisas, parei de tentar controlar tudo. Percebi que seria impossível gerenciar a minha vida até que eu abrisse mão do controle." Ryan continuou: "Um dos melhores momentos da minha vida foi a serenidade que senti ao sair da clínica [após terminar o tratamento]. Eu entreguei o controle da minha vida a uma força maior que eu mesmo. Minha vida deixou de ser física e mental e se tornou espiritual. Entendi o que era a verdadeira paz."

Enquanto fazia o tratamento, Ryan recitava uma oração/mantra todos os dias, centenas de vezes. Era a oração da serenidade:

> Concedei-me, Senhor, a *Serenidade* necessária para aceitar as coisas que não posso modificar, a *Coragem* para modificar as que posso e a *Sabedoria* para distinguir umas das outras.

Ryan entendeu o mesmo que os samurais aprendiam: todos nós vamos morrer. Isso está fora de nosso controle, como grande parte de nossa vida. Assim, decidiu controlar apenas o que fosse possível e deixar o restante nas mãos de Deus. E escolheu o caminho mais poderoso: caminhar guiado pela fé, não pelos olhos.

Servir aos outros

Esses mesmos princípios deram certo em programas por todo o mundo – no Japão, com os samurais, assim como com atletas de elite. David Tyree, antigo astro do time de futebol americano New York Giants,[16] sabe como é destruir o eu. Como atleta profissional, ele seguiu por um caminho de comportamento egocêntrico que levou ao uso de drogas e à prisão. Um dia as coisas mudaram. O atleta, tão famoso por pegar milagrosamente um lançamento no Super Bowl de 2008, disse que seu momento de virada foi aceitar "certo nível de entrega" a forças maiores que o futebol americano ou seus jogadores. "Entrega não é um termo popular em conversas entre homens", disse ele, "mas, para falar a verdade, é isso que precisamos fazer."

Quando vemos como uma equipe forte sacrifica as necessidades individuais em prol do bem maior e como essa abordagem ajuda cada membro do grupo, então o valor do sacrifício pessoal se torna aparente – assim como o fato de que o egocentrismo leva ao medo. Como descrito no Capítulo 4, Pugh superou os próprios medos e dúvidas por meio de uma conexão poderosa com outras pessoas e um propósito maior que ele mesmo. Foi assim que conseguiu encarar sua possível morte com confiança e agressividade. Os samurais viviam a serviço dos outros com uma abnegação que prevalecia sobre sua própria vida; eles estavam dispostos até mesmo a morrer por esses ideais. Os membros do AA têm um pacto baseado em morrer para seu eu de antes, em humildade, serviço e conexão com os outros.

Os oito apegos

Nunca rezei para acertar uma tacada. Eu sempre rezava para reagir bem caso errasse.[17]

– Chi-Chi Rodríguez, golfista membro do Hall da Fama

Enquanto eu escrevia a primeira versão deste livro, a equipe masculina de golfe da Universidade da Colúmbia Britânica tentava vencer um campeonato nacional. Em meio à pressão e às altas expectativas, o time desmoronou. Durante o torneio de quatro dias, os jogadores queriam desesperadamente vencer, mas perderam a alegria e a presença e, à medida que as rodadas iam passando, foram ficando cada vez mais nervosos e inibidos. Acabaram perdendo. No ano seguinte a situação mudou porque eles começaram a aprender a *Excelência Interior*. Eles se tornaram a primeira equipe estrangeira na história a vencer o campeonato americano da Associação Nacional de Atletismo Intercolegial (NAIA) e venceram o campeonato canadense algumas semanas depois.

O capitão da equipe, Sean Hurley, explica o que mudou: "No ano passado éramos um monte de indivíduos nos esforçando muito para estar à altura das expectativas e vencer. Este ano tudo mudou. Enquanto trabalhávamos com Jim, vencer não era mais uma 'materialidade' para nós. Nós nos concentramos em jogar com paixão, uns com os outros e pelos outros, deixando as coisas rolarem. Nosso mantra era: 'A pontuação é para os torcedores – nós jogamos por amor.'"[18]

Para alcançar a máxima liberdade, devemos estar dispostos a fracassar e a não ficar apegados aos nossos desejos. Sem expectativas sobre como as coisas devem acontecer, estamos livres para enfrentar qualquer obstáculo. Na busca pela maestria, estes oito apegos, sem ordem específica, são os que mais nos afetam:

- Como somos vistos pelos outros
- Nosso dinheiro e bens materiais
- O que queremos (objetivos)
- Conforto
- O passado

- Como as coisas são (status quo)
- Expectativas
- O eu (e todas as partes que associamos ao "eu")

O segredo é viver como se você fosse morrer amanhã, mas se preparar como se fosse viver para sempre. Assim, como podemos nos livrar desses apegos e obsessões? Ou como podemos alcançar a automaestria, já que isso significa, em grande parte, deixar nossos apegos para trás?

O superastro e o perdedor

Tive uma conversa com um superastro do mundo dos esportes (que está entre os dez melhores do mundo) e ele me contou que estava apegado demais aos seus resultados. Ele sabia que isso o fazia perder o foco nos momentos em que mais precisava. "Como me desapegar?", perguntou. Eu lhe respondi com outra pergunta: "Você consegue pensar em um jeito fácil de roubar o pirulito de uma criança que ama pirulitos sem ela resistir?" Deixei que ele pensasse um pouco e continuei: "Existe um jeito fácil. É só oferecer a ela um pirulito maior em troca."

Um dos maiores problemas de artistas, atletas e pessoas focadas em objetivos é que eles pensam pequeno demais. Sua maior meta é vencer, seja um ouro olímpico, um campeonato mundial ou o cargo de CEO de uma grande empresa. Você poderia pensar que esses são objetivos ambiciosos – e são. Só que, à luz dos padrões da *Excelência Interior*, são pequenos demais. Eles são apenas símbolos do que realmente queremos, que é uma vida significativa e realizada – que é nos tornar as pessoas que fomos criados para ser. De que vale uma medalha de ouro ou o cargo mais alto de uma empresa, com um salário de 30 milhões de dólares por ano, se você viver cheio de ansiedade, morto de medo de perder tudo?

Eu ajudo as pessoas a buscar diretamente aquilo que mais querem: a plenitude absoluta da vida. Para isso, é preciso construir quem somos como pessoas, de forma a podermos alcançar as duas coisas: um desempenho extraordinário e a plenitude da vida – a loja de doces inteira. A jornada em busca de uma medalha de ouro segue uma estrada muito assustadora, um caminho no qual quase não temos controle e cujas chances de sucesso são muito pequenas. Por outro lado, ter a plenitude da vida como maior objetivo significa seguir uma jornada de emoção e ter grandes chances de alcançá-la. Como uma vantagem extra, quando essa é a nossa grande meta, nossas chances de conseguir uma medalha de ouro também aumentam.

Sair em busca da loja de doces inteira – da plenitude absoluta da vida – é ir diretamente atrás da automaestria, em busca do amor (seguir o coração), da sabedoria (expandir a visão) e da coragem (estar completamente presente) como metas principais. Significa abrir mão do autointeresse na busca por um propósito maior que si mesmo ao qual dedicar sua vida. Ter um propósito assim o ajudará a formar conexões poderosas e a começar sua jornada rumo à automaestria. Sua alegria aumentará junto com a alegria dos outros.

Ao desenvolver a consciência de si e buscar amor, sabedoria e coragem, você será capaz de enxergar melhor como seu lugar no mundo se relaciona com seu propósito maior. A jornada rumo à consciência de si e ao propósito maior é o caminho rumo à liberdade. Em sua busca pelo sucesso, o maior triunfo é ser seu verdadeiro eu – a sua melhor parte, destemida e completamente presente, sempre tentando aprender, crescer e ajudar os outros a fazer o mesmo. Para isso, é preciso estar disposto a morrer, a sacrificar sua antiga natureza egocêntrica e deixar o ego de lado em prol de algo maior. É difícil, porque você vai precisar encarar seus medos. Você vai sofrer, mas, ao abraçar o sofrimento, ganhará disciplina e, com a disciplina, vem a honra. Se encontrar algo tão valioso e significativo que estaria disposto a sacrificar sua vida por isso, então você terá encontrado uma maneira de ser destemido.

Viver sem medo é levar uma vida de liberdade, liberto das amarras sociais, correndo riscos, indo até a beira do abismo apenas para admirar a vista ampla, sem tremer nem hesitar. Nem todo mundo consegue. Na verdade, a maioria das pessoas não consegue. Esse é um desafio para os corajosos.

O que peço é que você se coloque na linha de fogo, por inteiro, para testar quem é. Quero que você entenda se está sendo fiel a si mesmo ou se está apegado a coisas externas e à inibição que nasce de tentar agradar os outros e se encaixar. Ao se preparar para hoje como se fosse seu último dia de vida, você escolherá uma vida cheia de crescimento e momentos sagrados.

PONTOS PRINCIPAIS

- A automaestria é formada por consciência de si, autodisciplina e crescimento pessoal.
- A automaestria surge quando você deixa para trás a preocupação com o eu para servir aos outros.
- O sucesso extraordinário é uma consequência da automaestria.
- A inibição e o apego a circunstâncias e resultados são os maiores obstáculos para o sucesso extraordinário. Eles levam a análises excessivas e ao julgamento constante das circunstâncias. O ego amplifica esses obstáculos e a maestria os diminui.
- Para alcançar a automaestria e ter uma vida poderosa, é preciso abraçar o sofrimento.
- Lembre-se do pressuposto: *Todas as circunstâncias que encontramos estão aqui para nos ensinar e nos ajudar – tudo conspira para o nosso bem.*
- O ego se distrai com prazeres temporários, enquanto a maestria é focada nas virtudes permanentes e poderosas.

PERGUNTAS E ATIVIDADES EXTRAS

- Quais são seus apegos? A que você está tão agarrado que afeta seus relacionamentos, seu crescimento ou desempenho?
- De que pirulito você não quer abrir mão? Você está disposto a trocá-lo pela loja de doces inteira? Está disposto a ter sentimentos assustadores?
- Como a inibição afeta você? Em quais papéis ou situações você se compara aos outros?

- Use seu diário para registrar seus apegos e como você pode ir atrás dos seus objetivos sem deixar as dúvidas, o medo e a carência atrasarem seu desenvolvimento.

- Todos os dias, ao acordar, pergunte a si mesmo como viveria se este fosse seu último dia.

- Como tirar o foco do sucesso externo para a automaestria? O que limita sua busca pela maestria?

6

MUDE SEU ESTADO, MUDE SUA VIDA

Como controlar suas emoções

O que comanda a sua vida em todos os momentos não são as circunstâncias externas, os pensamentos, as intenções nem os sentimentos, mas a alma. A alma é o aspecto do ser que correlaciona, integra e dá vida a tudo que acontece nas várias dimensões do eu. Nós não direcionamos a alma, nós a alimentamos, e então ela nos direciona.[1]

– DR. DALLAS WILLARD, professor de filosofia da Universidade do Sul da Califórnia

Mude ou morra! E se você tivesse que fazer essa escolha? Conseguiria mudar sua vida se de fato precisasse? Curiosamente, as pessoas não costumam conseguir. Nós podemos entender que precisamos ter uma alimentação mais saudável ou praticar mais exercícios físicos, mas acabamos tendo dificuldade em transformar essas boas ideias em hábitos. Os obstáculos aparecem e nos deixam emocionalmente abalados, nos levando a perder a disciplina necessária para tomar boas decisões. Para agir com o coração inteiro, de forma incondicional, e ser corajosos, devemos ser capazes de nos adaptar às circunstâncias que não podemos controlar. Se quisermos realizar mudanças positivas que perdurem e viver a plenitude da vida, precisamos aprender a direcionar nossos sentimentos.

Os sentimentos comandam a vida. Quando nos sentimos bem, não nos incomodamos com contratempos, enxergamos mais oportunidades, notamos que a beleza se torna um pouquinho mais aparente no mundo.

Quando nos sentimos mal, obstáculos se tornam maiores e mais difíceis de superar. O tempo todo reagimos às circunstâncias e aos pensamentos e sentimentos que elas despertam em nós. Tudo gira em torno de como nos sentimos, então precisamos aprender a direcionar e mudar nosso estado, isto é, o que sentimos e como nos sentimos de forma geral.

A palavra "estado" vem do latim *status*, que significa a condição em que algo está. Em nossa conversa, estado é a soma de sentimentos e fisiologia, a vibração da energia no coração, na mente e no corpo. Com que frequência você toma consciência do seu estado geral?

Neste capítulo aprenderemos a controlar nosso estado. Tudo começa com a compreensão de que resultados são consequência de comportamentos, comportamentos são consequência de sentimentos, e sentimentos são consequência de pensamentos. Apesar de parecer um tanto simples, a compreensão desse modelo nos ajuda a controlar nosso estado.

Para nos encontrarmos em um estado de bem-estar com mais frequência, precisamos analisar (e talvez transformar) a fonte de nossos sentimentos: eles transbordam do coração.

Mas, antes de chegar ao coração, vamos dar uma olhada nos pensamentos e em como eles se formam.

A gota de limão

Nós não temos poder por estarmos o tempo todo reagindo ao mundo exterior. Ou criamos nossa vida de forma consciente, ou reagimos a ela.[2]

– John Kehoe, *Mind Power into the 21st Century* [Poder mental no século XXI]

Pense no seu dia. Aconteceu algo frustrante ou divertido? Quais circunstâncias geraram esse sentimento em você? A maneira como experimentamos a vida parece simples e objetiva: algo acontece, e nós respondemos. Se for algo bom, ficamos felizes; se for algo ruim, ficamos aborrecidos. Mas o que está por trás de como nos sentimos?

Nós captamos informações sobre o mundo com os cinco sentidos: visão, olfato, paladar, audição e tato. A nossa percepção do evento cria pensamentos e sentimentos que se transformam em crenças. Essas crenças determinam como experimentamos o evento. Às vezes elas nos limitam. Com o tempo, estabelecemos padrões de crenças que determinam se somos capazes de superar dificuldades ou se tendemos a nos entregar ao desespero/tristeza. Aquilo em que acreditamos e, portanto, nossa maneira de enxergar o mundo, é de suma importância.

Nós não experimentamos o mundo apenas pelos sentidos, mas também pela imaginação. Uma ideia surge, e o cérebro a transforma em uma imagem. Como ele não consegue distinguir entre algo vividamente imaginado e algo real, é comum que processe a situação ou questão imaginada como se ela fosse de verdade.

Digamos que eu chame você até a cozinha, perto da tábua de corte. Pego um saco de limões grandes, suculentos, e corto um deles pela metade. Agora lhe peço que incline a cabeça para trás, abra a boca e feche os olhos por alguns segundos. O que acontece em seguida? Imagine o limão pairando acima da sua boca, o ar levemente tomado por um aroma cítrico. Uma gota de suco acerta sua língua. Se você acompanhou o exercício de forma vívida, sem dúvida começou a salivar. A sua imaginação é capaz de criar realidade a qualquer momento, em qualquer lugar.

O mundo que vemos é uma projeção criada pelo cérebro com base nas informações que ele recebe. Ele pega as novas informações, as organiza comparando-as com suas lembranças e cria uma experiência própria do evento – que é específica de cada um. Aquilo que vivenciamos não é o mundo como ele realmente é: nossa experiência é nossa interpretação do mundo com base no passado e naquilo que passamos a acreditar sobre nós e o mundo.

Diagrama 6.1

Circunstância X → Filtrada por lembranças e crenças → Pensamentos → Sentimentos → Ações → Resultados

Observação: Para nossos propósitos, resultados são circunstâncias criadas na vida com base em nossas ações. Resultados são uma parte das nossas circunstâncias.

As crenças nascem do sentido que a mente atribui a cada evento da vida. Elas são completamente tendenciosas. O mapa de percepção de algumas pessoas é pedregoso e montanhoso, com perigos a cada esquina, enquanto o de outras é plano e lindo, com oportunidades esperando a cada esquina. Esses vieses explicam por que duas pessoas podem passar pela mesma situação e ter experiências completamente diferentes. Reza a lenda que dois homens olharam pelas grades da janela da prisão; um viu lama e o outro, estrelas.

O mapa de percepção determina o que enxergamos e tem um impacto enorme sobre o significado que criamos e, portanto, as opções de que dispomos. Existem inúmeras possibilidades para nós no mundo. Mas elas só podem ser abraçadas quando somos capazes de vê-las ou, pelo menos, de saber que existem: se você só enxergar galinhas e um galinheiro, não importa se for uma águia, voar não fará parte da sua realidade.

Não é necessário que o mapa de percepção seja um retrato fiel do mundo, uma vez que isso certamente dificultaria as coisas – seria coisa demais para assimilar. Nosso espectro de visão é limitado a sete cores – não conseguimos enxergar o mesmo que águias ou corujas, assim como não ouvimos o mesmo que leopardos e coelhos. Isso é para o nosso bem, para conseguirmos lidar com a vida sem ficar atordoados. Mas também é extremamente importante aprender a reconhecer as crenças que nos limitam e nos esforçar para permanecer abertos a possibilidades se quisermos ter uma vida de liberdade com amor, sabedoria e coragem.

Como o cérebro toma decisões

Ter uma resposta emocional adequada ao problema já é 75% da solução.[3]

– Dr. Jim Loehr, *Mental Toughness Training for Sports* [Treinamento de resistência mental para esportes]

O cérebro está o tempo todo recebendo e assimilando informações. Há tantos dados que eles precisam ser organizados para entendermos o que significam. A principal maneira como o cérebro organiza informações é encontrando e armazenando padrões. Ele é uma máquina de atribuição de sentidos, sempre tirando conclusões precipitadas para encontrar padrões.

Quando um objeto é visto ou um evento acontece, o cérebro procura encaixá-lo em algum dos padrões que conhece. Depois que o padrão é reconhecido, o cérebro usa a informação que já tem para nos guiar pelo evento ou experiência. A busca por padrões segue quatro processos: suposições, generalizações, eliminações e distorções.

Suposições

Suposições são uma grande parte da maneira como assimilamos informações. Elas são coisas que aceitamos como verdadeiras mesmo sem provas. O cérebro não precisa de provas, mas de um padrão. Ele aprende a reconhecer padrões e a se lembrar deles, não importa se são úteis ou não. Suposições são feitas para conseguirmos assimilar informações sem a necessidade de perder horas refletindo. Se eu eservcer plaraavs ebolmdaas, vcoê anida etendne o que ervcsei se a primeira e a última letras estiverem na ordem correta. Para a maioria das pessoas, o cérebro rapidamente encontra a palavra mais próxima e desembola as letras (e lê: "Se eu escrever palavras emboladas, você ainda entende o que escrevi"). É assim que funcionam as ilusões de ótica, porque o cérebro tira conclusões precipitadas. Ele não se importa se algo é verdadeiro ou falso, mas apenas se se encaixa no padrão já "conhecido".

Quando vemos a perna de um elefante, por exemplo, o cérebro rapidamente parte do princípio de que a perna está conectada ao corpo de um elefante, a três outras pernas, a duas orelhas grandes e uma tromba comprida. Nesse caso, conseguimos ver um pedaço de algo e preencher o que está faltando para criar uma imagem completa.

O problema é que nem sempre queremos uma imagem completa. Há ocasiões em que precisamos estreitar nossa visão e nos concentrar em uma pequena parte da imagem. Por causa da maneira como o cérebro assimila informações (procurando padrões), ele quer sair da tarefa em questão e se voltar para o ambiente. Uma cantora de ópera quer cantar belamente, mas seu cérebro quer que ela julgue o próprio desempenho enquanto canta ou avalie a reação da plateia. Um jogador de beisebol tenta manter a tranquilidade quando está pronto para rebater a bola e se concentrar em acertá-la, mas seu cérebro quer pular para o futuro.

Aqui vai um teste que você pode experimentar:

1. Encontre na parede um quadro ou foto de um objeto ou cena.
2. Olhe apenas para o canto inferior direito da imagem.
3. Tente não deixar a mente se voltar para a imagem inteira. Não deixe que ela pense no que está ao lado da pequena parte que você está vendo.

É difícil!

A principal mensagem aqui é que o foco melhora quando conseguimos restringir uma tarefa ao seu elemento mais básico e nos concentrar só nele. Se você for golfista, dê uma boa tacada. Se for músico, toque um bom compasso. Reconheça que a mente pode estar o tempo todo querendo tirar conclusões e fazer suposições que podem não ser úteis nem verdadeiras.

Generalizações

Assim como as suposições, as generalizações se baseiam nos padrões armazenados pelo cérebro. Lembranças de eventos semelhantes formam um padrão que aprendemos e usamos para fazer previsões sobre o futuro.

Aqui vai um exemplo:

1. Você entra em um cômodo escuro e aciona o interruptor.
2. O cômodo se ilumina.
3. Você entra em cômodos escuros várias vezes. Sempre que aciona o interruptor, o cômodo se ilumina.
4. Chega o momento em que o cérebro associa interruptores a cômodos se iluminando. Isso é uma generalização.

A generalização é extremamente útil – sem ela, teríamos que reaprender as coisas o tempo todo. O problema é que esse processo pode ir longe demais. Imagine que você fez uma importante apresentação em público, se embolou com as palavras e foi mal. O cérebro pode generalizar e achar que você sempre vai ter dificuldade em eventos desse tipo – o que não necessariamente é verdade. Generalizações que contribuem para uma visão negativa de nós mesmos e do que somos capazes de fazer limitam nosso jeito de ver o mundo e nosso desempenho.

Eliminações

Nós nos saímos melhor e temos um bom desempenho quando não damos bola para pensamentos desnecessários e deixamos a intuição assumir o controle. Prestar atenção em certos aspectos da experiência e ignorar outros se chama eliminação.

Isso é crucial para o desempenho, quando várias coisas acontecem ao mesmo tempo. A pessoa precisa se concentrar na tarefa sem se distrair. O problema da eliminação é que esse processo estreita nossa visão, e assim podemos perder de vista as oportunidades.

Imagine que você esteja caminhando por Nova York. Na confusão de cores e imagens, vendedores ambulantes e artistas de rua, há informação demais inundando seus sentidos. Para não ficar atordoado, o cérebro elimina boa parte dos dados que absorve. As coisas que ele retém ou elimina dependem do nosso mapa único, da maneira como enxergamos o mundo. As eliminações, ao limitar o que vemos, afetam o que acreditamos ser possível. Você pode pensar pequeno demais se não conseguir enxergar possibilidades suficientes, ou sonhar alto demais se não conseguir enxergar o caminho certo.

Distorções

Uma distorção acontece quando o cérebro atribui sentido demais a determinado padrão. Digamos, por exemplo, que você fique nervoso e esqueça o que ia dizer durante suas duas últimas apresentações. Esse pequeno contratempo é um gatilho para pensamentos negativos como "Isso sempre acontece comigo" ou "Nunca me saio bem". Nesse exemplo, *sempre* e *nunca* são as palavras que distorcem ou exageram a verdade. O problema das distorções é que não as reconhecemos. Pensamentos negativos direcionados a nós mesmos ou ao nosso desempenho podem nos deixar frustrados, ansiosos ou deprimidos. É importante perceber que a mente distorce as coisas e que nem sempre podemos confiar nela. Precisamos treiná-la e aprender a reconhecer quando isso acontece.

A história no coração

A todo momento somos controlados pelas histórias e ideias que se estabeleceram em nosso coração, especialmente a história geral em que passamos a acreditar sobre quem somos: o que é mais valioso, o que é mais importante e o que é possível na nossa vida. Tudo isso tem um impacto imenso em nossa energia e em nosso estado a cada momento.

As pessoas *autotranscendentes* (veja Maslow no Capítulo 1) desenvolveram uma percepção ampliada dos próprios pensamentos e aprenderam a gerenciá-los. Elas fizeram isso organizando seu ambiente e ocupando a mente com histórias e ideias empoderadoras. Essas histórias e ideias são a base de pensamentos positivos que ajudam a criar sentimentos inspiradores a cada momento. Elas continuam fazendo suposições e generalizações, eliminações e distorções, mas reconhecem e gerenciam esses processos. Elas controlam os próprios pensamentos; não são os pensamentos que as controlam.

> – Você quer que ele sinta raiva? – perguntaram.
>
> Roach disse:
>
> – Não, não quero que ele sinta raiva. Nós temos um plano; quero que ele siga o plano.[4]
>
> – Freddie Roach, lendário treinador de boxe, após ser questionado se seu pupilo, Oscar de la Hoya, ficava bravo pelos ataques verbais de seu oponente antes das lutas.

Aquilo que captura sua atenção captura *você*

> *É característica de um homem educado conseguir ter um pensamento sem aceitá-lo.*
>
> – Aristóteles, filósofo grego, 384-322 a.C.

Como já mencionei, as pessoas *autotranscendentes* organizam seu ambiente. Elas são muito intencionais em relação ao que veem em seu lar e no ambiente de trabalho todos os dias, e também escolhem muito bem em que prestam atenção. Elas se concentram em cultivar relacionamentos e desejos saudáveis que inspiram, ensinam e empoderam, e intencionalmente enchem o coração de amor, sabedoria e coragem todos os dias. O Dr. E. Stanley Jones, amigo de Gandhi, foi sábio ao dizer: "Aquilo que captura sua atenção captura você."[5] *Captura* você. Em outras palavras, nosso foco direciona o caminho que nossos pensamentos vão percorrer, e esses pensamentos se tornam sentimentos, ações e resultados. Eles controlam nossa vida.

Imagine que você esteja assistindo a um filme. Se o enredo for envolvente, todo o seu ser é capturado por ele. Seu coração acelera como se fosse você que estivesse sendo perseguido e seus olhos ficam marejados como se fosse você que estivesse com o coração partido. A mente, incapaz de diferenciar entre a realidade e o que imaginamos de forma vívida, vivencia a ficção como realidade. Aquilo que vemos, escutamos e lemos tem um impacto enorme em nosso pensamento, nossos sentimentos e nossas crenças, então precisamos escolher com cuidado.

Horário nobre

Há apenas uma forma de mudar radicalmente de comportamento: mudar radicalmente seu ambiente.[6]

– Dr. B. J. Fogg, diretor do Persuasive Technology Lab da Universidade Stanford

O ambiente – as coisas que nos cercam e com as quais nossos sentidos interagem todos os dias – tem um enorme impacto em nosso estado, e é a partir dele que nosso comportamento é gerado. O ambiente também é crucial para desenvolvermos controle emocional. Sem que percebamos de forma consciente, os eventos e as pessoas aparentemente insignificantes que cruzam nosso caminho todos os dias afetam nossos pensamentos e sentimentos – e, portanto, nossas ações.

Em um estudo comportamental feito em Yale em 2008, estudantes tiveram que responder perguntas sobre várias pessoas diferentes.[7] No entanto, os participantes não sabiam que o estudo tinha começado no elevador, enquanto eram levados para o laboratório.

No elevador, uma cúmplice (que sabia apenas seu papel, não o objetivo do estudo) pedia ao estudante que segurasse seu café, que podia ser quente ou gelado, por um instante.

Quando chegavam ao laboratório, os participantes recebiam um questionário sobre suas impressões acerca da personalidade de algumas pessoas. Aqueles que seguraram o café quente tinham uma perspectiva bem mais afetuosa dos outros, enxergando mais qualidades positivas do que aqueles que tinham segurado o café gelado.

Em um estudo subsequente, os participantes seguraram bolsas térmicas aquecidas ou congeladas como parte de uma avaliação de produto e então eram informados de que poderiam receber um vale-presente para um amigo ou um presente para si mesmos. Os que seguravam uma bolsa quente apresentaram uma tendência maior a pedir o vale-presente, enquanto os que ficaram com a bolsa gelada preferiram ficar com o presente. Em outras palavras, quem segurava algo quente tendia a ser mais generoso do que os que seguravam algo gelado.

A intenção dos doutores John Bargh e Lawrence Williams, autores de ambos os estudos, era determinar até que ponto o ambiente afeta nossos pensamentos, sentimentos e comportamentos. Sua conclusão foi que nós somos altamente afetados por detalhes sutis, em geral sem nos darmos conta disso.

Esses estudos demonstram o efeito do que é conhecido como *priming* – uma técnica na qual a introdução de uma palavra, imagem ou estímulo físico influencia o comportamento. Se mencionarmos a palavra *professor* para uma pessoa antes de ela fazer um teste de conhecimentos gerais, sua nota será melhor. Se ela for pré-ativada com uma palavra associada à falta de inteligência, sua nota será pior.

Objetos em nosso campo de visão têm um enorme efeito sobre nós. Seja um lindo pôr do sol, uma obra de arte magistral ou uma foto incrível, tudo isso estimula nossos sentimentos. Para nos sentirmos bem com mais frequência, precisamos que imagens positivas estejam constantemente passando pela nossa mente. Elas podem assumir a forma de palavras, símbolos, músicas ou imagens. É claro que podemos combiná-los: você pode fazer uma colagem com imagens de seus objetivos associadas a palavras positivas. Essa é uma ferramenta poderosa. Você pode usar essas palavras para criar afirmações (veja o Capítulo 7) ou acrescentar imagens e uma trilha sonora para fazer um filme. Não importa seu método: um elemento essencial para o treinamento da mente e do coração é organizar o ambiente levando em conta os hábitos que você pretende adotar para realizar seus propósitos e princípios – e se sentir bem.

Lembre que seguimos na direção daquilo em que nos concentramos. Quando uma criança está aprendendo a andar de bicicleta, ela não pode se concentrar na pedra à sua frente, senão irá ao seu encontro. Se você disser a um menino de 4 anos para não pisar na poça de lama, acha que o pequeno vai fazer o quê com a imagem que você acabou de colocar em sua mente?

Direcione os desejos do coração

Os desejos – principalmente aqueles pelos quais o coração mais anseia – são extremamente poderosos: eles influenciam o modo como vemos o mundo e o que almejamos. Eles preenchem o coração com sentimentos e medos, e nos colocam no modo de luta ou fuga. Desejos fora de controle criam vícios e obsessões que nos fazem perder a alegria e a paixão em relação ao desempenho e à vida. Quando sentimos fome, precisamos comer; quando queremos um chocolate, precisamos saboreá-lo (essa parte é verdade). Desejos são muito poderosos, mas podem se voltar contra nós. A natureza humana sempre nos leva a buscar gratificação imediata. A disciplina é a habilidade de adiar a gratificação, de rejeitar alguns desejos e aceitar outros. Já o desejo é um motivador incrível e um mestre terrível. Se cedermos a todos os nossos desejos, vamos comer demais, dormir demais e estourar nossos cartões de crédito. Vamos nos tornar escravos deles. Desejos levam a sentimentos, e sentimentos geralmente superam nossa força de vontade. Em outras palavras: podemos saber o que deveríamos fazer, mas não o fazemos.

Todos nós já conseguimos rejeitar desejos incompatíveis com nossos valores. Pode ser que você deseje desesperadamente possuir alguma coisa, mas não vai roubar para conquistá-la. O problema surge quando nos acostumamos a ceder aos nossos desejos de tal forma que deixamos de rejeitar aqueles que antes ignoraríamos porque permitimos que eles saíssem de controle.

De acordo com o Dr. Dallas Willard: "Aqueles dominados pelo ego acreditam que seus sentimentos devem ser satisfeitos."[8] O problema com isso é que, quando não conseguimos aquilo que "necessitamos" (para satisfazer nossos sentimentos), ficamos frustrados e ansiosos. O que precisamos é de mais sentimentos de "possibilidade" do que de "necessidade". Isso é possível quando paramos de ser controlados pelo ego. Conforme nossa automaestria aumenta, deixamos de ser escravos dos nossos sentimentos. Ganhamos mais autocontrole, o que nos ajuda a rejeitar desejos que não sejam empoderadores (por exemplo, recompensas temporárias e status) antes que eles se tornem um problema.

Nossos desejos mais profundos nos controlam. Portanto, precisamos nos certificar de que eles sejam empoderadores e significativos. Viktor Frankl observou que os sobreviventes do Holocausto não foram os mais fortes nem os mais brigões.[9] Os que sobreviveram foram aqueles que tinham encontrado um sentido profundo na vida, algo que não podia ser tirado deles.

Assim como ter uma alimentação saudável gera um desejo por mais comida saudável e a prática de atividades físicas gera um desejo pela prática regular de exercícios, podemos aumentar nosso desejo por hábitos empoderadores. Então como mudar o que desejamos? Comece pensando bem naquilo que você mais quer, que está além do sucesso material. No fim, acredito que você descobrirá que seu maior desejo é a plenitude absoluta da vida – ser tomado por contentamento, alegria e confiança profundos, independentemente das circunstâncias.

A escolha

No verão de 2018 levei minha irmã e meus pais num passeio à ilha Bainbridge, fazendo a travessia por balsa a partir de Seattle. Quando fui para o convés superior para sentir o cheiro de mar e ar fresco e observar as ilhas ao redor, vi uma linda casa flutuante. Então perguntei a mim mesmo: eu preferia ter uma casa de 10 milhões de dólares no mar, passando pelos estresses e ansiedades normais de uma pessoa com esse estilo de vida, ou morar em um apartamento, vivendo com o dinheiro contado, mas com a garantia de uma vida com contentamento, alegria e confiança profundos, independentemente das circunstâncias, pelo resto da vida? Ao ser questionada, a maioria das pessoas me disse desejar tanto a casa quanto a paz de espírito, mas e se você *precisasse* escolher uma coisa ou outra, o que iria preferir?

Pense um pouco na resposta. Se escolher a casa, ainda a escolheria se ninguém jamais pudesse vê-la? O ator Jim Carrey certa vez disse que gostaria que todos pudessem se tornar ricos, famosos e ter tudo que quisessem, só para entender que isso não os tornaria felizes.

Quando percebemos que o motivo pelo qual queremos ser campeões do mundo, CEOs ou ter uma casa bonita na água é acharmos que essas coisas nos trarão liberdade, paz e alegria, precisamos nos questionar: não seria melhor ir diretamente atrás desses outros objetivos? E se ir diretamente atrás deles *também* nos der a melhor chance de encontrar sucesso extraordinário (de nos tornarmos campeões do mundo, CEOs, etc.)? Não seria loucura ignorar o caminho direto?

A rota direta para uma vida de contentamento, alegria e confiança profundos é desejar aquilo que é mais poderoso e estável. Então, o que é mais poderoso e estável? O amor incondicional. Ele é sempre presente, sempre destemido e nunca falha. Ele tem limites rígidos e o maior respeito por Deus, pelo eu e pelos outros. Se a base da sua vida for amar e empoderar os outros, você terá mais facilidade para rejeitar desejos instáveis e abraçar o amor, a sabedoria e a coragem. Sua liberdade aumentará, sua visão se expandirá e você terá mais coragem. Isso vai ajudá-lo em todas as áreas da vida, principalmente no seu desempenho.

Aprenda a ter foco e relaxar

Aqui estão três habilidades importantes que você pode aprender para controlar seu estado (sentimentos e fisiologia):

1. Como estabelecer um foco (na mente) leve e intenso.
2. Como relaxar (o coração, a mente e o corpo) de forma moderada e completa.
3. Como alternar entre o foco e o relaxamento.

O foco leve é a capacidade de ter um foco relaxado, quando não precisamos estar completamente concentrados na tarefa, mas teremos que fazer isso em breve. O foco leve é necessário durante a performance em questão, no intervalo entre rodadas ou períodos de ação (por exemplo, entre saques no tênis, *innings* no beisebol e tempos no futebol). Se não conseguimos manter um foco leve, não estamos nem um pouco concentrados ou estamos concentrados em excesso, algo impossível de manter durante toda a performance. De qualquer forma, sem essa habilidade, teremos problemas.

O foco intenso é a capacidade de nos concentrarmos na tarefa em questão, dedicando a energia e a presença necessárias a ter o melhor desempenho possível. O foco intenso é necessário durante a performance, sobretudo nos momentos-chave (saques, rebatidas ou um pênalti no futebol).

O relaxamento moderado costuma acontecer no mesmo momento do foco leve. Relaxar de maneira moderada significa diminuir os níveis de energia e reduzir a quantidade de pensamentos para economizar forças para o momento em que o foco intenso for necessário.

No entanto, relaxar de maneira moderada não é necessário apenas no intervalo entre jogadas ou tempos. Fazer isso é essencial antes e depois da performance e em dias de folga – quando você não estiver na ativa.

Relaxar por completo é a capacidade de descansar totalmente, com sonecas e sono propriamente dito. Quando dormimos, o ritmo das ondas cerebrais diminui (ondas delta). Durante a performance, quando estamos ligados, as ondas cerebrais alcançam velocidades moderadas (em geral, alfa). Em momentos de ansiedade, elas ficam rápidas demais (ondas beta).

Um dos maiores desafios para o foco na cultura ocidental vem da falta de sono. O golfista (e astro do Real Madrid) Gareth Bale costuma dormir entre nove e dez horas por noite, e tira sonecas de uma a duas horas todos os dias, acordando exatamente quatro horas antes de suas partidas.[10] Dormir bem dessa maneira exige a capacidade de desligar a mente e relaxar por completo.

A terceira habilidade é ser capaz de alternar entre o foco e o relaxamento. Como já vimos, queremos ter um foco leve (e relaxar moderadamente) entre rodadas e manter o foco intenso nos momentos de ação.

D-E-V-A-G-A-R

A maioria das pessoas anda pela vida a maior parte do tempo como quem dirige: com o pé no acelerador, quase nunca relaxando na pista lenta. Elas se deixam levar pelas circunstâncias e os detalhes da vida, raramente dando ao lado direito e criativo do cérebro a liberdade para sonhar. Se quisermos aprender a ter controle emocional, primeiro precisamos aprender a relaxar. Isso não significa ser relapso. Na verdade, significa apenas tirar o pé do acelerador, diminuir a velocidade do corpo e da mente. Isso é importante nos momentos de folga para conseguirmos manter o foco e o controle nos momentos de ação.

Uma maneira de treinar para diminuir a velocidade e se tornar mais perceptivo é usar a visão periférica. Experimente fazer isso agora, não importa se estiver sentado ou dirigindo. Enquanto olha diretamente para a frente, veja o que você consegue notar na extrema direita e na extrema esquerda do seu campo de visão. Não mova a cabeça nem os olhos, apenas olhe para a frente. O que você percebe nos extremos da sua vista? Enquanto faz isso, talvez você também possa treinar detectar todos os vários sons que escuta. Ao praticar o uso da visão periférica, observamos mais o que escutamos ao mesmo tempo que melhoramos nossa capacidade de relaxamento, de concentração e de alternar entre os dois.

Foco leve

No Centro de Biofeedback de Princeton, os estudantes aprendem um conceito desenvolvido pelo Dr. Les Fehmi chamado Foco Aberto. É uma maneira de focar a atenção, ajudar pessoas a reduzir sintomas relacionados ao estresse e aumentar o bem-estar. O Foco Aberto é um estilo amplo e imersivo de prestar atenção que é o oposto daquele foco estreito estressante que mantém o pé sempre no acelerador. Ele explica: "A percepção flexível do Foco Aberto nos permite entrar e sair do descanso completo, deixando o corpo se restaurar, prevenindo e curando muitos problemas originados pelo estresse, tão comuns hoje em dia."[11]

A ideia básica é que a maior parte do estresse vem da repressão e da limitação da quantidade de sensações que experimentamos em um modo constante de foco estreito. O principal jeito de aprender o foco leve é treinar prestar atenção em vários sentidos de maneiras diferentes.

O Foco Aberto é um modo poderoso de praticar nossa forma de prestar atenção e relaxar, alternando entre o foco estreito e o foco amplo. O Dr. Fehmi explica:

> O treinamento de atenção do Foco Aberto estimula a consciência de como lidamos com a grande variedade de experiências sensoriais e o espaço entre essas experiências. Aprender a cultivar uma atenção não exclusiva e livre de julgamentos ajuda a integrar experiências de forma aberta e flexível. Essas técnicas nos ajudam a aliviar o estresse, lidar com a dor física, regular emoções e preparar o terreno para o alto rendimento e momentos transcendentes. Se praticadas com regularidade, elas podem trazer mudanças radicais para a vida.[12]

Treine um foco mais leve

Pare por um momento e imagine sua mandíbula e todos os músculos faciais que a sustentam. Concentre-se na região da mandíbula enquanto relaxa todos os músculos ao redor dela.

Agora imagine o espaço e a distância entre seus olhos. Tente perceber as sensações na região dos olhos e ao redor deles.

Em seguida, imagine o espaço entre seus olhos e a página ou tela. Imagine o espaço tridimensional entre seus olhos e as palavras.

Agora aumente sua percepção do espaço nas bordas esquerda e direita da página ou tela. Aos poucos, permita que seu campo de percepção se expanda e passe a incluir também a parte de cima, de baixo e dos lados da página ou tela. Continue lendo e, enquanto isso, amplie lentamente sua percepção até que ela inclua também o espaço que seu corpo ocupa. Que partes do corpo você nota enquanto permanece sentado lendo ou se movimentando enquanto escuta isto? Expanda sua percepção até que ela inclua o cômodo ou o veículo onde você está agora.

Aqui vai um exercício sugerido pelo Dr. Fehmi:

Você consegue sentir o espaço dentro e ao redor de seus polegares e indicadores, assim como o espaço que ocupam? Fechar os olhos torna mais fácil captar essa sensação.

Centrar-se: reiniciando o sistema

Outra forma de praticar a concentração e o ato de prestar atenção é por meio da respiração.

Você pode fazer isso aprendendo a:

- Controlar a respiração ao inspirar e expirar fundo bem devagar.
- Focar a mente em uma única tarefa simples.

Por que fazer isso

Lembra como o ego, o Crítico, a Mente Macaco e o Enganador estão sempre tentando nos levar para o passado e o futuro, atrapalhando nosso foco? Quando nos centramos, nos tornamos presentes ao focar a mente no corpo. A respiração profunda e focada leva a energia para o centro do corpo, logo abaixo do umbigo. A mente, livre de pensamentos sobre o passado ou o futuro, é capaz de se recarregar durante esse processo.

Exercícios de centramento devem ser usados ao longo do dia, todos os dias, não apenas quando você sentir que precisa estar em sua melhor forma. Se quiser ter uma mente livre de confusão quando precisar entregar um bom desempenho, você precisa praticar o controle de seu foco e de sua energia diariamente, para conseguir fazer o mesmo sob pressão quando isso for necessário.

Aqui vão alguns exercícios para você praticar:

A reinicialização (um reset básico):

Use esta ferramenta quando sentir que perdeu sua presença (por exemplo, quando estiver estressado, frustrado, com raiva ou nervoso):

1. Pare o que estiver fazendo (caminhando, falando, etc.).
2. Encontre um ponto acima do horizonte (nuvem no céu, galho de árvore, etc.)
3. Fixe a visão nesse ponto e não tire os olhos dele.
4. Detenha todos os pensamentos enquanto olha o ponto com atenção.

5. Puxe o ar devagar, numa inspiração longa pelo nariz (conte mais ou menos até quatro).
6. Solte o ar relaxando a mandíbula e todos os músculos faciais (conte mais ou menos até seis).
   a. A expiração deve ser mais demorada do que a inspiração.
   b. Ao soltar o ar, solte também todos os desejos e preocupações.
7. Faça isso duas vezes. Se você só tiver tempo para respirar fundo uma vez, tudo bem.

Esse é o reset básico que precisamos praticar e usar regularmente.

Respiração da caixa

1. Encontre uma boa postura, de preferência sentado com a coluna alinhada. Feche os olhos.
2. Inspire fundo pelo nariz (contando até quatro), expandindo as costelas, deixando o ar preencher seus pulmões.
3. Segure (contando até quatro).
4. Solte o ar pelo nariz ou pela boca (contando até quatro), esvaziando o diafragma e levando o umbigo para perto da coluna. Enquanto faz isso, note qualquer tensão nos músculos faciais e permita que relaxem. Deixe a mandíbula solta. Esses dois elementos são essenciais, já que a tensão costuma ficar armazenada na mandíbula e nos músculos ao seu redor (algo útil para ter em mente nos momentos de pressão).
5. Fique com os pulmões vazios (contando até quatro). Repita conforme necessário.

Quando precisar acalmar a agitação mental, experimente respirar fundo. Para diminuir o ritmo dos batimentos cardíacos ou dos pensamentos, diminua o ritmo da respiração. A partir desse exercício básico, podemos acrescentar algumas variações. A primeira é imaginar que, a cada inspiração, você está trazendo energia vital para dentro do corpo e, a cada expiração, está levando embora todos os seus problemas, preocupações e chateações. (Para intensificar o exercício, visualize a energia vital na forma de uma névoa entrando no corpo.) Em seguida, você pode acrescentar pensamentos positivos à respiração. No livro *Coaching the Artist Within* [Ensinando o artista interior], o Dr. Eric Maisel apresenta um exercício poderoso que chama de sequência de centramento e começa com a afirmação "Eu estou parando completamente".[13]

Para acalmar a mente, você dirá dentro da sua cabeça (na inspiração) "Eu estou..." e (na expiração) "parando completamente".

Se quiser, você também pode se imaginar descendo uma escada a cada respiração profunda, seguindo lentamente até um local tranquilo, calmo. Desligando o sistema. Você pode experimentar o mesmo exercício com uma série de variações. Substitua "Eu estou... parando completamente" por:

Eu estou... completamente presente.
Eu estou... focado e relaxado.
Eu estou... tranquilo e confiante.
Eu estou... soltando.
Eu sou... brilhante e bem-sucedido.
Eu sou.. um astro.
Eu sou.. [acrescente o que você quiser sentir ou ser].
Concentre-se... e divirta-se.
Relaxe... e sorria.

Eu espero nada

Os samurais recitavam um mantra antes de seguir para a batalha: "Não espere nada, prepare-se para tudo." As expectativas podem ser um enorme obstáculo para o desempenho, causando tensão e medo e nos retirando do momento presente. Por definição, as expectativas consistem em olhar para o futuro. Exercícios de centramento servem para trazer a energia para o centro do corpo e manter a mente no presente. "Eu espero... nada" é um exercício poderoso que afirma que não temos necessidades, que somos capazes de enfrentar o que der e vier. Que não temos expectativas sobre como as coisas deveriam ser.

Para fazê-lo, puxe o ar devagar, numa longa inspiração pelo nariz, enquanto diz a si mesmo "Eu espero". Segure o fôlego por alguns segundos, então exale e diga silenciosamente "nada". Fazer isso duas vezes pode ajudar a reduzir a ansiedade de maneira muito efetiva.

Imagine um samurai antes de uma luta de espadas na qual um dos dois guerreiros morrerá. Para estar em sua melhor forma, o samurai precisa se manter focado e centrado o tempo todo. Ele principalmente não pode se deixar abalar por circunstâncias imprevistas. A expectativa, da maneira como usamos essa palavra, não tem nada a ver com confiança, que é a fé no futuro. Ela é apenas a antecipação de circunstâncias futuras, algo que queremos evitar (deixamos esse tipo de coisa para as visualizações). Nós nos preparamos para o futuro todos os dias estabelecendo metas intrínsecas ao processo de aprimoramento, repetindo afirmações e visualizando resultados futuros. Fora isso, sempre é melhor permanecer completamente no presente.

Aprender a não esperar nada e a estar preparado para tudo é uma boa maneira de manter sua presença e vencer a batalha interior. Isso não significa não esperar ter abundância nem vitórias, mas apenas não estar agarrado às circunstâncias que possam surgir.

Digamos, por exemplo, que esteja dirigindo para um evento importante. Você começa a ficar nervoso. Sua mente acelera, seu coração passa a bater mais rápido. Você encosta o carro. Sabe que não é assim que deseja se sentir, então decide se centrar. Sua mente acelerada começa a se acalmar e, em apenas alguns minutos, sua frequência cardíaca volta ao normal. Você se sente melhor – talvez ainda nervoso, mas não tão atordoado. Então usa o mantra/ferramenta do *Eu espero nada, consigo lidar com o que der e vier*. Agora você se sente mais em paz e presente no momento.

Com frequência, expectativas são mais duras quando já conquistamos algo no passado (vencemos um campeonato ou conseguimos um cliente de peso, por exemplo) e nos sentimos pressionados a repetir a façanha. Talvez nosso desempenho anterior tenha resultado na assinatura de um contrato importante ou numa promoção, e agora todo mundo fica repetindo que vamos arrasar no próximo desafio. As pessoas passam a esperar o mesmo sucesso em tudo que fazemos. É fácil ficar sobrecarregado. Às vezes tarefas simples se tornam mais difíceis que as mais complexas apenas por causa das expectativas.

Outra ferramenta de centramento é bem parecida com o exercício anterior: consiste em eliminar as palavras lentamente até restar apenas uma.

Vamos usar "Estou presente... no agora" como exemplo. Diga as seguintes palavras em sua mente:

Primeira respiração
(Inspire) "Estou presente"
(Expire) "agora"

Segunda respiração
(Inspire) "Estou presente"
(Expire) "Agora"

Terceira respiração
(Inspire) "Estou"
(Expire) "Presente"

Quarta respiração
(Inspire) "Estou"
(Expire) *silêncio*

Outra variante é fazer o mesmo exercício com palavras diferentes. A primeira respiração é "Esteja calmo e saiba que eu sou Deus". A seguinte se reduz para "Esteja calmo e saiba... que eu sou". Então apenas "Saiba" e "que eu sou", depois, finalmente, apenas "Eu sou".

No processo de centramento, também podemos acrescentar uma imagem que represente como desejamos nos sentir. Pode ser uma imagem mental de alguma das suas melhores atuações ou da sua próxima performance.

Erica K., bailarina da companhia nacional de balé do México, chegava horas antes dos outros e ficava parada em silêncio no centro do palco.[14] Ela respirava fundo algumas vezes e se imaginava estendendo os braços para a plateia e dando um abraço coletivo em todos antes de um espetáculo importante. Então visualizava a energia vindo de cima, fluindo por ela em direção a todos que assistiam. Ela se tornava uma só com o público e com todo o ambiente. Erica se via em perfeita harmonia, o que lhe trazia sentimentos poderosos. Esse ritual fazia parte da rotina que precedia suas apresentações e a ajudava a dançar com graça e confiança.

Ancoragem e liberação de estados diferentes

Por que se ancorar?

Lembra quando você teve um desempenho incrível, em que tudo parecia perfeito e você estava totalmente conectado com o momento presente? É assim que queremos nos sentir em todas as performances. Antes dos momentos-chave é essencial saber como queremos nos sentir e como alcançar essa sensação. Se você conseguisse visualizar a melhor performance da sua vida, com todas as imagens, todos os cheiros, sons, gostos e sensações, conseguiria reviver sua experiência positiva. E isso é possível, sobretudo no que diz respeito às sensações e aos sentimentos. Basta criarmos uma âncora.

O que é ancoragem?

Uma âncora é uma visão, um som, um gosto, um cheiro ou um toque associado a uma sensação ou sentimento. Ivan Pavlov descobriu a ancoragem em seus experimentos com cachorros em 1897.[15] Ele tocava um sino e alimentava os cachorros, tocava um sino e alimentava os cachorros, até que o som do sino por si só passou a fazer os cachorros salivarem. Essa associação repetida de pares de estímulos se tornou conhecida como o condicionamento clássico.

O inconsciente cria âncoras o tempo todo sem nos darmos conta disso. Por exemplo, quando ouvimos uma certa música que escutávamos no último ano do ensino médio, ela desperta memórias associadas a sensações intensas. Isso significa que as sensações foram ancoradas à música.

Veja como criar uma âncora:

1. Pense em um momento em que você se sentiu extremamente confiante e poderoso (com o máximo de detalhes possível para despertar uma sensação intensa).
2. Quando essa sensação estiver se aproximando do auge, execute uma ação simples que conecte um dos seus sentidos com tal sensação (por exemplo, você pode cheirar algo que tenha um aroma forte e tranquilizador, como óleo de hortelã. O cheiro deve ser único ou, se lhe trouxer recordações, elas devem ser positivas).

Nesse exemplo, confiança e poder são ancorados ao cheiro de óleo de hortelã. No futuro, quando precisar acessar esses sentimentos, o aroma dessa erva vai ajudar você a trazê-los à tona.

Você pode experimentar outras âncoras, como fechar um punho, dar um soco no ar ou colocar uma música para tocar. Embora todos nós tenhamos estímulos sensoriais únicos para lembrar e reviver eventos do passado, o olfato é o melhor sentido para a formação de âncoras, em geral, pois parece ter uma conexão direta com sensações e sentimentos.

Há ocasiões, é claro, em que a frustração, a ansiedade ou o medo nos dominam e queremos mudar como nos sentimos. Com a prática, você vai aprender a manter os sentimentos e sensações positivos e se libertar dos negativos.

Como se libertar de sentimentos negativos

Para se libertar de sentimentos indesejáveis, precisamos aprender a nos dissociar deles. A dissociação envolve transformar sentimentos inúteis em sentimentos proveitosos. Aqui vai um exercício que você pode fazer para se dissociar de sentimentos indesejáveis:

Técnica da flutuação

1. Sente-se em uma cadeira e faça algo para se centrar. Tome consciência do seu corpo.
2. Imagine-se saindo do seu corpo e flutuando até o teto. Lá de cima, veja a si mesmo e o cômodo abaixo com riqueza de detalhes.
3. Flutue sobre o cômodo e depois sobre o edifício, enxergando a área ao redor.
4. Continue flutuando para cima e veja a cidade inteira, assim como rios e outros pontos de referência. Veja as montanhas, se houver alguma.
5. Lembre a si mesmo que você está lá embaixo: veja o edifício, os arredores, a cidade, o estado, e assim por diante. Permita-se deixar TODOS os seus problemas e preocupações lá embaixo. Conforme for subindo e subindo, sinta-se livre e em paz, pairando.
6. Voe mais e mais alto, por entre as nuvens. Agora você está tão alto que

consegue enxergar todas as cidades vizinhas e cadeias de montanhas, até estados vizinhos.

7. Continue subindo e veja o continente inteiro, depois os oceanos e todos os continentes na esfera terrestre.
8. Quando estiver pronto, volte a descer. Conforme for se aproximando do seu assento, sinta todos os seus problemas e preocupações caindo por terra.

Lembranças versus sentimentos atuais

Como acabamos de ver, certas âncoras servem de gatilho para lembranças indesejáveis, que podem estar associadas a sentimentos que não são úteis nem relevantes para o nosso estado atual. Por exemplo, quando escutamos uma música no rádio que nos lembra de um antigo relacionamento amoroso, podemos sentir saudade da pessoa e ficar tristes, mesmo se estivermos bem hoje em dia, em um relacionamento bom, felizes. Quando percebemos que é apenas uma lembrança de como nos sentimos no passado mas não corresponde a como nos sentimos agora, podemos dispensar o sentimento com muito mais facilidade.

Pense em uma ocasião em que você teve um desempenho ruim em determinado lugar. A próxima vez que estiver nesse mesmo local, mesmo que isso aconteça anos depois, o Enganador o lembrará desse dia em que você se saiu mal: talvez isso já lhe garanta uma derrota antes mesmo de chegar lá. O Enganador sempre lembra de fracassos do passado e eventos similares, projetando-os no futuro, mesmo depois de nos aprimorarmos. Quando isso acontecer, lembre que se trata apenas de uma lembrança, não da verdade atual.

Conforme vamos desenvolvendo a habilidade de direcionar sentimentos, aumentamos nossa percepção e conseguimos detectar de onde vêm. Esse conhecimento nos ajuda a desenvolver formas melhores de lidar com eles. Digamos que você esteja desanimado. Se conseguir entender que esse sentimento vem de um fracasso do passado, poderá lembrar a si mesmo que você é uma pessoa muito diferente hoje em dia. Se estiver frustrado porque as coisas não estão acontecendo como gostaria, livre-se desse sentimento com um exercício de centramento ou com a técnica da flutuação.

No próximo capítulo veremos como direcionar desejos e controlar nossas percepções para expandir nossa visão e aprimorar aquilo que temos de mais importante: nossas crenças.

PONTOS PRINCIPAIS

- Seus sentimentos e sensações dependem quase exclusivamente dos seus pensamentos.

- Os pensamentos e o foco são em grande medida direcionados e determinados pelos maiores medos e desejos do coração.

- Seu estado é uma combinação dos seus maiores desejos, das crenças que tem sobre si mesmo, das coisas em que presta atenção e da sua fisiologia.

- Seu maior desejo afeta bastante sua capacidade de controlar os próprios sentimentos – certifique-se de que seus desejos estejam alinhados com seus valores mais profundos e com seus recursos mais poderosos, como o amor, a sabedoria e a coragem.

- É preciso manter o foco no que empodera você e controlar as coisas em que presta atenção.

- O centramento é uma forma de controlar o fluxo de oxigênio e seus pensamentos para levar a energia ao centro do corpo.

- As expectativas sobre como as coisas devem ser se voltam para o futuro, nos retirando do momento presente, gerando dúvidas e medos. O segredo é esperar a abundância, mas não se apegar a ela, mantendo-se preparado para o sofrimento.

- Você pode ancorar os sentimentos e sensações que quiser e entrar em um estado mais propício quando não se sentir muito bem.

- Treine prestar atenção e se concentrar de forma mais ampla e relaxada, o que, por sua vez, vai ajudá-lo a reduzir o estresse e se tornar mais consciente.

PERGUNTAS E ATIVIDADES EXTRAS

- Analise suas performances anteriores – as boas e as ruins – e busque padrões de sentimentos e sensações. Como os sentimentos afetam seu desempenho? De onde essas emoções surgiram?

- Pense no seu ambiente em casa e no trabalho. Quais são as imagens, palavras e sons nesse ambiente? O que você pode fazer para acrescentar mais imagens e palavras empoderadoras a esse espaço?

- Comprometa-se a fazer exercícios de centramento duas vezes por dia esta semana, em sessões de três minutos cada. Faça isso quando se sentir frustrado, aborrecido, nervoso, irritado ou sempre que perceber que não está no momento presente. Registre em seu diário quais foram os efeitos dessa prática.

- Quanto tempo você dedica a atividades empoderadoras e a atividades de pura distração? O que precisa sacrificar para encontrar maior equilíbrio entre elas?

- Cogite fazer uma colagem de seus objetivos e sonhos, ou mesmo um filme. Comece a reunir imagens e ideias de quem você quer ser, de como quer viver e do tipo de pessoa que deseja se tornar.

7

O MUNDO É PLANO

Como desenvolver crenças alinhadas com seus sonhos

No firmamento não há distinção entre leste e oeste; as pessoas criam distinções na própria mente e então acreditam que são verdadeiras.

– Siddhartha Gautama, mestre Zen

Tyrone correu para a cerca, mas não chegou a tempo.[1] O dono da loja atirou porque achava que os garotos tinham quebrado a vitrine. O pequeno Ty foi atingido por vários projéteis. Ele tinha 5 anos e morava no conjunto habitacional Lafayette, na zona leste de Baltimore. Seu pai era traficante de drogas e passou boa parte da infância de Ty na prisão. Foi uma época em que precisava lutar pela própria sobrevivência. Tyrone viu um garoto ser esfaqueado várias vezes, outro surrado até a morte com um taco de beisebol, outro levar um tiro nas costas numa quadra de basquete. Ao ser questionado sobre o passado, ele disse: "Não era uma vida fácil, mas foi a melhor para mim."[2] Tyrone "Muggsy" Bogues passaria 14 anos jogando na NBA, com os projéteis daquele dia em Baltimore ainda alojadas no corpo.

Encarando adversidades esmagadoras, Muggsy conseguiu sair da pobreza e se tornar jogador da NBA – um milagre de 1,60 metro de altura. Ele era talentoso – seu salto vertical de mais de 1 metro comprova isso –, mas era sua mente que o diferenciava. O menino de 5 anos que tinha sido baleado acabou ofuscado pelo menino que tinha um sonho – um sonho que permaneceu vivo por toda a infância. Muggsy precisou usar a imaginação todos os dias para alimentar seu sonho e criar a história que um dia se desenrolaria do jeito que ele havia visualizado, por mais impossível que parecesse.

Todo mundo tem uma história. Nós somos autores e narradores da nossa e escolhemos quais momentos da vida têm significado e quão significativos eles são. A cada instante temos a chance de decidir qual caminho nossa história vai tomar. Todo pensamento faz parte do enredo. São esses pensamentos, e a maneira como os direcionamos, que determinam o rumo da nossa vida. As imagens que carregamos na mente e o significado que associamos a elas preparam a nossa narrativa. É muito fácil esquecer a história que um dia criamos, a versão incrível que está esperando para ser escrita, a que ainda vive na sua imaginação, a que não é restringida por contratempos, pela lógica nem pela racionalização. É ridículo pensar que um garoto de 1,60 metro da periferia poderia jogar na NBA, mas na imaginação tudo é possível. Se Muggsy conseguiu sonhar a vida dele e viver o sonho dele, você também consegue.

A esta altura, já falamos de algumas ideias sobre desempenho e liberdade, e sobre como juntar os dois. Nós vivemos em uma cultura obcecada por comparações, que nos leva a acreditar que devemos encontrar nossa identidade em elementos externos, não em nosso verdadeiro eu. Mais do que isso, todos somos naturalmente interessados em nós mesmos e acabamos nos prendendo a limitações e pensamentos derrotistas. Assim acabamos perdendo oportunidades de nos conectar com a beleza, com os outros e com o cenário mais amplo. Por isso devemos aprender a deixar para trás o egocentrismo e ganhar a liberdade necessária para imaginarmos um mundo de possibilidades.

No capítulo anterior aprendemos a controlar nossa energia e como nos sentimos. Agora buscaremos a sabedoria de que precisamos para enxergar o mundo como ele realmente é e aprender a expandir nossa visão. Falaremos sobre o fator mais importante, que desempenha um papel em tudo que diz respeito a nós mesmos, inclusive nosso desempenho, nossos pensamentos e sentimentos, nosso jeito de nos comunicar, o que conquistamos e as pessoas que nos tornamos: nossas crenças.

O fator X

Lembre-se que, enquanto andamos pela vida, não experimentamos o mundo como ele é, mas aquele que criamos em nossa mente. Não estamos olhando para o mundo como *ele* é, mas como *nós* somos. O que vemos é uma mistura de lembranças e crenças. Nós vivemos a história que contamos a nós mesmos ao longo dos anos. E essa história é crucial.

Imagine que você seja um jogador de futebol americano. Restam alguns segundos até o fim da partida decisiva, e seu time está perdendo por um ponto. Você é escolhido para dar um chute. Se conseguir fazer a bola voar 35 metros até o gol, sua equipe vence o jogo. Você será o herói ou o bode expiatório. O que vai acontecer? Será que vai conseguir? O fator principal para determinar o sucesso desse chute não é sua postura, o vento, a maneira como a bola foi apoiada nem o estado do campo. Tudo isso é importante, porém a força motriz desse resultado são os pensamentos, sentimentos e crenças que você teve nos meses e nas semanas que antecederam o jogo. *O principal elemento para o sucesso nesse caso é sua crença sobre suas habilidades e sobre si mesmo. Você é ou não o tipo de pessoa capaz de fazer o ponto decisivo?*

Se você quiser saber por que alguns profissionais de alto rendimento sempre têm sorte e dão um jeito de fazer as coisas darem certo, a arma secreta deles e o principal fator que os diferencia de todas as outras pessoas é o seguinte: suas crenças inconscientes sobre o que é possível em sua vida. Essas crenças determinam a hora em que acordam, o jeito como falam consigo mesmos, quanto estão dispostos a sacrificar e praticamente tudo o mais na vida deles.

A natureza das crenças

Não é uma questão do que merecemos, mas das coisas em que acreditamos, e eu acredito no amor.

– Mulher-Maravilha, super-heroína da DC Comics

Para as crianças, o mundo é cheio de possibilidades emocionantes. E, conforme vamos crescendo, essa perspectiva muda, pois passamos por experiências que formam as crenças sobre o que podemos ou não fazer. Encostamos no fogão quente e aprendemos a não fazer isso. Muitas das nossas experiências nos "ensinam" o que devemos evitar. Nossos esforços dão errado; nossas crenças são questionadas. Talvez você gostasse de cantar quando era pequeno, mas, a primeira vez que fez isso na frente dos outros, zombaram de você. Essa experiência lhe ensinou que você talvez não tenha nascido para ser cantor ou que não leva jeito. Você "aprendeu" nesse momento e desenvolveu uma crença sobre sua capacidade de cantar. Essa crença pode acompanhá-lo pelo resto da vida. O que aconteceu foi que teve uma experiência que o levou a se sentir de um jeito específico – nesse caso, rejeitado –, e esse evento estabeleceu um referencial para suas crenças acerca desse aspecto da sua vida. Infelizmente, a maioria das pessoas simplesmente desiste dessa habilidade ou área da vida, jamais descobrindo quais poderiam ser seus talentos caso tivesse questionado sua crença limitante.

Uma crença pode ser criada rapidamente – às vezes, num piscar de olhos –, e com frequência permanece firme e forte por toda a vida. Digamos, por exemplo, que você seja uma criança de 8 anos e veja uma forma escura e redonda na hora de ir para a cama. Achando que é uma aranha imensa, você grita, mas logo depois percebe que era apenas um pouco de lã embolada. A realidade não interessa. O que conta é em que acreditamos, e, naquele instante, seu cérebro acreditou que havia uma aranha imensa na sua cama. Você reagiu com medo, um sentimento que o cérebro associou à experiência, arquivando-o para protegê-lo no futuro. Pelo resto da vida seu cérebro faz seu trabalho, trazendo à tona esse medo sempre que você deparar com uma aranha ou algo parecido.

Por sorte, crenças não são imutáveis. Se o medo de aranhas ou qualquer outra crença não tiver serventia na sua vida, é possível mudá-lo. Não importa quanta lógica tenha a experiência por trás dessa crença, quão arraigada esteja ou qual seja o tamanho do trauma: sempre podemos desaprender o que aprendemos. (O Capítulo 9 mostrará como.)

Quando estabelecer um objetivo, analise suas crenças em relação a ele. Talvez você se pergunte diretamente: "Quais são minhas três crenças principais acerca desse objetivo?" Será que elas são úteis para o momento atual, para esta situação? No que você teria que acreditar para alcançar seu objetivo?

No caso do medo de aranhas, o cérebro fez uma associação com a impressão deixada no cérebro infantil no momento do incidente. O mesmo acontece em outras áreas da vida. A cada nova experiência, o cérebro tenta atribuir significado a ela para entender como responder. O inconsciente repassa uma lista de perguntas: Isso é relevante para mim? O que tenho no meu banco de dados de experiências que pode ser associado a isso? Devo ter medo ou é algo que já domino?

Crenças colocam limites para o que é possível na vida. Elas também atraem situações específicas na tentativa de mantê-las intactas. O processo se chama homeostase – o esforço do inconsciente para manter certo nível de habilidade ou certas conquistas de acordo com o que o indivíduo acredita ser certo para ele. Por exemplo, caso seu desempenho atual esteja além do que você acredita ser sua capacidade, seu inconsciente tentará reduzi-lo para encaixá-lo na sua zona de conforto. Da mesma forma, se o seu desempenho estiver aquém do que você acredita ser sua capacidade, o inconsciente se esforçará para melhorar os resultados até que eles alcancem sua zona de conforto. Você sempre buscará experiências que confirmem suas crenças.

Experiências criam crenças, e crenças atraem experiências semelhantes. Se, por exemplo, você tiver uma experiência favorável com um grupo de colegas de trabalho, ficará mais confortável perto deles, e sua crença sobre seu sentimento geral de aceitação vai atrair mais experiências favoráveis. Obviamente, essa é uma via de mão dupla. A lição importante é que crenças são criadas por tudo que pensamos, dizemos e sentimos, mas sobretudo pelo que sentimos.

Como criar crenças

Caso você tenha passado por um acidente de carro traumático, seu inconsciente pode criar a crença de que carros são perigosos. Quanto mais intenso for o sentimento negativo associado à experiência, mais provável será o surgimento de uma crença negativa sobre ela. Seja um acidente de carro, uma tacada perdida, um gol contra no futebol ou outra lembrança dolorosa, o inconsciente lida com tudo do mesmo jeito: ele cria uma crença ao redor da situação para nos proteger – isso se as emoções negativas forem fortes o suficiente para suplantarem as crenças anteriores.

Em 1992, o treinador de beisebol Andy Lopez, da Universidade Pepperdine, começou a se questionar como seus jogadores conseguiriam se imaginar jogando no campeonato universitário – e acreditar que poderiam vencer – se faziam parte de uma faculdade pequena, competindo com a elite do esporte.[3] Lopez decidiu passar o mesmo vídeo do campeonato universitário sem parar no vestiário todos os dias, desde o primeiro treino da temporada. Ele queria que seus jogadores sentissem constantemente a intensidade e o clima da competição na qual queriam estar. A pequena universidade de Lopez acabou vencendo o campeonato.

Fale a verdade sobre o passado

Um dos fatores mais importantes para desenvolver crenças alinhadas com nossos objetivos e sonhos é falar a verdade sobre quem somos e o que é possível na nossa vida. É especialmente importante falar a verdade sobre o passado certificando-se de usar o pretérito ao falar sobre tudo que não queremos perpetuar. Isso faz diferença porque, não importa com quem estivermos falando – mesmo que seja com meu coelho Charlie –, o inconsciente escuta tudo que pensamos, sentimos e dizemos, sempre pronto a criar uma crença a partir disso.

A verdade é que pode ser que tenhamos feito uma besteira, fracassado ou tido muita dificuldade em alguma parte de nosso desempenho ou na vida, mas tudo isso está no passado. Todos os nossos fracassos estão no passado. Então precisamos falar a verdade sobre essas questões – no pretérito.

Caso você seja golfista e diga a si mesmo (ou a qualquer um) "Tenho dificuldade nas tacadas finais", "Não me saio bem sob pressão" ou "Estou com dificuldade em ________ (insira qualquer problema)", o inconsciente volta ao passado, procura um padrão (prova), encontra um sentimento/lembrança/imagem e confirma aquilo que você está dizendo. Ele tira você do agora (o momento no qual existem oportunidades ilimitadas) e traz fracassos do passado para o presente e o futuro, perpetuando aquilo que você deseja interromper. Essa armadilha mental já prolongou muitas crises e acabou com muitas carreiras.

No entanto, caso você seja golfista e diga para si mesmo (ou para qualquer um) "No passado, tive dificuldade com ________, mas estou melhorando a cada dia" ou "Hoje à tarde, não consegui fazer ________", você está falando a verdade ao mesmo tempo que a mantém lá no passado (e faz isso com tudo que não deseja perpetuar). Quando falamos a verdade dessa maneira, o inconsciente não procura provas de fracassos anteriores para trazer ao futuro, porque não estamos falando sobre dificuldades nem derrotas no presente. Lembre-se do seguinte princípio:

Fale a verdade sobre o passado para criar possibilidades no futuro.

O frio na barriga de um segundo

Uma das metas que atribuo a todos os clientes é visualizar algum aspecto de seus maiores objetivos e sonhos todos os dias, com o propósito de realmente senti-los como se fossem realidade, a ponto de sentirem um frio na barriga de empolgação que dure pelo menos um segundo. Não é preciso meditar por uma hora todos os dias nem passar 30 minutos sentado de pernas cruzadas fazendo visualizações. Essas coisas podem ajudar, sim, porém o mais importante é ver e sentir seus objetivos e sonhos todos os dias, mesmo que apenas por um segundo.

Puxe o elástico!

Caso seu objetivo seja desafiador, o Enganador vai lembrá-lo o tempo todo dos fracassos do passado, então é preciso ter um plano para neutralizar os pensamentos negativos. Aqui vão algumas ferramentas para usar quando a mente começar a pensar de forma negativa:

- Dispense o pensamento imediatamente, pois um pensamento só tem força se permitirmos que ele se demore.

- Encare os pensamentos como um surfista esperando ondas, deixando que passem até aparecer um que você queira surfar.
- Substitua o pensamento pela ideia oposta ou por uma afirmação semelhante. (Por exemplo, "Sou péssimo em ________" se torna "Sou ótimo em ________".)
- Grite "Pare!" na sua cabeça e visualize uma placa vermelha enorme ou as letras gigantes P-A-R-E escritas em um quadro.
- Obrigue-se a voltar para o presente. Use um elástico no pulso e puxe-o sempre que um pensamento negativo sobre seu objetivo aparecer.

Pensamentos negativos ficam mais fortes quando fracassamos ou quando achamos que isso aconteceu. Nesses momentos de vulnerabilidade precisamos nos preparar para lidar com os que virão e que podem nos levar a outros erros e problemas. O Enganador quer dizer "Eu bem que avisei!" e, se não tomarmos cuidado, esses pensamentos terão poder suficiente (quando permitirmos que se demorem) para atrair mais pensamentos negativos, mudar nosso estado e internalizar o fracasso (nós nos sentimos fracassados). Essa sensação se traduz em uma crença.

É muito eficaz aprender a mudar nosso estado (como vimos no Capítulo 6) de forma a não nos deixarmos controlar pelas emoções. Assim podemos continuar no caminho para alcançarmos nossos objetivos e sonhos, expandindo o campo do que acreditamos ser possível.

Devemos ter consciência dos nossos objetivos e sonhos a todo momento. Isso significa aprender a conversar com nós mesmos ao longo do dia e imaginar possibilidades alinhadas com quem desejamos nos tornar. Um campeão olímpico, por exemplo, instalou um obstáculo de mais de 1 metro na sala de casa, o qual pulava pelo menos 25 vezes por dia. Sempre que fazia isso, visualizava uma corrida com barreiras e o sucesso que estava por vir.

Conforme vamos aprendendo a mudar consistentemente nosso estado para torná-lo positivo, nos concentrando em nossos sonhos e objetivos, mais conseguimos mudar nossa forma de encarar o mundo e nossas crenças.

Você é capaz de mudar suas crenças

O fracasso é um sentimento muito antes de se tornar um resultado.[4]

– Michelle Obama, *Minha história*

Cat Osterman, estrela do time de softbol da Universidade do Texas, fez um lançamento poderoso para Callista Balko e marcou seu nono *strike out* em nove tentativas desde o começo da temporada. A partida era parte do campeonato universitário nacional feminino e Osterman, uma das melhores arremessadoras da história, mais uma vez tinha lançado uma bola impossível de rebater. E Balko se tornara mais uma de suas vítimas. O time do Texas era um dos favoritos, contando com o braço esquerdo dominante da sua arremessadora incrível. No sexto *inning* uma corredora avançou e roubou a segunda base. Osterman voltou a encarar Balko, apenas para errar o lançamento que faria o time de Balko vencer o campeonato.

Para Callista Balko, assim como aconteceu com Lewis Gordon Pugh, parece ter havido uma mudança radical de consciência em algum momento.[5] Pugh passou por dois grandes fracassos antes de bater o recorde mundial; Balko havia errado nove rebatidas contra Osterman naquele ano. Então, na jogada mais importante da sua vida, ela acertou a bola e ganhou a partida. O que mudou para Pugh e Balko?

Sua percepção mudou. Seu estado mudou. Crenças podem mudar e mudam o tempo todo. Balko fez isso ao criar uma conexão com o que desejava alcançar e continuamente substituir pensamentos negativos por positivos e bem-sucedidos. Ela afirmava e fazia visualizações todos os dias. Antes da temporada, havia começado a visualizar a exata situação que enfrentou, e passara meses fazendo isso todos os dias. A situação que ela visualizava? Com Cat Osterman fazendo o lançamento, na segunda base, na jogada que iria decidir o campeonato, ela acertaria a bola e venceria a partida. Balko disse que se sentiu cheia de confiança ao se posicionar. Na base, ela só conseguia pensar em como tinha passado meses visualizando exatamente aquilo e, como esperado, seu plano se tornou realidade.

Afirmações

O que Balko fez foi criar na mente uma imagem que chegava a parecer absurda na época e a reafirmar continuamente. Afirmações são declarações sobre nós mesmos que expressam como gostaríamos de ser no futuro, mas as falamos como se fossem verdadeiras hoje. Uma afirmação deve ser feita de forma positiva ("Eu sou", e não "Eu nunca" ou "Eu não") e ser relativamente breve. Aqui vão algumas das afirmações de Balko:

- Sou a jogadora mais importante do time. (E foi mesmo!)
- Sou uma rebatedora dominadora e forte.
- Sou calma e impecável em campo.
- Adoro trabalhar sob pressão – quanto mais intensa, melhor eu jogo.
- Sou muito talentosa.
- Eu controlo meu destino.

Obviamente, ela se dizia essas frases enquanto trabalhava duro nos treinos em campo e na academia – além de se dedicar a aprender a manter sua presença dentro e fora dos jogos. Com frequência a mente de Balko ia para o campeonato nacional em junho, visualizando a imagem de si mesma jogando diante de uma multidão imensa, em rede nacional, sob pressão, acertando a rebatida decisiva. Ela já tinha um roteiro pronto (antes do início do campeonato) para a entrevista que daria na coletiva de imprensa depois da final, inclusive descrevendo a grande rebatida e como finalmente havia conseguido acertar, junto com suas respostas para todas as perguntas. O roteiro a ajudava a visualizar em detalhes a cena do seu sucesso. Balko sempre se imaginava no vestiário após a final. Quando o evento enfim chegou, ela o imaginara acontecendo de determinada forma tantas vezes, junto com tudo que sentiria, que durante a partida sentiu mesmo tudo que imaginara.

No começo não precisa acreditar na sua afirmação. Na verdade, é mais provável que você não acredite mesmo, pois, se acreditasse, não precisaria reafirmá-la – ela já faria parte da sua consciência. Você a afirma para integrá-la à mente consciente, e esse esforço exige um ataque planejado, diário, da mesma maneira que você treina seu corpo.

Uma das técnicas mais eficazes para mudar crenças é usar como exemplo alguém que tenha a crença naquilo que desejamos alcançar. Se conseguirmos enxergar o mundo da mesma maneira que essa pessoa, seremos capazes de aprender a acreditar do mesmo jeito que ela. Para qualquer situação, você pode se perguntar: "O que [a pessoa que é melhor no mundo nisto] acredita sobre si mesma em relação a tal coisa?" "O que ela sempre repete para si mesma?" Talvez sua afirmação seja "Sei falar em público de forma inspiradora", apesar de morrer de medo de falar em público neste momento. Talvez você se imagine como seu jornalista favorito da ESPN se sente ao falar para a câmera ou como qualquer outra pessoa que transmita confiança como palestrante. Então você conseguirá imaginar o que essa pessoa que lhe serve de exemplo sentiria em um momento semelhante.

Uma boa forma de criar lembretes poderosos sobre quem somos e como vivemos é colocar afirmações no celular para aparecerem silenciosamente ao longo do dia.

Aqui vão algumas que tenho no meu telefone:

- Algo incrível está acontecendo.
  - Essa afirmação rebate diretamente as mentiras do Enganador e do Crítico. Às vezes coisas incríveis estão acontecendo, da melhor maneira possível, mas simplesmente não conseguimos enxergá-las.
- Jim Murphy é o melhor coach do mundo.
- Oportunidades extraordinárias chegam até mim todos os dias.
- Eu vivo meu propósito diariamente, compartilhando o amor, a sabedoria e a coragem de Deus com o mundo.
- Meu corpo é uma máquina poderosa e está em forma.
  - Com frequência dizemos coisas como "Essa é minha perna ruim" ou "Esse é meu lado fraco". Lembre-se de que o inconsciente quer tornar nossas crenças realidade. Quando rompi o tendão de aquiles alguns anos atrás, fiquei muito abatido, perdido em pensamentos negativos. Um dia peguei uma canetinha e escrevi no meu gesso: "Meu corpo é uma máquina de cura incrivelmente poderosa." Minha perna melhorou em tempo recorde.
- *Excelência Interior* é o melhor sistema do mundo para o alto rendimento.
- Estou aqui para servir, não para ser servido.

Sempre que você não estiver se sentindo positivo ou confiante, comporte-se como se estivesse. Mantenha a coluna ereta, levante a cabeça e lembre que tudo é possível para aqueles que acreditam. Todos os dias nossas crenças são reforçadas ou criadas com base no que pensamos e sentimos – sobretudo no que sentimos.

Quando você estiver parado numa fila ou sentir que tem um tempo sobrando, se sua mente estiver livre de confusão e seu coração, leve, seus pensamentos vagarão para uma imagem do seu objetivo, uma afirmação ou alguma outra ideia positiva. Conforme sua consciência se tornar mais e mais alinhada com seus objetivos e sonhos a longo prazo, encarar eventos negativos ou neutros de outra maneira se tornará natural. Ao repetir sua afirmação como um mantra quando estiver parado em uma fila ou no trânsito, você vai ver sua energia mudando.

A última parte das crenças

Um obstáculo comum na busca pelos nossos objetivos é a crença inconsciente de que alcançá-los nos afetará de forma negativa em outro aspecto da vida. Por exemplo, digamos que seu objetivo seja se tornar um atleta renomado ou o presidente da empresa. Como alcançar essa meta mudará sua vida? Você provavelmente terá muito dinheiro, fama e status. Esse resultado está de alguma maneira em conflito com seus valores? Se você acreditar que a riqueza material é algo ruim, talvez sabote seu objetivo de forma inconsciente para preservar seus valores. Um atleta pode se machucar com frequência antes de jogos importantes se tiver uma crença inconsciente de que vencer esses eventos não seria coerente ou merecido.

Vejamos o exemplo de parar de fumar. Um dos motivos por que muitos fumantes têm dificuldade em parar é que o vício oferece vantagens sociais: eles pertencem a um grupo com um elo em comum que talvez perdessem caso abandonassem o hábito. A nicotina, portanto, é apenas parte da equação.

Para expandir nossas crenças, é importante nos certificarmos de que nossos objetivos e sonhos estejam alinhados com nosso verdadeiro eu (isto é, com a forma como desejamos viver e a pessoa que nascemos para nos tornar). Caso contrário, podemos nos sabotar inconscientemente, porque parte de nós teme alcançar esse grande objetivo e perder algo importante (por exemplo, a vida social, no caso de um fumante) ou ganhar algo que não pareça positivo (como fama ou atenção indesejada nas redes sociais).

Desde pequeno eu sonhava ser um astro de futebol americano, basquete ou beisebol. Quando entrei para os Chicago Cubs, realizei um sonho - algo que eu imaginava praticamente todos os dias desde o ensino fundamental. No entanto, eu também tinha sido criado por um pai católico muito rígido descendente de irlandeses e uma mãe extremamente disciplinada descendente de japoneses. Apesar de ser um lar amoroso, aprendi (talvez com certa razão) que a riqueza e a fama são perigosas para o caráter de uma pessoa.

Pouco depois de assinar meu contrato profissional, comecei a ter problemas de visão, algo que nunca havia acontecido antes. Os médicos diziam ser uma perda de acuidade visual dinâmica, mas não conseguiam explicar a causa. Por cinco anos lutei contra o problema, que acabaria encerrando minha carreira. Acredito que havia ali uma desconexão inconsciente entre meus sonhos de me tornar um astro do beisebol e algo dentro de mim que concordava com meus pais - ou que pelo menos não queria dispensar por completo a opinião deles.

Aprenda com a minha experiência. Visualize seus sonhos, mas também questione tudo que você ganhará com a realização deles. Sua vida mudará de maneiras incompatíveis com a pessoa que você deseja se tornar ou com a forma como deseja viver?

É importante imaginar-se realizando seus sonhos e levando a vida que você terá após alcançá-los por três motivos:

1. Fazer isso é crucial para desenvolver a garra (paixão e perseverança) necessária para superar os obstáculos que virão.
2. O inconsciente está o tempo todo nos conectando com imagens e sentimentos que temos em relação à vida, esforçando-se para transformar essas conexões em realidade.
3. É importante lidar com qualquer desconexão que a conquista de um sonho possa criar, para eliminar qualquer sabotagem inconsciente.

Conforme aprendemos a visualizar, aprendemos a nos conectar com nossa versão futura e com a pessoa que desejamos nos tornar. É uma história que criamos todos os dias com os pensamentos e sentimentos que repetimos. Como ela vai se desenrolar? O seu mundo é plano? De um jeito ou de outro, todo mundo tem crenças limitantes, mas podemos mudar as nossas se quisermos.

Como criminosos condenados mudaram as próprias crenças

A Fundação Delancey Street é uma organização que administra negócios premiados e multimilionários.[6] A fundação é extraordinária, e não apenas devido ao seu sucesso. Todos os funcionários são criminosos condenados, principalmente dependentes químicos analfabetos, que moram juntos em um lar comunitário. Em média, os membros da equipe nunca tinham permanecido no mesmo emprego por mais de seis meses. Ao entrarem na Delancey, eles devem abandonar o vício de imediato e se comprometer a ficar por pelo menos dois anos. Ninguém de fora trabalha na Delancey – os próprios residentes se "policiam". A CEO, Mimi Silbert, cuida de tudo sem depender de financiamento do governo. Ela também mora lá e não recebe salário. Como eles conseguem?

Silbert, que tem doutorado em psicologia e em criminologia, é especialista em desenvolvimento de pessoal. Sua principal habilidade é fazer as pessoas se sentirem bem-sucedidas. Ela pede aos criminosos violentos, que chegam com crenças extremamente limitantes, que "finjam" acreditar que podem se tornar cidadãos atenciosos e produtivos. Ela lhes ensina a agir com respeito e cuidado uns pelos outros, e principalmente a se responsabilizarem pelos próprios atos.

Os funcionários da Delancey ensinam habilidades uns para os outros e, talvez o mais importante, encontram um propósito maior que eles mesmos. Todos os homens e mulheres aprendem que, "apesar de ser impossível mudar o passado, podemos equilibrar as coisas fazendo boas ações, retomando a decência e recuperando nosso respeito próprio e um lugar legítimo na sociedade". Até os 5% na base da sociedade – como Silbert carinhosamente se refere aos residentes que considera sua família – são capazes de alcançar objetivos extraordinários se tiverem esperança e um sonho. Aos poucos, conforme vão entendendo como seria alcançar seus objetivos, eles se transformam nas pessoas que desejam ser.

O mundo é plano quando acreditamos nisso. E talvez acabe sendo mesmo, porque nunca iremos longe o suficiente para descobrir a verdade se não mudarmos nossas crenças. No desempenho e na vida diária, só a realidade que criamos em nossa mente importa. Conforme aprendemos a expandir nossas crenças, como Muggsy fez, também devemos aprender a tirar proveito delas nos estabelecendo completamente no momento presente, em que todos os sucessos extraordinários acontecem.

PONTOS PRINCIPAIS

- Crenças são hábitos de comportamento e expectativas que se formam a partir do modo como você interpreta os eventos da vida.
- Cada um tem o próprio filtro através do qual enxerga o mundo. Você pode controlar suas experiências ajustando esse filtro.
- Crenças nascem de pensamentos e sentimentos repetidos; essas crenças atraem experiências que combinam com elas.
- É possível mudar suas crenças ao mudar continuamente seu estado para que ele se encaixe na crença que você deseja ter. Caso você esteja o tempo todo se inspirando no exemplo dos pensamentos e sentimentos de outra pessoa, conseguirá alcançar as crenças dela.
- Crenças criam uma zona de conforto acerca do que é ou não possível. Esse processo oferece ao inconsciente parâmetros de desempenho e expectativas.
- Uma maneira eficaz de mudar crenças é aprender a reconhecer pensamentos negativos e imediatamente substituí-los pelo que é verdadeiro e possível.

PERGUNTAS E ATIVIDADES EXTRAS

- Analise suas crenças sobre seus objetivos. Escolha um objetivo e escreva três crenças suas sobre alcançá-lo. Essas crenças são empoderadoras? O que você precisa mudar para alcançar seu objetivo?

- O que você precisa colocar em seu ambiente para experimentar regularmente o gostinho de sucesso necessário na hora de criar crenças inconscientes benéficas para seus objetivos?

- Treine observar seus pensamentos sem julgá-los. Que tipo de padrões você encontra?

- Use um elástico no pulso e puxe-o sempre que um pensamento negativo se demorar em sua mente. Substitua o pensamento negativo por um pensamento positivo.

- Escreva uma matéria jornalística detalhada sobre si mesmo, falando como se seu objetivo já tivesse se realizado.

- Coloque fotos e afirmações dos seus sonhos e objetivos nas paredes, para olhar para elas todos os dias.

8

UMA BELEZA CLARA E PRESENTE

As cinco formas mais poderosas de se manter completamente presente

A mente não deve ser solene nem agitada, não deve ser pensativa nem temerosa (...) a determinação não deve ser intensa, mas a atenção, sim.[1]

– Miyamoto Musashi, samurai

Às portas do século XX, Guglielmo Marconi mudou a história ao enviar uma mensagem para o outro lado do Atlântico. Ele permitiu que as pessoas se comunicassem por ondas de rádio – mas o que ele criou de fato? Marconi e seu rival, Nikola Tesla, só tiraram proveito de algo que já existia. Eles não inventaram as ondas de rádio, assim como Benjamin Franklin não inventou a eletricidade. As ondas de rádio e as correntes elétricas sempre existiram, sempre estiveram disponíveis, apenas esperando que entrássemos em sintonia com elas e nos conectássemos com sua energia. O mesmo vale para a beleza, a presença e a confiança – elas estão sempre disponíveis, independentemente de experiências pessoais, nos esperando com paciência.

A beleza está em todo canto. O sol em algum momento para de brilhar? As montanhas param de refletir a glória? Com frequência nossa busca por conquistas leva a uma impaciência que nos impede de enxergar a beleza. Queremos alcançar o sucesso, e queremos agora! Nós vamos atrás de objetivos, absortos na atividade, buscando maneiras de fazer as coisas de um jeito melhor, mais rápido e mais fácil. Então deparamos com obstáculos e somos derrubados. Nós nos reerguemos, voltamos à ativa e levamos outro golpe. Às vezes os obstáculos são grandes, pesados e se tornam muralhas. A maioria das pessoas perde o ânimo e dá meia-volta, mas algumas pegam uma corda e escalam a muralha. Aqueles que perseveram podem não conseguir enxergar muito diante do obstáculo, mas sua visão continua sendo expansiva, mantendo os olhos acima do horizonte enquanto escalam. Eles aprenderam a estar completamente presentes em meio às adversidades.

Neste capítulo veremos como aumentar nossa percepção para transcender as circunstâncias e nos preparar para as oportunidades que nos aguardam. Vamos falar sobre as cinco maneiras mais eficazes de alcançar a presença completa:

1. Não se perder em pensamentos – e mergulhar no coração e na alma.
2. Concentrar-se nas rotinas e apenas no que você consegue controlar.
3. Ser grato.
4. Concentrar-se em um mantra.
5. Eliminar a pressa de forma implacável.

Antes de nos alongarmos sobre esses cinco conceitos, vamos esclarecer o que significa estar completamente presente.

O poder da presença absoluta

Estar completamente presente é ter uma mente que não está pensando no passado nem no futuro. Não importa se estamos ansiosos ou zangados, irritados ou envergonhados, ofendidos ou assustados – todas essas emoções são causadas por uma mente presa no passado ou no futuro.

No entanto, quando estamos completamente presentes o tempo muda (passa rápido, porque estamos mergulhados no presente, ou devagar, porque vemos os momentos com maior clareza), os movimentos se tornam fáceis, a percepção é ampliada e podemos até sentir que somos espectadores vendo nossa vida se desenrolar. Artistas, músicos e atletas – pessoas que performam – sempre descrevem momentos assim.

O canadense Andrew Robb, campeão nacional de golfe e cantor profissional, descreveu como é cantar uma ópera: "É como jogar golfe. Quero me tornar um com o momento e ir além da tarefa que estou fazendo. Em uma apresentação especialmente transcendental, quase apaguei. Não por medo ou nervosismo, mas por estar tão alheio ao meu corpo que por um instante esqueci que estava no palco."[2] Estar completamente presente é alcançar um nível superior de consciência, uma vibração mais poderosa de energia.

Os monges no mercado

Estar completamente presente é a base para vencermos a batalha mais difícil: a interior. Essa batalha é uma jornada diária, cheia de momentos mais significativos e gratificantes do que o placar final. O autor best-seller John Kehoe conta uma história sobre uma viagem pelo Tibete em que testemunhou o trabalho dos monges num projeto de pintura em areia.

Em um mercado local, monges trajando túnicas ocre trabalhavam com dedicação, dia após dia, criando as formas intrincadas para compor a mandala. Areias de diferentes cores eram usadas, e cada detalhe recebia atenção absoluta. Seis monges ou mais trabalhavam no projeto de cada vez. Sempre que voltava ao mercado, John ficava animado para ver os novos desenhos. A pintura levou mais de uma semana para ser concluída.

Por fim, os monges conduziram uma cerimônia elaborada, e então algo inesperado aconteceu: de repente, todos destruíram o desenho ao mesmo tempo. As centenas de horas de trabalho que levaram para criar aquela obra de arte linda foram apagadas em um único instante. John disse: "Fiquei chocado. Era uma atitude que desafiava a sensibilidade ocidental. A noção ocidental de trabalho é que nos esforçamos para alcançar um resultado. O importante é o que produzimos. Mas, para os budistas, o importante é o processo, não o final. É a atenção a cada momento."

A Figura 8.1 mostra os vários elementos da presença completa e como todas essas partes levam à ressonância, aquele fluxo de energia poderoso no qual as frequências se alinham num entusiasmo natural.

Figura 8.1 – O poder expansivo de estar completamente presente

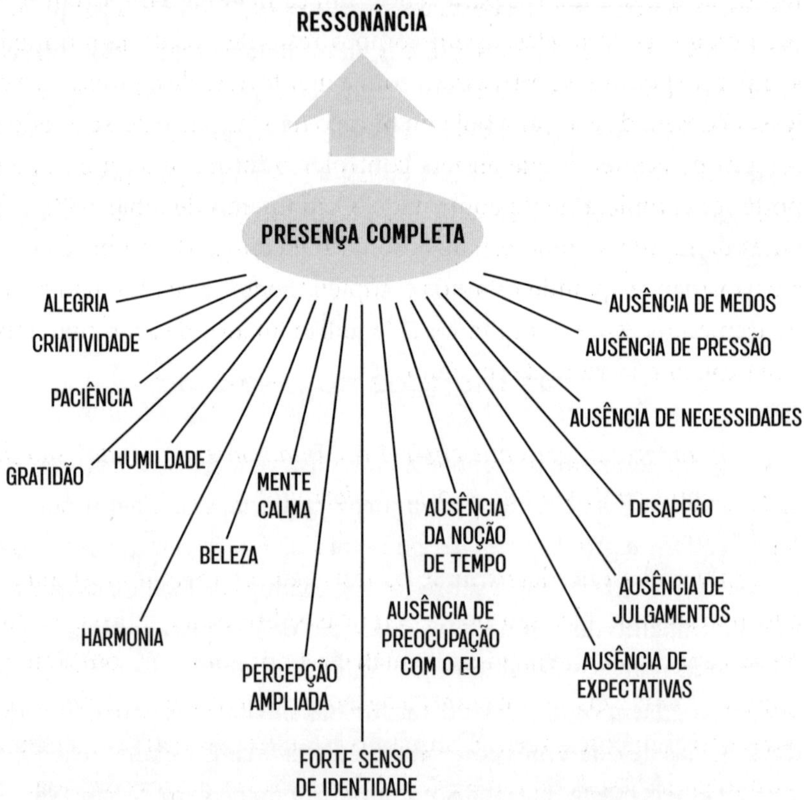

Na performance, o desejo é uma motivação poderosa. Ele nos incentiva a ser disciplinados e a fazer o trabalho necessário para o nosso aprimoramento. No entanto, caso não seja controlado, ele também pode nos impedir de ter nosso melhor desempenho. Nós queremos ser bem-sucedidos, porém, para que isso aconteça, nosso foco na hora h precisa ser intenso a ponto de o desejo desaparecer. O desejo, aliás, não deve ser confundido com a paixão. A paixão é encontrada no presente, enquanto o desejo está focado no futuro.

Quando desejamos certo resultado, constantemente julgamos se ele irá ou não se concretizar. Mas, quando estamos completamente presentes, nosso foco no momento é absoluto. Os pensamentos diminuem a ponto de os desejos passarem para o inconsciente, fazendo com que o resultado deixe de ser uma preocupação.

Imagine Bubba Watson ou Tiger Woods se preparando para dar uma tacada de quase 2 metros para vencer um campeonato importante. No momento da execução, eles, assim como o resto de nós, teriam o melhor desempenho possível se estivessem com a mente livre de confusão e o coração leve. O desejo de acertar a bola no buraco não faz parte desse estado mental – é um pensamento que almeja controlar o futuro, que, por sua vez, não pode ser completamente controlado. O momento de olhar para o futuro é antes da tacada, com a visualização da bola entrando no buraco. Durante a performance, quando estamos completamente presentes, não pode haver pensamentos sobre o resultado. O lendário lutador de artes marciais Bruce Lee explicou da seguinte maneira:

> *É um grande erro antecipar o resultado da empreitada; não devemos pensar em termos de vitória ou derrota.*[3]

Se tivermos que determinar os dois fatores mais importantes para o alto rendimento, eles são nossas crenças sobre o que é possível na vida e nossa capacidade de imaginar, visualizar e nos conectar com a energia das grandes conquistas, assim como o desenvolvimento de uma percepção ampliada do ambiente ao redor enquanto estamos competindo, sem analisá-la nem julgá-la. Isso também é essencial para todas as áreas da vida.

Vejamos as cinco maneiras eficazes para alcançar a presença completa:

1. Não se perder em pensamentos – e mergulhar no coração e na alma

> *Não devemos fazer acréscimos diários, mas decréscimos diários; remova tudo que não for essencial. (...) Alcançar a iluminação significa a extinção de tudo que obscurece a vida "real".*[4]
>
> – Bruce Lee, lutador de artes marciais

Em nossa cultura marcada pelo excesso de comparações e informações, é fácil nos deixarmos distrair com a Mente Macaco. A mente é capaz de processar apenas um pensamento de cada vez e, na presença de várias preocupações, ela fica tumultuada, gerando ansiedade. A ansiedade é fruto de uma mente com pensamentos em excesso, gerados por preocupações em excesso.

Uma mente com pensamentos e preocupações demais é resultado da ausência de uma devoção única e unificadora no coração. A mente fica pensando: "E isso? E aquilo? Quem vai cuidar de tal coisa? Será que esse plano vai dar certo?" Quando o mundo está a um clique ou um toque dos nossos dedos, podemos ficar sobrecarregados. Mas não se preocupe. Existe uma solução.

Imagine que é a noite de Ano-Novo de 2010. Você tem uma vida ocupada típica, com preocupações e ansiedades rotineiras, e hoje está pensando no ano que virá. Doze dias depois, o Haiti passa pelo terremoto mais devastador em 200 anos, que tira a vida de centenas de milhares de pessoas. Você pega um voo até lá e passa uma semana ajudando a retirar as pessoas dos escombros. Durante essa semana em que está salvando vidas, seu sucesso pessoal, aquela partida que você perdeu ou a promoção que não recebeu ficam martelando na sua cabeça? É bem provável que não. Você está focado em resgatar a pessoa presa nos escombros sob seus pés. Seu foco é o momento atual. Isso cria uma abnegação destemida e faz com que você esteja muito presente.

Para reduzir o efeito da Mente Macaco, uma das coisas mais eficazes que podemos fazer é simplificar a vida e manter apenas os elementos básicos. O filósofo Dietrich Bonhoeffer foi sábio ao escrever: "O coração tem espaço para apenas uma devoção incondicional."

Talvez você esteja pensando: "Como assim? Tenho família, filhos, trabalho, questões financeiras..." O que quero dizer é que, se você quer viver com tranquilidade e confiança independentemente das suas circunstâncias e ter o melhor desempenho possível em todas essas áreas, é preciso simplificar a vida. É preciso organizar seu coração. Se você tivesse que escolher apenas uma coisa a qual dedicar sua vida, o que seria?

Aqui vai um possível ponto de partida: E se você se dedicasse a elevar o nível de excelência na sua vida, a aprender e crescer, para elevar o dos outros também?

Digamos que você decida que esse será o foco da sua vida, pelo menos por enquanto. Então vai querer que essa seja a primeira coisa em que pensa ao acordar e a última antes de dormir, e que sirva de parâmetro para filtrar todas as decisões da sua vida. Com um propósito claro, fica muito mais fácil ser corajoso (porque você sabe pelo que está vivendo) e limitar sua vida a um foco e um momento – o momento presente.

Em 2014 Michael Phelps foi multado por dirigir embriagado. Isso o lançou em uma depressão tão severa que ele cogitou tirar a própria vida. Phelps, que tinha ganhado um total de 23 medalhas de ouro olímpicas – mais do que 173 países ganharam em toda a sua história –, tinha passado a vida inteira lutando contra a ansiedade.[5] Essa ansiedade mascarava outra questão que ele tinha com sua identidade: quem ele era? Ele queria ser aquela pessoa? Ele compartilhou o que o ajudou:

> Acho que a parte mais importante é tentar chegar ao ponto em que você se sente confortável com quem é, em que se olha no espelho e gosta do que vê. Para chegar aí, o que mais me ajudou foi entender o que eu poderia remover da minha vida para torná-la mais simples.

Quando simplificamos a vida, nos concentrando em algo que coloque as necessidades dos outros à frente das nossas, nos tornamos destemidos e presentes. E essa presença nos acompanha durante tarefas rotineiras: enquanto lavamos louça, podemos lavar um prato, nos concentrando apenas em lavá-lo bem, e então passar para o próximo. Se estivermos treinando na academia, podemos fazer uma repetição com toda a atenção (pensando nos músculos que trabalhamos e na execução correta) e então passar para a próxima. Caso estejamos escrevendo, podemos seguir o conselho de Hemingway e escrever uma frase verdadeira. O foco não está no passado nem no futuro, mas no elemento mais básico da tarefa em questão.

A maior parte das pessoas, na maior parte do tempo, vive perdida em pensamentos. Em outras palavras, elas passam os dias analisando e julgando, e não sentindo e imaginando. Há uma vida extraordinária esperando por você se conseguir parar de se perder em pensamentos e mergulhar no coração.

Faça um teste hoje: tente passar cinco minutos fora do monólogo da sua cabeça – aquele que está o tempo todo analisando, duvidando, julgando. Concentre-se na respiração e sinta seu corpo. Treine usar a visão periférica. Aqui está uma ferramenta que você pode experimentar:

- Pare e escute o som mais alto que estiver em seu campo de audição. Concentre-se nesse som. Depois se concentre no mais baixo. Em seguida, tente se concentrar nos dois ao mesmo tempo. Então se concentre em uma parte do corpo. A seguir acrescente o som mais alto e o mais baixo, prestando atenção nessas três coisas. Como foi? Você conseguiu parar o monólogo na sua mente?[6]

2. Concentrar-se nas rotinas e apenas no que você consegue controlar

A simplicidade é o segredo para o brilhantismo.[7]

– Bruce Lee, lutador de artes marciais

A *Excelência Interior* é uma série de princípios e ferramentas baseados em amor, sabedoria e coragem que pode ser incorporada em nossos hábitos diários de pensamento e ação. Aqueles que a seguem dedicam a vida a desenvolver a automaestria ao mesmo tempo que vivem com propósito/servindo aos outros.

Devemos nos lembrar de duas coisas ao nos concentrarmos em nossas rotinas:

1. Rotinas são a base da *Excelência Interior*. A vida é uma série de rotinas, sejam elas intencionais ou não, e os resultados nascem principalmente dos hábitos de pensamento e comportamento que tivemos até hoje.
2. Não devemos nos apegar ao que não podemos controlar. Quando não conseguimos seguir nossa rotina, é assim que esse dia deve ser e pronto. Podemos ser meticulosos em relação à rotina, mas jamais apegados a ela.

O treinador Ronn Svetich, dos Colorado Rockies, compartilha uma rotina que um lançador de beisebol pode seguir e que ele chama de ter uma mente simples:

> Crio uma mente simples quando estou no controle daquilo que posso controlar, e o que posso controlar é uma mente simples. Ter uma

> mente simples é ver o sinal do receptor [indicando qual lançamento fazer], enxergar o arremesso na própria mente e jogar a bola. Quando começamos a pensar nos árbitros, no placar, nos outros jogadores, no rebatedor, a mente simples se perdeu.[8]

Esses outros fatores são coisas que devemos perceber de forma intuitiva em vez de analisá-las no momento da jogada. Ele diz aos seus lançadores:

> Seu objetivo durante o lançamento é ter uma mente simples. Jogar bem a bola uma vez. Quando você sair do campo entre as jogadas, questione-se: "Eu consegui manter uma mente simples em pelo menos 80% do tempo?" Se conseguiu, pergunte a si mesmo o que precisa fazer para continuar assim. Se não conseguiu, se alguma distração o retirou do momento presente, pense no que precisa fazer para retornar a ela.

Aqui vai uma rotina poderosa para começar bem seu dia:

A ferramenta GPS: Gratidão – Presença – Show

- 3 minutos: Seja grato. Repasse as últimas 24-48 horas e relembre momentos pequenos e específicos pelos quais sente gratidão.
- 3 minutos: Esteja presente. Com os olhos abertos, deixe para trás todos os desejos e preocupações; permita que seus pensamentos venham e vão enquanto você pratica estar presente para a beleza que o cerca a todo momento. Talvez seja interessante incorporar uma das ferramentas que já aprendeu, para ajudá-lo a manter essa presença.
- 3 minutos: Visualize os momentos decisivos (a hora do show). Escolha um objetivo ou situação no futuro, com toda a pressão que isso vai envolver, e imagine a sensação de estar no centro das atenções, completamente presente de coração, mente e corpo.
- 1 minuto: Funil da *Excelência Interior*
  - Ao ar livre (de preferência descalço), abra os braços em um grande Y (como um funil) e imagine toda a abundância do universo fluindo para dentro de você enquanto a recebe com gratidão e alegria. (Observação:

geralmente rezo o pai-nosso enquanto faço isso, mas você pode dizer ou visualizar qualquer coisa que o preencha com energia positiva.)

Perguntei ao jogador de beisebol Ken Griffey Jr., membro do Hall da Fama, se ele considera as rotinas importantes em sua vida. Ele respondeu:

> Com certeza. A partir de 1º de janeiro até o último jogo da temporada, eu seguia minhas rotinas. Ia até o estádio pelo mesmo caminho todos os dias, escutava as mesmas músicas até lá e chegava na mesma hora [cedo o suficiente para relaxar e me arrumar com calma]. As rotinas mantinham a minha sanidade.[9]

Para Griffey Jr., as rotinas tiravam o foco dos resultados e o colocavam no processo (isto é, no que ele podia controlar).

Manter a concentração apenas em nossas rotinas e no que conseguimos controlar pode ser difícil. Quando somos profissionais de alto rendimento e buscamos a perfeição, costumamos tentar controlar o que não pode ser controlado. Mas isso dispersa nossa energia e leva a preocupações sobre coisas que não deveriam ser motivo de preocupação. Agir assim serve apenas para diminuir nosso ritmo, porque acabamos com coisas demais com que nos preocupar. Ironicamente, abrir mão do controle é o segredo para retomar o controle.

Se não houver erros de digitação nesta partre, é porque a publiquei tarde demais

A perfeição é inimiga da presença. Tentar ser perfeito ou controlar o resultado do seu trabalho é um dos maiores empecilhos para a presença que precisamos manter na hora de criar coisas incríveis e ter um desempenho extraordinário. Com muita frequência fui lento quando estava produzindo algo que desejava compartilhar com o mundo – talvez até este livro –, na tentativa de eliminar todos os erros, de acertar, de não entregar o trabalho até ele estar perfeito. Reid Hoffman, cofundador do LinkedIn, explica:

> Se você não tiver vergonha da primeira versão do seu produto, é porque o lançou tarde demais. Anos atrás, valia a pena verificar tudo duas vezes antes de fazer uma entrega. Hoje é possível fazer ajustes rapidamente, de acordo com os desejos do cliente.[10]

Anne Lamott, autora de *Palavra por palavra: Instruções sobre escrever e viver*, me ajudou muito a escrever a primeira versão deste livro. A seção "Primeiros esboços ruins" me ajudou a manter minha presença e parar de julgar meu trabalho (e a mim mesmo) o tempo todo.

> Todos os bons escritores passam por isso (primeiros esboços ruins). É assim que eles acabam com segundos esboços bons e terceiros esboços incríveis. As pessoas tendem a olhar para escritores bem-sucedidos, que publicam seus livros e talvez até tenham um bom retorno financeiro, e achar que eles se sentam para trabalhar todo dia sentindo-se brilhantes, ótimos em relação a si mesmos, ao próprio talento e à história incrível que desejam contar; que respiram fundo algumas vezes, arregaçam as mangas, giram o pescoço para lá e para cá para soltar os músculos e mergulham fundo, digitando trechos perfeitos com a rapidez de um taquígrafo. Mas essa é apenas a fantasia dos novatos. Conheço alguns escritores maravilhosos, escritores que amamos, que escrevem de um jeito lindo e ganham muito dinheiro, e nenhum deles costuma se sentar na cadeira cheio de entusiasmo e confiança. Nenhum deles escreve primeiros esboços elegantes. Tudo bem, uma delas faz isso, mas ninguém gosta muito dela.[11]

Desejar estar no controle e alcançar perfeição são parte do mesmo problema. Esses dois equívocos são alimentados pelo medo do fracasso. Imagine um peão de boiadeiro que deseje estar no controle. Ele seria jogado das costas do touro bem rápido. A ironia é que, quando tentamos controlar coisas que estão fora do nosso controle, temos menos controle do que se abríssemos mão dele. É como tentar microgerenciar absolutamente tudo que um membro da equipe ou um funcionário faz: quanto mais tentamos controlar a pessoa, mais ela resiste, pior se torna seu desempenho e mais difíceis as coisas ficam para todo mundo.

Quando abrimos mão do controle – sobre as pessoas ao nosso redor, sobre as circunstâncias, sobre os resultados que desejamos –, ganhamos presença e nos abrimos para as possibilidades que teríamos perdido tentando controlar o incontrolável.

3. Ser grato

Uma pessoa grata é uma pessoa poderosa, pois a gratidão gera poder. Toda abundância se baseia na gratidão pelo que temos.[12]

– Elizabeth Kubler-Ross, *Life Lessons* [Lições de vida]

O caminho para o foco único exige que a pessoa tenha consciência de si para ser capaz de reconhecer a tagarelice da Mente Macaco. É comum fazermos várias coisas ao mesmo tempo para tentar dar conta de mais tarefas, porém a mente só consegue processar um pensamento de cada vez. E isso é positivo. Não conseguimos estar ansiosos e gratos ao mesmo tempo. Também não conseguimos ser críticos e gratos ao mesmo tempo. Precisamos desenvolver a consciência dos nossos pensamentos para conseguir diminuir o ritmo e direcioná-los para nosso propósito (e nossos sonhos). Nós precisamos abrir mão de nossos apegos – e dos pensamentos críticos que costumam acompanhá-los. E podemos fazer isso sendo gratos.

Você já ficou maravilhado diante de um pôr do sol incrível ou de uma cena inspiradora em um filme que o deixou sem fôlego? Esses momentos significativos nos tiram de nós mesmos e nos obrigam a soltar nossos apegos, substituindo o que quer que estejamos sentindo no momento por uma conexão intensa com a beleza e a gratidão que a acompanha.

Nós entendemos melhor como ser gratos ao nos concentrarmos em momentos pequenos, específicos. Talvez seja um sorriso inesperado, o telefonema de um amigo ou o sentido que encontramos em objetivos aparentemente aleatórios. Um trecho de grama se torna um momento de gratidão quando observamos a cor que ele oferece à terra, o alimento aos animais, o esconderijo às joaninhas ou a satisfação de um cachorro rolando no quintal. Quanto mais gratos somos, mais beleza encontramos.

Uma mente grata está conectada à beleza, que existe mesmo em meio às piores angústias. Como diz o Dr. Viktor Frankl, sobrevivente de um campo de extermínio, ser dignos dos nossos sofrimentos é lindo.[13] Não podemos controlar tudo que acontece em nossa vida, mas podemos controlar nossa resposta às circunstâncias e nosso jeito de enxergá-las. Sempre temos essa opção. Quanto mais concentramos a atenção na gratidão, mais nossa visão se expande e mais beleza encontramos.

Uma característica que diferencia grandes atletas, artistas e profissionais em geral é sua capacidade de reconhecer padrões e oportunidades com mais rapidez e com mais frequência do que as outras pessoas. Um jogador de xadrez habilidoso é capaz de olhar para um tabuleiro e instantaneamente encontrar oportunidades, visualizando jogadas futuras. Um novato olhará para o mesmo tabuleiro sem encontrar nada especial. O mesmo acontece com a gratidão: com a prática, conseguimos enxergar cada vez mais as dádivas, a graciosidade e a sabedoria dos momentos. Quando nos tornamos mais gratos, encontramos mais conexões e padrões de sabedoria e beleza.

Conforme praticamos a gratidão, mais nos conectamos com a beleza e nos tornamos criativos. Solucionar problemas, algo que precisamos fazer diariamente, se torna bem mais fácil com a criatividade – que nasce da clareza e da conexão com a beleza. Aliás, a conexão com a beleza também aumenta a clareza. O professor de teatro Konstantin Stanislavski escreveu: "Tente encontrar beleza em todos os lugares: em todas as posturas, posições, pensamentos e cenas. Esse é um exercício muito importante. Uma pessoa criativa precisa ser capaz de enxergar e extrair beleza das coisas que uma pessoa não criativa ignora por completo; e ela precisa enxergar a beleza primeiro, não as deformidades."[14]

Sem dúvida, quando chegar ao trabalho amanhã, você terá que encarar coisas que já o irritaram no passado. Talvez seja o zumbido do ar-condicionado, um colega fofoqueiro ou uma fila na copiadora. Inúmeras coisas lhe oferecem bons motivos para se irritar. Mesmo assim, se você encarar tudo no ambiente como algo que existe para o ajudar de alguma maneira – mesmo que seja apenas para aumentar sua paciência –, então seus olhos se abrirão para possibilidades que poderiam estar ocultas antes. Você também vai liberar espaço mental para a criatividade. O problema não é o acontecimento ou a pessoa irritante, mas o estado criado pelos seus pensamentos julgadores em relação à situação.

A conexão entre gratidão e humildade

Para mim, a falta de humildade é a maior assassina de potencial, então não vamos nos apaixonar por nós mesmos só porque jogamos bem hoje. Nós entendemos qual é o nosso verdadeiro adversário.[15]

– Rick Pitino, treinador de basquete membro do Hall da Fama

Jim Tressel, ex-treinador de futebol americano da Ohio State que conquistou o campeonato nacional cinco vezes, pedia a seus jogadores que passassem um tempo sozinhos todos os dias. Durante esse momento de tranquilidade, eles deveriam pensar em ao menos uma coisa pela qual se sentiam gratos. Gratidão e humildade são importantes para os jogadores da Ohio State. Tressel diz: "Se nossos jogadores mais talentosos também forem os mais dedicados, temos uma chance real de sucesso, porque todo mundo admira os caras que entregam resultado. E, se esses melhores jogadores também demonstrarem uma humildade verdadeira, temos a possibilidade de conseguir algo especial."[16]

Durante minha pesquisa para escrever este livro, fui até Coronado, na Califórnia, à sede dos Navy SEALs americanos, a elite das forças armadas especiais, para entrevistar alguns membros. Passei o dia com um instrutor, Joe D., e lhe perguntei se a humildade era importante para o trabalho dos SEALs. Sua resposta imediata me pegou desprevenido: "Com certeza. A humildade é capaz de derrotar qualquer oponente. Pode ser que tenhamos que invadir um prédio para matar um criminoso, e orgulho e bravata podem nos fazer arrombar a porta da frente e acabar morrendo por causa disso. A humildade nos faz dar um passo atrás e enxergar a situação com clareza, talvez nos levando a concluir que é melhor entrar de fininho pela porta dos fundos."[17]

A humildade tem uma visão melhor do quadro geral, enquanto o orgulho nos torna descuidados – e pode nos matar. Os samurais do Capítulo 4 poderiam muito bem deixar o próprio ego assumir o controle. No entanto, ao valorizarem mais a honra do que a própria vida, eles não podiam arriscar ceder ao ego e ficar descuidados. Orgulho e arrogância corroem nosso verdadeiro eu, trazendo ameaças constantes à nossa identidade. A humildade, no entanto, abre espaço para o aprendizado e cria a base para a confiança real e a paz interior.

Mimi Silbert, CEO da Fundação Delancey Street, transforma criminosos reformados em empreendedores de sucesso ensinando a humildade e a gratidão como um alicerce para seu novo senso de identidade. A filosofia na Delancey se baseia no aprendizado contínuo, ensinando vários ofícios a cada funcionário, assim como as qualidades básicas da honestidade, da integridade e do serviço aos outros. O ego permanece sob controle porque nem a CEO recebe salário. A equipe incrível de Silbert na Delancey mostrou ao mundo o que é possível quando temos um propósito maior que nós mesmos e a coragem de permanecer presentes quando tudo dentro de nós e a sociedade ao nosso redor tentam nos manter no passado.

O escritor C. S. Lewis disse o seguinte sobre o poder da humildade:

> Reflita sobre o estado mental em que alguém seria capaz de projetar a melhor catedral do mundo, saber que ela era a melhor e se regozijar desse fato sem se sentir mais (ou menos) feliz por ter sido ele a fazer isso e não outra pessoa (...) estando completamente livre das próprias parcialidades.[18]

Essa é a liberdade de uma mente completamente presente e de um coração leve e não dividido.

4. Concentrar-se em um mantra

> *Sou um dos melhores jogadores do mundo. Eu fazia questão de passar o dia todo repetindo isso para mim mesmo. Não há nada de errado em ficar nervoso e, não importa o que você sinta hoje, todo mundo em campo se sente da mesma forma. Então vai lá e mete bronca.*[19]
>
> – Brandt Snedeker, após vencer o maior prêmio do golfe, a copa FedEx (2012)

Em 2007 o Aberto Britânico de Golfe estava acontecendo em Carnoustie, na Escócia. Tiger Woods era o número um do mundo e um dos favoritos. O golfista espanhol Sergio García, no entanto, dominava o torneio. Na última rodada ele tinha uma vantagem de seis tacadas com relação a todos os concorrentes, exceto pelo jogador no segundo lugar, Steve Stricker. Nos últimos buracos, o irlandês Padraig Harrington o alcançou na dianteira e acabou empatado com García.

Enquanto os dois se enfrentavam, Harrington usou um mantra. Ele ficava repetindo mentalmente as mesmas palavras sem parar: "Vou ganhar. Vou ganhar. Vou ganhar."[20]

Embora o foco no resultado não costume ajudar muito porque nos tira do presente e nos joga no futuro, que está fora do nosso controle, isso deu certo para Harrington naquele dia. O mantra distraiu sua mente de tudo que poderia dar errado e da importância da situação, oferecendo-lhe um pensamento positivo. Ele conquistou algo inédito em sua carreira: venceu o Aberto Britânico de Golfe.

Alguns anos atrás fui convidado para fazer uma trilha de moto com alguns amigos. Eu tinha habilitação para pilotar motocicletas, mas nunca tinha andado em uma trilha. Depois que aceitei o convite, percebi que o que eu teria que fazer era bem diferente do que eu inicialmente pensara. Em vez de um passeio tranquilo por um caminho amplo e arborizado, nós teríamos que seguir por uma trilha de mão única cheia de pedras e galhos, com muitas curvas. Passei o tempo todo morrendo de medo. Mas eu não queria deixar ninguém na mão nem obrigar os outros a esperarem por mim. Então usei algumas ferramentas da *Excelência Interior* para permanecer presente quando minha mente queria ir para o futuro, onde o medo habita. As ferramentas que usei foram as seguintes:

- **Cantar em voz alta.** Cantar em voz alta pode ser um jeito muito eficaz de manter o foco quando a tarefa é assustadora ou exige foco absoluto. Ironicamente, fazer isso pode aumentar nossa concentração, já que impede o cérebro de ir para o passado ou para o futuro. "Nunca vi ninguém no topo de um prédio alto tentar cantar para manter o equilíbrio sem que isso ajudasse", diz a Dra. Julie Angel, que escreveu uma tese sobre a mentalidade dos fundadores do *parkour*. "Eu mesma canto a música 'Old MacDonald', e isso sempre me ajuda, apesar de eu não gostar muito dela", explica.
- **Visualizações.** Eu imaginava que a ESPN fazia uma cobertura da nossa trilha e me acompanhava o tempo todo, com jornalistas fazendo co-

mentários fascinados sobre como aquele novato conseguia acompanhar os melhores do mundo. Eles não paravam de falar sobre o desempenho extraordinário de um competidor tão incrível.

- **Mantra.** Eu repetia a seguinte frase sem parar: "Sou o melhor atleta do mundo. Sou o melhor atleta do mundo."

Usei as três ferramentas por praticamente a trilha inteira. Não deixei de sentir medo em momento algum, mas também não diminuí a velocidade. Permaneci com o grupo e fiquei empolgadíssimo quando terminamos. No entanto, se eu não tivesse usado as ferramentas, tenho certeza de que teria desistido ou acabaria me machucando ao tentar acompanhar o ritmo dos outros.

Como um mantra me ajudou a superar meu medo do frio

Wim Hof, o Homem de Gelo, já bateu vários recordes mundiais por exposição ao frio, além de ter realizado outros feitos extraordinários (correr uma maratona por um deserto africano sem água, por exemplo). Os cientistas são fascinados por suas habilidades – ele até já recebeu uma injeção de endotoxinas para ver se as absorveria sem ficar doente. Deu certo e ele não ficou. Após seu sucesso, ele ensinou sua técnica a 12 pessoas, para mostrar que isso é algo que todos podem aprender.

Em novembro de 2019 participei do meu primeiro Retiro de treinamento de alto desempenho e do Método Wim Hof com o treinador sênior Daniel Kluken e a Inner Mountain Expeditions. O objetivo era continuar aprofundando minha compreensão sobre resistência mental e alto rendimento, além de aprender mais ferramentas capazes de me ajudar a permanecer presente diante das adversidades. Só que eu também tinha um motivo pessoal: desde que me entendia por gente, eu sentia medo do frio. E queria encarar meus medos.

No retiro do Método Wim Hof encaramos o frio extremo. Foi no centro da Noruega, em novembro, em um pequeno vilarejo três horas ao norte de Oslo. No primeiro dia fizemos uma caminhada de 20 minutos até um riacho congelado. Então passamos 20 minutos quebrando a grossa camada de gelo. Em seguida, ficamos só em roupas de banho e entramos na água. Foi louco e assustador e revigorante (depois que saí).

Também fizemos uma trilha demorada sem camisa, usando apenas um short. Não sabíamos aonde íamos nem quanto tempo passaríamos fora. Apenas um passeio pela mata, sem expectativas, sem apegos ao que parecia ou não razoável. Durante toda a semana a temperatura chegou a oito ou nove graus abaixo de zero. O monólogo interior estava com a força toda! Cada passo me afastava ainda mais da "segurança" e me embrenhava na mata. Acabamos andando até o topo de um morro com uma vista ampla, mas, verdade seja dita, eu não apreciei muito a paisagem. A caminhada inteira levou duas horas e sete minutos. (Não que alguém estivesse cronometrando. Minha mente consciente com certeza não achava que passar duas horas naquele frio extremo fosse razoável!)

Durante a trilha dois mantras se repetiam na minha cabeça: "Meu corpo é uma sauna... meu corpo é uma sauna..." e também "Minha mochila é um aquecedor... minha mochila é um aquecedor." Esses dois mantras, junto com meus ombros relaxados e minha respiração lenta, me levaram até o chalé quente. A força por trás deles, no entanto, era a crença de que tudo é possível. De que só faz frio porque acreditamos que está frio. De que somos mais poderosos do que imaginamos. Nós já tínhamos ido ao rio congelado algumas vezes, então eu sabia que era capaz de fazer coisas que antes achava serem impossíveis. Sabia que não podia contar apenas com meus olhos e uma mente lógica. No fim das contas, apesar de isto nunca ter sido dito em voz alta, todos nós tivemos que responder a uma pergunta naquela trilha:

Você está pronto para encarar seus medos?

E também... Você tem fé? Está disposto a sofrer? Está pronto a viver cada momento único?

E todos nós aprendemos a mesma coisa: *Você é muito mais poderoso do que pensa. Pare de pensar demais. Pare de analisar e julgar. Sua mente consciente não sabe o que é possível na sua vida.*

5. Eliminar a pressa de forma implacável

O sinal mais sério da doença da pressa é a diminuição da capacidade de amar. O amor e a pressa são fundamentalmente incompatíveis. A pressa não é fruto de um cronograma desordenado, mas de um coração desordenado.[21]

– Dr. John Ortberg, *The Life You've Always Wanted* [A vida que você sempre quis]

Os cardiologistas Meyer Friedman e Ray Rosenman cunharam o termo doença da pressa após notarem que muitos de seus pacientes sofriam de um "senso de urgência angustiante".[22] Eles definiram a doença da pressa como uma batalha contínua em meio a tentativas persistentes de conquistar ou alcançar cada vez mais coisas ou de participar de cada vez mais eventos em cada vez menos tempo. É um padrão de comportamento caracterizado por pressa e ansiedade permanentes; a sensação de estar cronicamente atrasado, sempre tentando se adiantar e se frustrando por encontrar um empecilho. Parece familiar?

Como saber se você tem a doença da pressa? Aqui vão alguns sintomas frequentemente associados a ela:

- Tentar ultrapassar o carro à sua frente quando você não tem motivo algum para estar com pressa.
- Falta de paciência com caixas no mercado, outros motoristas, filas, etc.
- Dificuldade para dormir.
- Sensação constante de estresse.

Você alguma vez já percebeu que não estava com pressa, mas a pressa estava em você?[23] Talvez não tivesse nenhum prazo a cumprir nem uma reunião para ir, mas ainda assim continuava ansioso para ultrapassar o carro à sua frente ou para a fila andar mais rápido.

O professor Richard Jolly, da London School of Business, observou que 95% dos executivos que entrevistou ao longo de um período de dez anos tinham a doença da pressa.[24] Um sinal certeiro é "apertar repetidas vezes o botão para fechar a porta do elevador", diz Jolly. "Na metade dos elevadores esses botões não estão conectados a nada e só acendem uma luz – são os chamados 'placebos mecânicos'. Mas, mesmo que funcionassem, quanto tempo economizariam? Cinco segundos?"

Eu costumava achar que precisava ter pressa para diminuir meu estresse; que devia correr para terminar as coisas e então poder relaxar e parar de me preocupar. A realidade, no entanto, era que a pressa era o motivo por trás do meu estresse.

Trata-se de um estado mental e emocional, não físico. Às vezes o melhor é realmente agir rápido e fazer várias coisas ao mesmo tempo – o que queremos abandonar é a tralha mental e os julgamentos. A pressa vem da crença de que vamos perder alguma coisa se não corrermos. Ela demonstra uma falta de fé.

O estresse é uma escolha. Não nos estressamos por causa das situações, mas pelo que pensamos sobre elas. Quando sentimos pressa, escolhemos o estresse. Escolhemos acreditar que as coisas não conspiram para o nosso bem, que Deus não está do nosso lado e que precisamos tentar controlar o que está fora de nosso controle.

A pressa elimina a alegria e a compaixão. Essa sensação profunda de bem-estar, liberdade e gratidão que se traduz em alegria não é compatível com ela. A compaixão – que literalmente significa "sofrer com" – também sai de cena quando sentimos pressa. A compaixão interrompe nossos planos. A própria natureza dela é nos fazer abandonar o que estamos fazendo e mergulhar na dor do outro. A pressa acaba com nossa capacidade de amar, e, sem amor, precisamos correr.

A pressa é uma consequência comum do excesso de ocupação. Essa ausência de espaço na nossa vida é uma das maiores barreiras para estarmos presentes. Um estudo publicado no periódico científico *Science* observou que isso se tornou tão onipresente que as pessoas preferem sentir dor a não sentir nada. No estudo, os participantes preferiram dar choques elétricos em si mesmos a ficar sozinhos com os próprios pensamentos (e sem o telefone celular, é claro) de 6 a 15 minutos.[25]

O monge trapista Thomas Merton afirma que o excesso de ocupação mata a sabedoria interior pela raiz:

> A pressa e a pressão da vida moderna são uma forma, talvez a mais comum, de violência inata. Deixar-se levar por uma variedade de

preocupações conflitantes, render-se a exigências excessivas, comprometer-se com projetos demais, querer ajudar todos em tudo é sucumbir à violência. O frenesi do nosso ativismo neutraliza nosso trabalho pela paz. Destrói nossa capacidade interior de ter paz.[26]

Um dia um jovem estudante de doutorado em psicologia clínica ligou para seu mentor (o Dr. Dallas Willard) para questionar se estava seguindo o caminho certo para seu crescimento pessoal. O Dr. John Ortberg perguntou a Dallas o que precisava fazer para se manter (espiritualmente) saudável. Dallas respondeu:

– Você deve eliminar a pressa da sua vida de forma implacável.[27]

John rapidamente anotou o conselho.

– Tudo bem, já entendi – respondeu ele. – O que mais?

Com paciência, Dallas explicou:

– Mais nada. A pressa é a grande inimiga da vida espiritual da nossa era. Você deve ser implacável ao eliminá-la da sua vida.

A pressa é o resultado de não priorizarmos as coisas mais importantes da vida e, em especial, de não priorizarmos nosso propósito único. Quando nosso propósito ou missão não está claro, muitas questões podem roubar nossa energia. Nós somos levados para lá e para cá em várias direções, e nossos limites se tornam incertos.

Quando somos implacáveis ao eliminar a pressa, somos mais intencionais com nossas ações e atentos com nossos olhos. Enxergamos mais. Percebemos que Deus não nos deu uma vida que não temos tempo de aproveitar.[28] Em nosso excesso de ocupação, perdemos nosso verdadeiro eu de vista porque somos incapazes de estar presentes. Com o tempo, acabamos entorpecidos em relação a tudo ao redor, à beleza e a todas as outras coisas. Estar completamente presente exige tempo – não existe outro caminho.

O excesso de ocupação, para a maioria de nós, na verdade é uma busca compulsiva por afirmação e aprovação. O problema é que a aprovação que almejamos, quando a alcançamos, é sempre passageira. Ela nunca permanece conosco, porque estamos no caminho errado – o caminho de buscá-la, para começo de conversa. Quando estamos no rumo errado, precisamos ter pressa, porque nunca encontramos o que realmente queremos; porém é óbvio que quanto mais pressa temos, mais nos enrolamos em nosso excesso de ocupação e mais distantes da satisfação ficamos.

Henri Nouwen, professor de Yale e Harvard, explica por que temos essa compulsão a nos ocupar:

> A resposta é bem simples. Quem somos, ou nosso senso de identidade, está em jogo. (...) O falso eu é o eu criado, como diz Thomas Merton, pelas compulsões sociais. "Compulsivo" de fato é o melhor adjetivo para essa falsa identidade. Ela aponta para a necessidade de afirmações constantes e cada vez mais intensas. Quem sou eu? Eu sou a pessoa querida, elogiada, admirada, malvista, odiada ou detestada. Independentemente de eu ser um pianista, um empresário ou um pastor, o que importa é como sou visto pelo meu mundo. Se estar ocupado for algo positivo, então devo me manter ocupado. Se ter dinheiro é sinal de liberdade verdadeira, então devo ganhar dinheiro. Se conhecer muitas pessoas prova minha importância, terei que fazer os contatos necessários. A compulsão se manifesta no medo do fracasso, sempre à espreita, e na urgência constante de mantê-lo a distância por meio da estratégia de reunir mais do mesmo – mais trabalho, mais dinheiro, mais amigos.[29]

Sem um caminho e um propósito claros, o eu será o centro da nossa vida, o que significa que sentiremos a necessidade constante de reunir mais coisas para ele, porque ele é nossa principal preocupação e jamais conseguiremos ter o suficiente para nos sentirmos verdadeiramente seguros. Com o eu no centro da vida (e nenhum propósito maior claro), continuaremos andando em círculos, sem nunca encontrar nosso verdadeiro eu. É uma busca atordoante e inútil.

Assim como as equipes pedem tempo durante as partidas, precisamos desses tempos na vida diária para estarmos presentes. Se não tirarmos um momento para afiar a serra, como sugere o autor Stephen Covey, nossa produtividade vai diminuir. É necessário haver pausas entre as tarefas, de preferência a cada 90 minutos ao longo do dia e um dia inteiro a cada sete – sem trabalho, projetos, compras nem nada da lista de afazeres. E, de preferência, um ano inteiro a cada sete anos (estou devendo essa).

Quando tiramos um dia da semana para deixar para trás (nossos apegos) e recarregar as energias, conseguimos enxergar com mais clareza a beleza ao nosso redor, e a gratidão vem à tona naturalmente. Se não somos gratos, há boas chances de termos perdido essa capacidade devido ao excesso de ocupação. Sem gratidão, não podemos ter sabedoria, pelo menos não uma sabedoria que compreenda a verdade profunda de quem somos e do que é possível em nossa vida.

A melhor vida possível – a plenitude absoluta da vida – é aquela em que estamos presentes na maior parte do tempo. Ela segue um ritmo determinado, e só conseguimos funcionar bem quando seguimos uma rotina de trabalho e descanso, relaxamento e comemoração. Para estar em nossa melhor forma, precisamos seguir a fé, não os olhos, escutar mais do que falamos e ter limites rígidos acerca de nossa energia e nossas rotinas. Precisamos de momentos de silêncio e momentos de comemoração. Apenas então podemos ter um coração, uma mente e um corpo completamente presentes.

A gratidão e a humildade verdadeiras estão presentes apenas quando paramos e enxergamos, sentimos e reconhecemos tudo que recebemos para ser capazes de chegar até aqui, assim como tudo que é possível amanhã – mesmo que o amanhã não chegue nunca. A inibição e o estresse diminuem muito quando dedicamos tempo a orientar nosso coração em direção àquilo que mais importa, para conseguirmos estar completamente presentes.

Na sua busca por um desempenho extraordinário, certifique-se de que seus desejos o guiem pelo caminho que você deseja seguir. Caso almeje a plenitude absoluta da vida, concentre seus desejos em amor, sabedoria e coragem. Você desenvolverá uma presença que o ajudará a superar obstáculos e bloqueios mentais – como veremos no próximo capítulo – e isso lhe ensinará a viver.

PONTOS PRINCIPAIS

- Estar completamente presente é se engajar por completo no momento, vivenciá-lo de forma intensa, sem necessidades, desejos nem pensamentos sobre o resultado.

- Cinco maneiras poderosas de permanecer presente quando você estiver sob pressão:
  - Não se perder em pensamentos – e mergulhar no coração e na alma.
  - Concentrar-se nas suas rotinas e apenas naquilo que você consegue controlar.
  - Ser grato.
  - Concentrar-se em um mantra.
  - Eliminar a pressa de forma implacável.

- O excesso de ocupação faz com que você se torne entorpecido aos seus sentidos e perca a criatividade, a percepção e os sonhos que acompanham a presença completa.

- Quando aceita o que não pode mudar, você se liberta para encontrar oportunidades.

- Viver com consciência e sem julgamentos é estar livre para ser seu verdadeiro eu. Uma das principais maneiras de perder sua presença é fazer julgamentos (dar um veredito negativo sobre suas circunstâncias, outras pessoas ou si mesmo.)

PERGUNTAS E ATIVIDADES EXTRAS

- Observe seu nível de presença ao longo do dia. Perceba os momentos em que você se sentir frustrado ou aborrecido (ou quando sua mente simplesmente estiver no passado ou no futuro), assim como os momentos em que estiver presente. Mantenha um papel no bolso para anotar quantas vezes no dia você esteve presente. Tente aumentar esse número no dia seguinte.

- Treine para não se perder em pensamentos e mergulhar em seu coração. Imagine que você é um observador neutro, talvez um pesquisador ou jornalista, olhando seus pensamentos. Como o ato de observá-los afeta seus pensamentos? Observe como você consegue ver e sentir mais beleza quando abre mão do controle e se afasta do próprio falatório mental.

- Crie o hábito de escrever em um diário para anotar seus pensamentos e sentimentos diariamente. Como esses pensamentos e sentimentos afetaram sua capacidade de estar presente? Você pode começar listando algumas coisas pelas quais se sente grato. Também pode apenas escrever frases ou palavras – o que vier à mente em seu fluxo de consciência.

- Escolha uma das cinco maneiras que nos ajudam a estar presentes e concentre-se nessa orientação por um dia inteiro. Faça o mesmo com as outras quatro. No sexto dia, pratique exercícios de centramento e qualquer um dos cinco métodos quando notar que está perdido em pensamentos.

- Treine tirar tempos de descanso, desde um minuto até um dia inteiro, para praticar a presença, o silêncio e a gratidão.

9

IMBATÍVEL

Como superar bloqueios mentais, medos e fobias

Ele não vai conseguir. Ele não se sente confortável com o desconforto.[1]

– Lou Piniella, técnico de beisebol, falando sobre a frustração de um novato com um fracasso durante a temporada de treinos

Em 1982 os Los Angeles Dodgers tinham um jogador de segunda base chamado Steve Sax, que venceu o prêmio de Novato do Ano da Liga Nacional. No começo da temporada seguinte, Sax fez um lançamento que bateu na proteção de queixo do receptor, permitindo que o corredor na terceira base marcasse o ponto. Sax recorda:

> Foi o tipo de coisa que poderia acontecer com qualquer um, mas comecei a pensar demais nesse erro. Foi algo que mexeu muito com a minha cabeça. Então dei uma olhada nos jornais e vi que eu tinha cometido alguns erros no começo da temporada. Comecei a pensar: "Nossa, nesse ritmo, vou cometer mais de 100 erros só este ano." Passei a colocar uma pressão imensa sobre mim mesmo, e é claro que errei quando lancei a bola no dia seguinte. Depois cometi mais uns dois erros em lançamentos ao longo da semana. Não demorou muito para eu ter um monstro terrível dentro da minha cabeça, do qual não conseguia me livrar.
>
> Após uns dois meses cometendo erros com regularidade, eu tinha certeza de que minha carreira estava por um fio. Quanto mais eu ten-

tava consertar meus erros, piores eles se tornavam. O bom senso diz que, se treinarmos bastante alguma coisa, vamos melhorar, só que isso não estava acontecendo comigo. Eu e a equipe tentamos de tudo. O chefão dos Dodgers me levava para a segunda base do estádio do time no meio da tarde, quando não havia ninguém lá, me vendava e me fazia jogar a bola para a primeira base. Eu nunca cometia erro algum quando estava vendado, mas simplesmente não conseguia fazer lançamentos durante os jogos.

Meu pior momento foi quando cometi um erro absurdo contra os San Diego Padres. Nós estávamos vencendo, então jogaram a bola para mim, fiz um lançamento ruim e perdemos a partida. Mais ou menos uma semana depois, liguei para casa para conversar com meu pai. Eu não conseguia parar de pensar no meu problema – era como uma mala pesada que nunca saía do lugar –, então, aos poucos, todas as conversas que eu tinha sempre chegavam nesse assunto.

Meu pai disse: "Escute, vou lhe dizer uma coisa. Um dia você vai acordar e o problema terá desaparecido. Sei disso porque passei pela mesma coisa quando jogava beisebol no ensino médio, e é algo que acontece com todo mundo." Quando meu pai falou isso, entendi que, se alguém tão incrível quanto ele, um cara tão grande e imponente, tinha passado pela mesma coisa, talvez eu não fosse tão esquisito assim... podia acontecer com qualquer um.[2]

Seis horas depois da conversa, o pai dele faleceu. Mas, fortalecido pelo conselho, Sax conseguiu recuperar a confiança aos poucos e o beisebol voltou a ser divertido. Não cometeu nenhum erro nos últimos 36 jogos da temporada e, em 1989, apresentava as melhores estatísticas entre os jogadores de segunda base da liga principal. Ele acabaria recebendo cinco prêmios de melhor jogador e vencendo dois campeonatos nacionais.

Apesar de a situação de Sax ter dado certo no fim das contas, bloqueios mentais parecidos acabam com a carreira de muita gente. É uma pena, porque, apesar de Sax ter levado meses de noites insones para resolver seu problema, um bloqueio mental como esse, ou um medo avassalador, talvez até uma fobia, pode ser curado de forma fácil e rápida – às vezes em apenas uma sessão.

Neste capítulo explicarei como superar bloqueios mentais como o de Steve Sax, para que você consiga aprender e crescer todos os dias, tornando-se imbatível. Talvez você esteja pensando: não sou um atleta profissional, não preciso saber disso. Se for o caso, peço que reconsidere. O que aconteceu com Sax acontece, de várias maneiras, com todos nós. É algo que pode causar crises comportamentais estranhas e difíceis de superar – como um jogador de beisebol profissional que perde a capacidade de fazer algo que crianças realizam com facilidade (jogar a bola da segunda para a primeira base).

Vou mostrar como funciona. Primeiro, vamos voltar para Sax e ver como seu bloqueio mental começou.

1. Ele cometeu um erro.
2. Ele se sentiu mal.
3. Ele analisou suas estatísticas, então pensou sobre o futuro e como se sentiria muito mal se continuasse errando.
4. Ele cometeu outros erros.
5. Ele começou a ficar obcecado com o problema (que se tornou uma ideia fixa).
6. Ele desenvolveu um grande bloqueio mental, que poderia ter acabado com sua carreira.

O protetor inconsciente

Enquanto você está sentado aí, lendo este livro ou dirigindo e escutando o audiolivro, seu inconsciente está trabalhando, fazendo três trabalhos principais:

1. Peneirar todas as informações sensoriais que chegam – para decidir o que é relevante e se alguma delas oferece algum perigo em potencial (físico ou emocional).
2. Deixar sua vida rolando no fundo para você não precisar pensar em cada coisinha que faz. (Imagine se precisasse pensar muito sempre que quisesse amarrar os sapatos, escovar os dentes ou dirigir de volta para casa!)

3. Alinhar seus resultados e circunstâncias com suas crenças. Por exemplo, digamos que você acredite que é um golfista que costuma terminar com 70 e poucas tacadas. Se, na metade da rodada, seu ritmo indicar que você terminará com 60 e poucas, seu inconsciente tentará aproximar seu desempenho das 70 para se equiparar com sua crença. O inconsciente não se importa com *o que* você acredita, mas apenas que sua vida se alinhe com suas crenças.

A tarefa do inconsciente de que tratamos neste capítulo é a primeira: peneirar as informações sensoriais em busca de algum perigo físico ou emocional.

O cérebro que se transforma: Nós podemos reprogramá-lo

Sempre que aprendemos algo novo, uma via neural é criada para transportar pensamentos e sentimentos.[3] Antes, cientistas acreditavam que o cérebro funcionava como uma máquina: após ser formado, permanecia sempre igual. Agora sabemos que o cérebro está em constante evolução. O Dr. Kurt Fischer, diretor do Programa Mente, Cérebro e Educação da Universidade Harvard, explica: "Alguns princípios abrangentes nasceram da neurociência. O primeiro é que o cérebro é extremamente plástico. Mesmo na meia-idade e na velhice, ele continua se adaptando de forma muito ativa ao seu ambiente."[4]

Na verdade, novas células cerebrais são criadas ao longo de toda a vida por meio do processo de neuroplasticidade. Neuroplasticidade é uma palavra sofisticada para descrever como o cérebro se recria e reorganiza fisicamente em resposta ao ambiente. Esse processo dinâmico nos permite aprender e nos adaptar a experiências diferentes. O cérebro literalmente muda suas conexões físicas e seu comportamento em resposta a essas novas informações.

O que isso significa para nós é que tudo que assistimos, lemos, escutamos e experimentamos afeta o cérebro. A boa notícia é que temos a capacidade de literalmente reprogramar o cérebro ao alimentá-lo com novas informações, e podemos incorporar essa informação, ideia ou sentimento por meio de repetições. O céu é o limite quando se trata de tudo que podemos incorporar e das vias neurais que podemos criar. Isso também significa que emoções fortes, como o medo e a ansiedade, geram conexões negativas; se estivermos o tempo todo ruminando esses pensamentos e sentimentos, criamos vias neurais que constantemente levam nossa mente e nosso corpo para estados que não queremos. Assim nascem os bloqueios mentais.

Como medos e fobias se formam (e bloqueios mentais também)

A primeira coisa que devemos saber sobre o inconsciente é a seguinte: ele coloca todos os perigos no mesmo arquivo no cérebro, não importa se são físicos ou emocionais. Ele não diferencia o medo de um tigre prestes a nos atacar do medo de sermos atacados no Instagram. Para o cérebro, é tudo a mesma coisa.

Quando passamos por uma experiência traumática ou constrangedora, especialmente na juventude, o inconsciente a grava na memória para poder nos alertar no futuro. Com isso, quero dizer que ele memoriza o contexto da situação - quem estava presente, o que foi dito, qualquer coisa que seja relevante às circunstâncias - para nos alertar na próxima vez que depararmos com algo parecido. Ele nos alerta com ansiedade e medo, ou apenas tentando nos impedir de fazer o que antes nos causou uma experiência dolorosa.

O inconsciente não precisa nos proteger de eventos positivos, apenas dos dolorosos. Assim, os dolorosos ficam gravados na mente, de forma que o inconsciente esteja sempre atento a eles para nos proteger.

Digamos que você seja um jogador de tênis e cometa uma dupla falta em uma situação importante. Você começa a pensar nisso e, mantendo essa imagem em mente, faz a mesma coisa em uma situação crucial. A primeira vez foi uma bobagem, então o inconsciente deixou passar. Mas a segunda causou abalo emocional, então o inconsciente se agarrou a ela. Por quê? Para proteger você. Como a experiência causou abalo emocional, o inconsciente se lembra dela para impedi-lo de passar pela mesma situação de novo. É útil se você encostar em um fogão quente, for mordido por um jacaré ou postar algo e se arrepender, mas nem tanto se gerar ansiedade e medo em situações pelas quais você precisa passar.

É o tipo de ansiedade e medo que pode criar bloqueios mentais, mesmo (ou especialmente) em situações em que costumamos nos sair muito bem. O renomado golfista Tommy Armour criou o termo YIPS para descrever seus problemas no jogo, que foram se agravando até ele precisar se aposentar.[5] Ele dizia que era "um espasmo mental que prejudica o jogo imediato". A Wikipédia descreve o termo como a perda repentina e inexplicável de habilidades motoras finas em atletas, sem tratamento ou terapia conhecidos.

Com frequência, são as tarefas fáceis, não as difíceis, que se tornam bloqueios mentais. A mente nos pressiona mais durante o que lhe parece fácil (por causa da pressão social para não errar algo simples). Poucos jogadores de futebol têm bloqueios na hora de fazer cruzamentos longos, mas muitos têm bloqueios mentais para passes curtos.

A segunda questão importante que devemos entender sobre o inconsciente é o que Sax entendeu ao conversar com o pai: ter um bloqueio mental como o dele ou o de Tommy Armour não é esquisito nem estranho. Na verdade, é o oposto. Isso significa que o inconsciente está funcionando *perfeitamente*. O mesmo vale quando temos fobia de cobras ou aranhas, trens ou formas geométricas. Quando falo em fobia, estou me referindo ao medo ou ansiedade excessivos de um objeto ou situação, de um medo tão intenso que é capaz de dominar nossa vida. E, como mencionei anteriormente, assim como bloqueios mentais podem ser superados em uma única sessão, o mesmo vale para fobias. Nós podemos passar a vida inteira com uma fobia, entrando em pânico sempre que deparamos com uma pulga ou um gambá, sempre que pensamos em entrar em um avião. Não importa há quanto tempo temos a fobia nem a intensidade dela; independentemente do que for, ela pode ser curada para sempre.

Digamos que seu amigo tenha fobia de aranhas. Com que frequência ele entra em pânico ao ver uma aranha? Em metade das ocasiões? Em oito de dez vezes? Não – ele entra em pânico sempre que vê uma aranha. Isso acontece porque o inconsciente dele está funcionando *exatamente* como deveria, tentando protegê-lo do objeto do seu medo.

Nós não nascemos com medo de nada, tirando talvez o medo de barulhos altos ou de cair. Os outros todos são adquiridos, geralmente em um instante. Quando entendemos como o inconsciente funciona, nos tornamos capazes de removê-los com a mesma rapidez. Fobias se desenvolvem quase da mesma forma que o bloqueio mental de Sax:

1. Um evento emocionalmente doloroso ou constrangedor acontece.
2. O inconsciente grava o evento na memória – dependendo do significado que associamos a ele e do que sentimos – para nos proteger no futuro.
3. O inconsciente acrescenta esse evento, e o contexto que o cerca, à lista de coisas sobre as quais irá nos alertar ou nos proteger, causando ansiedade ou medo para abalar nosso comportamento.
4. O inconsciente grava a memória com mais ou menos profundidade e intensidade dependendo da dor emocional que a cerca.
5. Sempre que o inconsciente reconhece um contexto semelhante, repassa o evento doloroso original para alertá-lo.
6. Uma fobia ou um bloqueio mental são criados ao redor dessa associação.

Você já se perguntou por que se sente desconfortável em algumas situações, mesmo sem razão aparente? Elas podem ser um gatilho ou uma âncora (veja o Capítulo 6). Sabe como uma música da época do ensino médio sempre faz você se lembrar da ocasião em que dançou com a pessoa de quem gostava? A música é o gatilho para uma lembrança; a lembrança é o gatilho para um sentimento. Se a música tocar, o sentimento é despertado. A música e o sentimento estão conectados em você.

Isso acontece o tempo todo, mesmo quando não percebemos. Por exemplo, digamos que, na adolescência, você tenha sido ameaçado por alguém que usava determinado estilo de casaco. Talvez nem se lembre mais disso. Aí, um dia, você se sente desconfortável na presença de alguém, sem saber que o casaco que a pessoa está usando é parecido com aquele da lembrança dolorosa. Nesse caso, seu inconsciente faz um alerta baseado em uma experiência anterior e você não entende.

Antes de passarmos para detalhes específicos sobre como lidar com essa questão, vejamos mais um exemplo do beisebol.

O fenômeno

Em 1997 Rick Ankiel, da escola de ensino médio Port St. Lucie, na Flórida, recebeu o prêmio de Jogador do Ano do *USA Today*. Ele foi selecionado pelos St. Louis Cardinals e recebeu um bônus de 2,5 milhões de dólares ao assinar o contrato. Em 1999, com 20 anos, fez sua estreia na liga principal, jogando sua primeira temporada inteira em 2000. Ele teve um ano incrível, causando 194 *strike outs* (apesar de também ter perdido 90 bases por bolas – as duas estatísticas estavam entre as top 10 da temporada). Ankiel ficou em segundo lugar para o prêmio de Novato do Ano da Liga Nacional de 2000, 18 anos após Steve Sax.

O técnico dos Cardinals, Tony La Russa, decidiu que o novato Ankiel começaria em campo no primeiro jogo das eliminatórias contra os Cubs, escolhendo-o no lugar do seu lançador principal, Darryl Kyle, que já havia vencido 20 jogos. Ankiel estava indo bem até que, no terceiro *inning*, fez um arremesso descontrolado que passou pelo receptor e bateu na cerca. (Esse tipo de lance penaliza o lançador quando a bola vai alto, baixo ou longe demais, sem que o receptor consiga controlá-la com esforço normal, e um corredor avança). Alguns lances depois, ele fez a mesma coisa. E então fez de novo. Alguns dos lançamentos foram tão distantes que a luva do receptor nem tocou na bola. La Russa o tirou do jogo. Mesmo com os lances descontrolados de Ankiel, os Cardinals venceram as eliminatórias e enfrentaram os New York Mets pelo título do Campeonato da Liga Nacional.

Dias depois, La Russa começou com Ankiel no segundo jogo da série contra os Mets. Após duas bases por bola e mais lances descontrolados logo no início, Ankiel foi novamente substituído. Vários dias depois, com a temporada prestes a acabar e em uma partida desastrosa, La Russa deu outra chance para Ankiel tentar terminar a temporada de um jeito positivo. Ele teve dificuldade de novo. Para ele, aquele foi o começo do fim.

Ankiel acordava no meio da noite com pesadelos em que não conseguia lançar a bola. Na temporada seguinte, antes do primeiro jogo, tomou vodca para tentar amenizar sua intensa ansiedade. Não demorou muito para ser transferido para a liga inferior, onde passou quatro anos difíceis; então conseguiu retornar para a liga principal, apenas para voltar a encarar o mesmo problema. Ele estava cansado. Pediu demissão.

O agente de Ankiel o convenceu a trocar de posição e recomeçar como defensor externo. Incrivelmente, ele conseguiu voltar para a liga principal na nova posição, tendo um controle perfeito, fazendo lançamentos de mais de 90 metros com uma precisão impressionante. Ankiel é o único jogador na história da liga principal (além de um cara chamado Babe Ruth) a já ter feito pelo menos 75 *home runs* e causar pelo menos 200 *strike outs*.

Ankiel explica como se sentiu após a fatídica partida nas eliminatórias em que um lance descontrolado se transformou em um monstro:

> Eu tinha uma sensação esmagadora de que havia deixado todos na mão... meus colegas de time, os treinadores, os torcedores, minha família, a organização Cardinal e todo mundo que tinha crescido comigo. Não conseguir ser o lançador que eu era me deixou muito abalado. Cometi o erro de achar que ser bom no beisebol era minha identidade. Quando o vidro se espatifou, não restou mais nada. Fui pego de surpresa, e todo mundo estava vendo. Nunca levei uma mordida de cachorro, mas tenho certeza de que, quando isso acontece, sempre que você estica a mão para fazer carinho em um cachorro, vem uma sensação que diz *esse bicho pode me morder*. Era assim que eu me sentia em campo. Era um peso enorme nas minhas costas. Eu sentia solidão, desespero, coisas que não desejaria para ninguém.[6]

Vamos fazer uma revisão rápida. Agora entendemos que o inconsciente está sempre trabalhando para nos proteger e que ele funciona perfeitamente quando temos um bloqueio mental ou o tal YIPS. Também sabemos que o inconsciente funciona de acordo com os conhecimentos de que dispõe. No caso de Sax, a mente acreditava que jogar a bola para a primeira base oferecia um perigo real; no caso de Ankiel, ela achava que fazer lançamentos na liga principal era o que oferecia perigo. Sempre que esses atletas pensavam ou tentavam executar a atividade que seu inconsciente considerava perigosa, a mente fazia seu trabalho e os impedia.

Então como resolver esse problema? Devemos atualizar o inconsciente com a verdade e oferecer a ele uma nova crença sobre a situação. A verdade para Sax seria que jogar a bola para a primeira base não era um perigo que precisava ser monitorado e protegido. A verdade para Ankiel era que fazer lançamentos na liga principal não era um problema para o qual ele precisava de proteção.

Talvez você esteja questionando como o inconsciente deles passou a acreditar nessas coisas a ponto de sentir a necessidade de alertá-los com ansiedade e medo. Essa é uma boa pergunta. Mas a verdade é que o inconsciente de Sax não se importava se ele fazia um lançamento perfeito até a primeira base ou não, assim como o de Ankiel não se importava se ele lançava a bola no alvo ou se a jogava 3 metros acima da cabeça do rebatedor. Nos dois casos, o inconsciente do atleta só queria protegê-lo do perigo – ou da sensação de perigo – com base nas informações de que dispunha no momento. O inconsciente está o tempo todo analisando nossos arredores e emoções, procurando algum perigo e tentando entender se precisa nos proteger de algo novo. Quanto mais esses atletas analisavam e se preocupavam com o problema, mais o inconsciente acreditava que a atividade era realmente perigosa.

Se Sax e Ankiel nunca tivessem se preocupado com a maneira como jogavam a bola, seu inconsciente também não se preocuparia. O mesmo vale para o golfe ou o tênis. O inconsciente não se importa se erramos uma tacada fácil ou se cometemos dupla falta três vezes seguidas. No entanto, ele se importa em nos proteger do constrangimento e do trauma emocional. Ironicamente, para nos proteger dessas coisas, ele acaba gerando mais ansiedade e trauma.

Como acabar com bloqueios mentais e fobias

Quando sua mentalidade busca aumentar seu nível de excelência, aprendendo e crescendo para elevar o nível dos outros também, você está muito menos propenso a desenvolver bloqueios mentais.

Sempre que começo a trabalhar com um novo atleta profissional ou executivo, costumamos iniciar com um retiro de três dias, em que compartilho os elementos básicos da mentalidade da *Excelência Interior* e os princípios que explico aqui. Em nossos primeiros dias juntos, removemos a dor das lembranças mais dolorosas, assim como quaisquer bloqueios mentais, medos ou traumas. Isso é importante e pode mudar radicalmente ou até salvar a carreira de um atleta ou executivo.

Quando falo de traumas, me refiro a qualquer coisa desde momentos constrangedores na escola até questões extremamente graves, como abuso e agressões. Ao removermos os traumas, não mudamos nem esquecemos o que aconteceu. Nós (eu e o cliente) apenas reprogramamos o modo como o inconsciente processa o evento, para que ele deixe de ser doloroso. O que muda não é o acontecimento, mas o sofrimento associado a ele (porque o inconsciente sai do modo de autoproteção).

Nós encontramos as memórias mais dolorosas da vida da pessoa (por mais desagradável que isso pareça, é algo que costuma mudar vidas) e as reprogramamos. Peço que a dor seja vivenciada novamente – só por um instante, para entendermos seu nível – e classificada em uma escala de 1 a 10, com 10 sendo a pior dor possível. Estamos em busca das notas 9 e 10. Quando estamos vivendo com notas 9 e 10 por aí (e é impossível chegar à vida adulta sem algumas experiências traumáticas), então com certeza lidamos com limitações que podemos nunca ter percebido.

Depois de encontrar as experiências mais traumáticas, trabalhamos com o inconsciente para remover bloqueios mentais, medos, fobias ou traumas – *para sempre*. Isso pode parecer muito extraordinário; talvez seja por isso que clientes da *Excelência Interior* no mundo todo alcançam resultados extraordinários.

Após trabalhar para remover a dor da situação, revivemos a lembrança por um instante, exatamente como ela aconteceu, para nos certificarmos de que passou (peço que deem outra nota a ela – dessa vez, queremos um valor mais próximo de zero). Se ela não tiver desaparecido totalmente ou quase por completo, continuamos trabalhando para chegar a esse ponto. (Observação: durante o trabalho, não entramos em detalhes sobre a lembrança dolorosa – na verdade, nenhum detalhe é compartilhado. Apenas reprogramamos a maneira como o inconsciente encara o evento, gerando uma nova crença no processo.)

Os princípios envolvidos na remoção de bloqueios mentais, e em todas as outras dificuldades mentais que temos no dia a dia, são bem simples:

1. Remover a emoção do evento.

2. Encontrar a menor mudança possível que possa fazer uma diferença na situação.
3. Acrescentar um sentimento positivo, de alta energia – assim como a pequena mudança –, no contexto do bloqueio mental.
4. Ancorar esse sentimento positivo no contexto doloroso original, gerando uma nova associação empoderadora (e uma nova crença).

Vamos investigar como realizar esses passos, um por um. (Observação: é um processo que requer bastante envolvimento. Então, se você não estiver pronto para fazer o trabalho, pode pular para a página 214, "Liberdade para atletas de elite".)

Como remover a emoção de uma lembrança dolorosa

A melhor maneira de remover emoções de uma lembrança é nos distanciando do evento, enxergando-o sob a perspectiva de um observador. Isso se chama "ver a memória em terceira pessoa", assumindo um ponto de vista externo para observar o acontecimento. É como a visão que teria uma pessoa que passasse por ali. A perspectiva em primeira pessoa é a que temos ao vivenciar a situação de fato.

Se pensarmos nos erros de lançamento de Sax, a visão em primeira pessoa é vivenciada pelos olhos dele. Dessa perspectiva, ele deve ter se sentido ansioso e inibido. A visão em terceira pessoa o veria a partir do campo, da arquibancada ou pela televisão. Em geral, quanto mais distante for o ponto de vista, menos intensa será a emoção. Um torcedor casual assistindo ao jogo na televisão poderia achar os erros de Sax interessantes ou chatos, dependendo de quem fosse. Há exceções: para a mãe de Sax, a posição em terceira pessoa ao vê-lo pela televisão poderia lhe dar a impressão de que era *ela* quem lançava a bola (isto é, uma visão em primeira pessoa). Para reduzir o impacto emocional do evento para Sax, sua mãe ou qualquer um de nós precisamos afastar nossa perspectiva da ação.

Uma técnica para fazer isso é se imaginar flutuando para fora do corpo, rumo ao céu, como um balão. Enquanto decolamos, nos enxergamos no chão, com todos os nossos problemas e preocupações lá embaixo. Quanto mais alto subimos, mais enxergamos o resto do mundo e menores nossos problemas se tornam.

Outra maneira de remover a emoção de um problema ou de um evento doloroso é fechar os olhos e observar os eventos como um filme em preto e branco. Aqui vai o que fazer:

A ajuda de Hollywood: A visualização em modo cinema

(Uma ferramenta para remover a emoção de lembranças ou erros dolorosos e parar de carregá-los com você.)[7]

Observação: Talvez seja mais fácil pedir a alguém que leia as instruções enquanto você faz os exercícios a seguir ou passar para o audiolivro. Você também pode gravar as instruções e seguir o áudio no seu ritmo.

1. Feche os olhos e imagine um cinema. Qualquer cinema serve.
2. Veja a si mesmo entrando no cinema. Imagine que há uma imagem sua, em preto e branco, na telona. Escolha uma poltrona no cinema vazio, sente-se e então flutue para fora do seu corpo, para cima e para trás, até a sala de projeção.
3. Quando estiver na sala, parado ao lado do projetor, toque o vidro com as duas mãos e sinta como ele é frio. Olhe para baixo e veja a si mesmo sentado no cinema vazio, olhando para sua imagem na tela.
4. Depois de fazer isso, ligue o projetor. Imagine o filme em preto e branco, talvez até tremeluzindo, como acontece com filmes antigos. Ele mostrará uma gravação do evento do qual queremos remover as emoções. Depois que o projetor for ligado, fique atrás do vidro frio, observando seu corpo no cinema, assistindo ao filme que se desenrola na tela.
5. Após assistir ao filme, acelere-o e assista de novo – duas vezes mais rápido, depois quatro vezes mais rápido, então oito vezes mais rápido, sempre assistindo por trás do vidro, na sala de projeção.
6. Após assistir ao filme em uma velocidade oito vezes mais rápida do que a original, flutue de volta para seu corpo, aproxime-se do filme e se coloque *dentro* dele (em primeira pessoa) no final do evento. Então, quando estiver pronto, passe o filme de trás para a frente a uma velocidade duas vezes mais rápida, dessa vez vivenciando-o em primeira pessoa. Ainda

de trás para a frente, passe o filme outras três vezes, cada vez acelerando mais (quatro vezes, oito vezes e dezesseis vezes mais rápido).

Encontre a menor mudança

Com frequência, em nossas lembranças dolorosas, poderíamos ter feito algo de outra maneira que causaria muita diferença. Talvez Sax tivesse ligado para o pai e tido aquela conversa de imediato em vez de esperar meses para fazer isso. Talvez, depois do primeiro lance descontrolado, Ankiel tivesse pedido um tempo e conversado um pouco com o receptor, e os dois houvessem falado sobre uma ocasião em que ele lançara com extrema precisão, permitindo-lhe visualizar a situação. Não precisa ser uma solução perfeita, apenas algo com o potencial de fazer o inconsciente se desligar da dor ou de sua necessidade de protegê-lo.

Quando o inconsciente não sabe como resolver um problema doloroso, podemos permanecer presos à dor ou ao medo para não nos esquecermos de lidar com ele. Se não oferecermos uma solução que permita ao inconsciente resolver essa situação, ele continuará preso.

(Observação: No caso de abuso ou de outro trauma grave, talvez não exista uma pequena mudança possível e um trabalho maior seja necessário. Parte desse trabalho costuma envolver se colocar no lugar do abusador, sentir o medo e a dor que ele sentiu ao cometer esse ato terrível. Fazer isso não é uma forma de justificar o abuso, mas apenas de ajudar a pessoa que sofreu com ele [talvez você mesmo] a entender como alguém seria capaz de fazer algo tão terrível por medo e dor, gerando, assim, um distanciamento da experiência.)

Acrescente à lembrança um sentimento positivo, de alta energia, e a pequena mudança

Depois de remover a emoção da lembrança e visualizar a pequena mudança, queremos criar uma nova via neural para o inconsciente enxergar o problema. Queremos criar uma nova associação – como o sino dos cães de Pavlov – que seja empoderadora.

Uma maneira de fazer isso é reunindo recursos para criar uma nova memória já reparada. Lembre que o inconsciente não consegue diferenciar o que sentimos do que é realidade. Basta pensar no último pesadelo que você (ou talvez seu filho) teve – ele com certeza parecia real. Usando esse conhecimento, conseguimos curar a lembrança, oferecendo a ela a energia exata que você gostaria de ter tido na situação. Podemos fazer isso de duas maneiras: nos lembrando de um momento em que tivemos a energia que queremos ou criando essa energia por conta própria.

Digamos, por exemplo, que Ankiel se sentisse ansioso e com medo sempre que pensasse em fazer um lançamento em um jogo da liga principal. Vamos partir do princípio de que ele iria preferir se sentir calmo e confiante. Um passo que ele poderia dar para fazer essa mudança seria primeiro recordar alguma ocasião em que se sentiu calmo e confiante, então ancorar essa lembrança (veja o Capítulo 6 para uma discussão mais detalhada sobre âncoras). Então, trabalhando com a visualização básica no cinema, ele acrescentaria essa sensação de calma e confiança à filmagem de si mesmo no primeiro jogo das eliminatórias. Dessa vez, na quarta etapa (veja a seguir), em vez de se distanciar da situação, ele mergulharia nela em primeira pessoa, com os novos sentimentos empoderadores que acabou de ancorar.

Para gravar esses sentimentos poderosos na lembrança dolorosa, ele precisaria despertar o sentimento, acrescentar a pequena mudança para tornar a experiência positiva e voltar a vivenciar o evento com o novo sentimento (em primeira pessoa) entre cinco e sete vezes. Aqui vai o que fazer:

Acrescente e ancore sentimentos positivos (nesse caso, calma e confiança)

1. Lembre-se de um momento em que você se sentiu calmo e confiante. Analise todos os seus sentidos para voltar a essa experiência, para recuperar a sensação exata desse momento. Recorde-se de tudo que viu, de todos os cheiros e sons, gostos e/ou toques que o ajudem a recuperar a lembrança e acessar essas sensações.
2. Quando alcançar a sensação boa, observe em que parte do corpo você sente a calma e a confiança. Concentre-se nessa parte e peça ao seu inconsciente para lembrar de outra ocasião em que você se sentiu assim. Pode ter sido em qualquer momento da sua vida. Faça com os seus sentidos o mesmo que fez com a memória anterior. Repita o processo mais uma vez para recuperar uma terceira lembrança de calma e confiança.

3. Depois de analisar três memórias e sentimentos positivos até conseguir recuperar a sensação desejada (calma e confiança), leve essas memórias para a situação em que você deseja se sentir calmo e confiante.
4. Volte ao filme em preto e branco no qual você deseja introduzir essa nova sensação. Dessa vez você entrará no filme em primeira pessoa (de forma a vivenciá-lo, não assistir), levando junto a sensação das lembranças confiantes (as três encontradas acima), assim como a pequena mudança. O filme começará exatamente como o filme em preto e branco original a que você assistiu, mas dessa vez será colorido, com a pequena mudança pronta para ser implementada e a boa energia das suas lembranças positivas.
5. Assista ao filme cinco a sete vezes, com as quatro mudanças (colorido, em primeira pessoa, com a pequena mudança, com sentimentos de calma e confiança).

Em geral, se tudo for feito da maneira correta, isso será suficiente para tornar a mudança permanente. O inconsciente sempre aceitará o novo sentimento associado à lembrança dolorosa e deixará o sofrimento para trás se apresentarmos a ele uma nova crença e uma solução que tenha uma conexão mais forte.

O outro método para levar a energia do alto rendimento para uma lembrança é criar sua própria. Por exemplo, Ankiel criava a sensação de calma e confiança por meio de um exercício de meditação e visualização, como explico a seguir. Tente fazer essa transferência de energia:

AAR (Âncora do Alto Rendimento)

1. Escolha um lugar no chão para deixar a lembrança dolorosa.
   a. Imagine uma lembrança dolorosa ou um problema à sua frente, em um ponto fisicamente próximo, num raio de 3 a 6 metros. Depois de fazer isso e ver a memória nesse espaço à sua frente, aproxime-se e entre nela. Ao pisar no lugar em que a colocou, você sai da perspectiva em terceira pessoa e passa para a primeira pessoa. Isso deve tornar a sensação dolorosa mais forte e/ou mais vívida. É como limpar uma ferida – precisamos expô-la primeiro para depois curá-la.

2. Distancie-se dela.
   a. Agora dê um passo para fora da lembrança dolorosa. Afaste-se do lugar no chão em que você a imaginou. Sacuda o corpo e pule um pouco para removê-la de você.

3. Entre em um estado de alto rendimento (totalmente engajado de coração, mente e corpo).
   a. Volte para o lugar onde você estava no começo, talvez a 3 ou 6 metros do ponto onde imaginou a memória. Crie a energia de alto rendimento dentro de você usando uma ferramenta de centramento ou meditação, talvez se concentrando em uma imagem/lembrança positiva.
   b. Você pode usar a técnica da *contagem regressiva da respiração*: Inspire devagar pelo nariz, contando de trás para a frente de dez até sete, faça uma pausa, depois solte o ar contando de seis até um. Faça isso por um ou dois minutos, até você se sentir calmo e relaxado.

4. Volte para a lembrança dolorosa com a energia boa.
   a. Após entrar nesse estado meditativo calmo e claro, comece a se aproximar do ponto onde você deixou a lembrança dolorosa. Vá com calma. Concentre-se na respiração. Só comece a andar quando sua respiração estiver calma, relaxada e ritmada. Se isso não acontecer, pare e respire até recuperar a calma. Então, no seu ritmo, quando estiver pronto, pise no ponto da memória. Agora você levará uma nova energia positiva para ela.
   b. Olhe ao redor e vivencie a situação passada e dolorosa com essa nova energia. Dê uma volta para observar a situação por todos os ângulos, sentindo essa nova energia positiva o tempo todo. Permaneça nesse lugar, sentindo a energia boa na situação problemática, por uns três a quatro minutos. Depois que enxergar a situação problemática por todos os ângulos e se sentir bem sobre ela, se afaste.

Ancore o sentimento positivo

Com um bloqueio mental, o inconsciente entra no modo de autoproteção e ancora um sentimento negativo (que causa o bloqueio) na ação que queremos realizar. Para remover o bloqueio, portanto, precisamos reduzir a emoção (o ideal é removê-la por completo), acrescentar a pequena mudança que teria ajudado (se possível), então sentir os sentimentos que preferimos e ancorá-los no problema.

Talvez você ache que isso parece fácil demais, que não existe a menor possibilidade de o processo remover a dor para sempre. Eu também não acreditava no começo, mas tenho onze anos de experiência removendo bloqueios mentais e memórias dolorosas, e sempre fico fascinado ao observar o processo. Depois que aprendemos como a mente inconsciente funciona, nos tornamos muito poderosos. Pode ser necessário alguma prática para entendermos o processo, mas, agora que sabemos que essas coisas podem ser curadas – às vezes em apenas uma sessão – e que a cura pode durar para sempre, é como se um peso saísse de nossas costas.

Independentemente de reunirmos boas lembranças (e os sentimentos associados a elas) e usá-las para substituir nossas dores ou de trocar sentimentos indesejados com o método AAR, o objetivo é criar uma nova via neural/associação para o inconsciente usar. Parece bom demais para ser verdade.

De fato, algumas das pessoas que lerem isso pensarão assim, e tudo bem. Você pode acreditar no que quiser. Só estou dizendo que esses são métodos muito eficazes que podem mudar sua vida, como já mudaram a de muita gente.

Liberdade para atletas de elite

Um dos meus clientes golfistas (um dos dez melhores do mundo), acertou a bola na água em um buraco par 3 no primeiro dia do torneio. Pedi que ele avaliasse seu nível de confiança ao se imaginar jogando o mesmo buraco no dia seguinte. Ele disse: "Muito baixa – vejo a bola acertando a água." Nós passamos uns 15 minutos ao telefone, usando um método parecido com os que acabei de ensinar; ele passou o restante do torneio jogando com maestria nesse buraco (*birdies* e pares).

Outro cliente golfista participaria do torneio Masters e, na véspera do evento, perguntei se havia algum buraco que o deixava desconfortável ou inseguro. Ele disse que sim, então passamos uns 20 minutos trabalhando esses buracos. Ele os concluiu com *birdies* e pares por todo o torneio e terminou entre os dez primeiros.

Um dos melhores jogadores do mundo foi vítima de maus-tratos físicos na infância (algo que ele compartilhou publicamente). Nós passamos o dia trabalhando em seu passado e encontramos as quatro ou cinco lembranças mais dolorosas da sua vida, cada uma com nota 8, 9 ou 10 em uma escala em que 10 era a mais dolorosa. Após trabalharmos cada memória dolorosa para remover sua força opressora – e qualquer bloqueio mental que ela pudesse causar –, ele deu nota 0, 1 ou 2 para todas. Foi um trabalho intenso, mas valeu a pena. Ele se classificou como primeiro do mundo seis meses depois.

Não importa se é o medo de lançar uma bola ruim, de não conseguir jogá-la até a primeira base ou de lançar a bola de golfe na água, o problema é sempre o mesmo. O inconsciente associou uma emoção negativa intensa ao evento e se ancorou nela. Se você souber como se livrar da âncora ou – melhor ainda – ancorar um sentimento positivo no lugar do negativo, todos os tipos de situações que o bloquearam no passado deixarão de assustá-lo ou atrapalhá-lo.

Últimas observações sobre bloqueios mentais

Para a maioria das pessoas, o inconsciente funciona principalmente por meio de dois elementos: imagens e sentimentos (para algumas pessoas, palavras e sons são igualmente importantes). Se somássemos todas as imagens que vimos em nossa mente e os sentimentos que tivemos hoje, teríamos uma boa ideia do rumo que nossa vida está tomando. Ankiel e Sax diariamente tinham imagens e sentimentos associados com o exato oposto do que queriam. O inconsciente, no entanto, não se importa com o que queremos, apenas com as informações de que dispõe e como elas se associam às nossas crenças. Se estivermos o tempo todo vendo imagens do que queremos (ou não queremos) e tendo os sentimentos que queremos (ou não queremos), o inconsciente trabalhará para criar esses resultados.

Lembre que as imagens e os sentimentos que vemos e sentimos indicam a direção em que estamos seguindo – e *tais imagens e sentimentos são resul-*

tado dos nossos pensamentos. Por isso é importante entender o que fazemos com nossos pensamentos e como os direcionamos, porque, quando essas direções são constantemente repetidas, elas se tornam crenças. E são as crenças que diferenciam os melhores dos demais. Crenças são a causa tanto de bloqueios mentais quanto da resistência mental.

A esta altura, você provavelmente está percebendo que, para maximizar seu potencial em qualquer profissão e limitar sua propensão a sofrer bloqueios mentais, é preciso passar por um treinamento completo: de coração, mente e corpo. Para ter um desempenho extraordinário por um longo período de tempo, devemos nos desenvolver como pessoas – nos tornando alguém que abraça as adversidades, tem uma consciência livre de inibições e abre mão do interesse próprio em nome de um propósito maior que nós mesmos. Aqui vão algumas perguntas que nos ajudam a proteger o coração contra bloqueios mentais:

- Você está disposto a ficar desconfortável?
- Está disposto a parecer bobo e a rir da própria bobeira?
- Está disposto a fracassar?
- Está disposto a encarar a sensação de fracasso ou até o pânico?
- Você tem um propósito além do sucesso na sua profissão?

Uma pessoa com desempenho extraordinário e uma vida gratificante se concentra na jornada, não no ponto de chegada. E, se prestarmos atenção e enxergarmos com clareza ao longo do caminho, a vida nos ensina lições sobre como passar pelos bloqueios mentais que podemos encontrar. Se pudermos abandonar a inibição e o apego ao passado e ao futuro, seremos capazes de fazer coisas extraordinárias. Nós nos tornaremos imbatíveis.

PONTOS PRINCIPAIS

- Você segue na direção do que pensa. Bloqueios mentais ganham força devido aos pensamentos constantes sobre o que você não quer.

- Crenças são o termostato da vida, estabelecendo limites ao redor de quem você se torna e do que conquista. Esses limites são extremamente impactados por bloqueios mentais e crenças limitantes resultantes de traumas, momentos de constrangimento e da necessidade do ego de se proteger.

- A maioria das pessoas – inclusive atletas profissionais e olímpicos – passa a vida inteira sem saber que tem bloqueios mentais (inconscientes), ou, quando sabe, não tem a menor ideia de que eles podem ser eliminados, com frequência na primeira tentativa.

- O inconsciente tem três papéis principais:
  1. Proteger você de perigos emocionais e físicos.
  2. Deixar a vida rolar no fundo para você não ter que pensar em tudo que faz.
  3. Alinhar circunstâncias e resultados com suas crenças.

- Os bloqueios mentais e as fobias são comuns e não são defeitos da mente – na verdade, são o oposto. Eles representam uma mente com funcionamento perfeito; toda vez que o contexto aparece, o bloqueio mental surge. É uma mente impecável.

- Bloqueios mentais podem ser assustadores se não entendermos o que está acontecendo. Esses obstáculos podem ser removidos para sempre, permitindo que você performe com liberdade e confiança.

PERGUNTAS E ATIVIDADES EXTRAS

- A pessoa mais fácil de enganar é você mesmo. Pergunte a várias pessoas que o conhecem bem (e que serão sinceras) quais são os bloqueios mentais que você pode ter e não perceber, em qualquer área da sua vida.

- Visualize seus maiores objetivos e sonhos como se eles já tivessem sido realizados. Tente sentir como se fossem reais. Algum elemento que acompanha essa conquista pode ser desconfortável ou indesejável? Se for o caso, pode haver algum bloqueio mental que você não esteja percebendo.

- Analise o histórico de sua carreira e/ou vida. Houve algum padrão de lesões, doenças ou qualquer coisa que o tenha repetidamente impedido de alcançar o sucesso com que sonha? Pode haver um bloqueio mental que precisa ser enfrentado.

10

O HERÓI E O BODE EXPIATÓRIO

Como manter o equilíbrio sob pressão

Encontre um lugar dentro de si em que o sucesso e o fracasso não importem, um lugar em que você possa travar batalhas sem compromisso.[1]

– Jim Steen, treinador de natação da Faculdade Kenyon, vencedor de 31 campeonatos nacionais consecutivos

Noventa segundos antes de bater na água, Chesley Sullenberger fez um anúncio aos passageiros e à tripulação: "Preparem-se para o impacto."[2] Quando o voo 1549 da U.S. Airways perdeu completamente a propulsão, o ex-piloto de caças disse que teve "a pior sensação nauseante, de estômago embrulhado, de perder o chão" que já havia sentido na vida.

O capitão Sullenberger ("Sully") tinha três minutos e meio para dar conta de algo que poucos pilotos da aviação comercial tinham conseguido fazer com sucesso. Pousos de aviões no mar causaram muitas fatalidades (por exemplo, o voo 906 da Ethiopian Airlines, que aterrissou no oceano Índico em 1996, matando a maior parte das pessoas a bordo). Enquanto Sully repassava tudo que precisava ser feito para sobreviverem – tocar a superfície em um ritmo de descida pouco acima da velocidade mínima de voo, mas não abaixo dela, manter as asas retas e o nariz levemente para cima, tudo ao mesmo tempo –, ele notou que seu foco era absoluto. "Não pensei em mais nada", disse Sully após pousar em segurança no rio Hudson na manhã de 15 de janeiro de 2009. Apesar da pressão das 155 vidas que estavam em suas mãos numa situação com alta probabilidade de morte, ele disse: "Eu tinha certeza de que conseguiria. Minha reação fisiológica foi intensa, e tive que me obrigar a usar meu treinamento para manter a calma na situação. Não foi difícil, só precisei me concentrar um pouco."

Sullenberger foi destemido em um momento de crise. E o resto de nós? Isso é algo que podemos aprender? A esta altura, é bem provável que você já saiba a resposta. Ter um desempenho extraordinário sob pressão é algo que podemos aprender, como o próprio Sully aprendeu.

A pressão surge quando a recompensa é importante mas o resultado é incerto, levando a mente a pular para o futuro, onde o medo habita. A pressão também oferece a situação que atletas de elite buscam: arriscar o fracasso pela chance de se sentirem incrivelmente vivos, competindo em um esporte que amam e para o qual têm talento. Essa é a essência da competição – ser desafiado em algo em que possamos usar nossos talentos sem saber qual será o resultado. A pressão é a recompensa oferecida àqueles que buscam a excelência.

Neste capítulo, falaremos sobre pressão e presença, crença e resistência mental, e como a ressonância é o estado ideal para o alto rendimento sob pressão. Vamos esclarecer alguns termos primeiro:

- **Crença:** uma ideia que o inconsciente toma como verdade sobre quem somos e o que podemos ou não conquistar.
- **Presença:** ter uma mente livre de confusão e um coração leve.
- **Bode expiatório:** a pessoa que leva a culpa pela derrota.

A Wikipédia diz que, na música, a ressonância acontece quando cordas começam a vibrar e produzir sons *sem estímulo direto do músico*. Em outras palavras, as cordas não fazem nada sozinhas, mas são estimuladas pela frequência ao seu redor. Esse tipo de estímulo sem esforço (*ressonância*) é a fonte do desempenho extraordinário sob pressão.

Antes de falarmos sobre como ter um desempenho elegante e equilibrado sob pressão, vamos analisar os elementos do desempenho:

1. As circunstâncias em torno da situação.
2. Suas crenças sobre sua capacidade de ter o desempenho que deseja.
3. Seus pensamentos (antes, durante e após a performance).
4. Seu estado (como você se sente antes, durante e depois da performance).
5. Seu desempenho.
6. Seus resultados.

Não importa se você está negociando um contrato do qual depende sua carreira, ou está prestes a executar sua primeira cirurgia no cérebro, ou mesmo jogando tênis: esses elementos do desempenho sempre se aplicam.

Para termos equilíbrio sob pressão é necessário ter todos esses elementos em ordem para não ficarmos pensando nos resultados – eles surgem por conta própria. Os três mais importantes – crenças, pensamentos e estado – são invisíveis. São esses elementos no seu coração e na sua mente que mais afetam seu desempenho e sua vida.

Em outras palavras, o alto rendimento resulta quase completamente do que não pode ser visto pelos olhos: *as crenças* que temos ao iniciar a performance, junto com os *padrões de pensamento predominantes* que criaram *o estado* em que você está na hora de começar (e, é claro, durante a performance em si).

Talvez você lembre que, segundo os pressupostos no começo do livro, a qualidade do nosso desempenho se baseia em três elementos: a crença sobre quem somos e o que é possível para nós; a habilidade de estarmos completamente presentes (engajados por completo no momento, de coração, mente e corpo); e a liberdade para brincar como uma criança.

As crenças afetam diretamente todas as áreas de nossa vida. Por isso é importante deixar o capítulo sobre crenças marcado. Como já falamos sobre elas, passaremos este capítulo tratando do desempenho em si – como agir com liberdade e presença, completamente presente no momento.

A essência da ressonância

Você não gostaria de ser o patinador que vence a prata, mas fica empolgadíssimo com os três saltos triplos que o medalhista de ouro executou? Amar a façanha como ama o nascer do sol? Simplesmente amar o fato de ter sido feito sem se importar se foi um sucesso seu ou do outro? Ficar feliz pelo que o outro fez como se fosse você quem tivesse feito – simplesmente ficar feliz por ver isso acontecer?[3]

– Dr. Timothy Keller, *Ego transformado*

A ressonância é a liberdade e a paixão que surgem quando estamos completamente presentes e em sintonia, nos alimentando da energia – e das potenciais adversidades – que o desempenho sob pressão pode trazer. Atletas, artistas e pessoas bem-sucedidas descrevem suas melhores performances usando palavras como fácil, tranquilo, focado, percepção ampliada e harmonia. Todos esses termos ilustram a sensação de estar completamente presente. A ressonância é mais fácil de encontrar para aqueles que almejam a excelência acima do sucesso (o sucesso é sempre uma consequência), maestria acima do ego e amor acima do medo; isso permite que essas pessoas se envolvam por completo, de coração, mente e corpo. Nesse estado, elas abraçam cada parte do desempenho, até as mais difíceis ou dolorosas, sabendo que tudo está incluído no mesmo pacote.

O desempenho extraordinário é um tipo de experiência em que a pessoa se perde no momento (talvez seja melhor dizer que ela se encontra no momento – completamente viva). Experiências incríveis acontecem quando deixamos todos os julgamentos de lado e vibramos com energia positiva e poderosa.

A base para ter energia positiva e poderosa sob pressão é uma mentalidade empoderadora. Se apenas almejamos um troféu ou uma promoção, a pressão pode se tornar imensa, porque boa parte do que envolve esse resultado está fora do nosso controle. Entretanto, se nos concentramos em elevar o nível de excelência em nossa vida, em aprender e crescer para elevar o nível dos outros, teremos uma base incrível para a resistência mental e a ressonância. Elevar o nível de excelência na nossa vida é elevar o nível de amor, sabedoria e coragem – viver de coração inteiro e com integridade (ser completo).

Quando nosso objetivo é viver de forma incondicional, de coração inteiro, independentemente de estarmos tocando um concerto para violino ou no ringue para uma luta de MMA, a verdade é que estamos competindo para nos desenvolvermos. Quando vivemos assim, desejamos ser um oponente digno, alguém digno dos próprios sofrimentos, alguém que corajosamente encara todos os desafios da vida com honra e integridade.

Essa busca é uma batalha bem mais empoderadora do que simplesmente tentar vencer um torneio ou alcançar nosso melhor desempenho. É uma batalha sobre a qual temos muito mais controle e que rende muito mais frutos. Também é uma batalha que nos dá mais liberdade para seguir nossas rotinas e estar completamente presentes, sem nos apegarmos aos resultados do desempenho.

A maioria das pessoas quer tanto alcançar o sucesso porque acredita que isso vai melhorar a vida delas. Mas essa ideia não faz sentido. O que melhora a vida é o desejo de ser completo, não de vencer. É só então que encontramos a plenitude da vida e conseguimos competir com confiança e coragem.

O objetivo:

- Aprender e crescer para se tornar um oponente digno, alguém que desperte a excelência nos outros.
- Aprender a ser digno dos seus sofrimentos e de compartilhar a excelência – e o momento – com os outros.

Vejamos o mantra de *O grande desafio* (2007). O filme é baseado na história real da equipe de debates de uma faculdade só para alunos negros na década de 1930 que venceu as melhores faculdades de alunos brancos dos Estados Unidos:

> Treinador: Quem é o juiz?
> Equipe: O juiz é Deus.
> Treinador: Por que ele é Deus?
> Equipe: Porque ele decide quem vence e quem perde, não meu oponente.
> Treinador: Quem é seu oponente?

Equipe: Ele não existe.

Treinador: Por que ele não existe?

Equipe: Porque ele é apenas uma voz que discorda da verdade que eu falo.

Treinador: Falem a verdade.

Quando conseguimos abrir mão do ego e dos apegos, tudo é possível. Podemos viver a verdade. A adversidade se torna uma ajuda; nos tornamos livres para receber a abundância. Para realizarmos grandes feitos e ter uma vida extraordinária, devemos ser bons receptores. Não vamos conseguir dar conta de toda a abundância que nascemos para receber se ficarmos apegados aos pirulitos pequenos. Precisamos abandoná-los para alcançar os pirulitos maiores. Não seja a criança ignorante que quer continuar brincando com a lama na sarjeta porque não consegue imaginar como seria passar as férias na praia. A loja de doces inteira está esperando por você. Acredite e receba.

Não, não vou arrasar nesta semana

O Aberto Britânico de Golfe de 2009 foi especial. Tom Watson, o golfista de 59 anos membro do Hall da Fama, parecia prestes a bater o recorde de vencedor mais velho da história dos grandes campeonatos. Porém ele marcou um *bogey* no 72º e último buraco do campeonato e deparou com um oponente inesperado em uma eliminatória de quatro buracos, Stewart Cink, que nunca havia ganhado nenhum dos torneios principais. Cink não tinha conseguido se classificar para o último campeonato e, na semana anterior, na Irlanda, não tinha ficado abaixo do par em nenhuma das rodadas. Ele só havia chegado à Escócia na tarde de terça-feira (dois dias antes do campeonato) e, na noite de quarta, tinha sido questionado pelo narrador de golfe Mike Turico se ia "arrasar" naquela semana. Cink respondeu: "Não, não vou arrasar."[4]

O que Cink não tinha era medo. Com frequência, não temos medo de fracassar, mas da *sensação do fracasso*. O que as pessoas vão pensar? Vou passar vergonha? Ele não tinha esse medo – não naquela semana, de toda forma. Ele também não tinha muita confiança, já que não estava jogando tão bem assim. Em uma tacada durante o evento, tinha errado completamente a bola. Isso poderia ser motivo de estresse ou constrangimento no passado, mas ele simplesmente deu de ombros e tentou de novo (a bola estava no alto da grama e ele bateu embaixo dela, fazendo-a cair no chão sem ir a lugar algum).

Então como Cink venceu? Em grande parte, porque se sentia grato por estar ali. Ele não tinha medo de passar constrangimento fazendo tacadas ruins ou errando um buraco fácil. Também não tinha medo da sensação do fracasso. Ele abraçou todas as partes da experiência, até o desempenho épico de Watson. "Assim como todo mundo, eu também era fã dele. Foi emocionante assistir ao jogo incrível de Tom." Cink tinha uma energia positiva, destemida. Ele tinha ressonância, apesar da pouca confiança.

O desempenho carrega ameaças constantes à ressonância. Na verdade, o propósito de uma competição é criar ameaças para nos tirar de nossa zona de conforto. A competição é uma adversidade criada para aumentar o grau de dificuldade e a diversão. Mas ela deixa de ser divertida quando tiramos o foco da tarefa e o colocamos no resultado final, onde a incerteza habita.

Na minha experiência trabalhando com atletas, times e empresas de elite, identifiquei quatro segredos para ajudar você a agir com liberdade e presença durante performances:

Os quatro segredos para ter ressonância (e equilíbrio) sob pressão

1. Compartilhe seu coração, não seu ego.
2. Busque a maestria, não o placar.
3. Ame seu oponente.
4. Visualize a presença (mas não a perfeição).

Primeiro segredo para ter ressonância: Compartilhe seu coração, não seu ego

O amor, pelo que entendo, é a energia mais forte do planeta. Amo o hóquei a todo momento, sempre amei, e nunca me incomodei em sacrificar qualquer coisa em nome dele. Isso é o mais importante.[5]

– Jaromir Jagr, eleito um dos 100 melhores jogadores de hóquei de todos os tempos

Simon Sinek, autor do livro *Comece pelo porquê*, compartilha como um músico pode ter garra e resistência mental:

> Caso seu objetivo seja tocar a música perfeitamente, acho que não será possível ter resistência mental. Caso seu objetivo seja oferecer à plateia algo lindo, então acho que você tem resistência mental. Isso é algo que sempre depende do que transmitimos para os outros. A resistência mental vem quando abrimos mão do nosso ego.[6]

Caso estejamos focados no que vamos ganhar (um troféu ou uma promoção), fica difícil ter um bom desempenho sob pressão. No entanto, quando nosso objetivo é compartilhar algo que amamos com os outros, nos tornamos empoderados, porque sempre podemos fazer isso, mesmo quando não temos o melhor desempenho.

Dawn Staley, a jogadora de basquete medalhista de ouro nas Olimpíadas que foi mencionada no Capítulo 4, jogava para vencer, mas esse não era seu objetivo. Ela sonhava em jogar, em viver com paixão e alegria na quadra – vencer era apenas um fator secundário, menos importante do que estar completamente mergulhada em sua performance. Ela adorava jogar basquete e ficava empolgadíssima em jogar com as melhores do mundo, porque elas lhe ofereciam os maiores desafios e as melhores experiências. Eram seu amor pelo basquete e o desejo de compartilhá-lo com outras jogadoras de alto nível que pareciam impulsioná-la.

É como Clara Hughes, citada na Introdução, que enviou suas medalhas olímpicas para a mãe. Segundo ela, "não são as medalhas o que me proporciona a sensação profunda de realização, que formam meu senso de identidade, que me ensinam a viver".

Dawn e Clara competiam para vencer, mas reconheciam que vencer não era o motivo pelo qual praticavam esporte – elas faziam isso para se sentir vivas, para aprender e crescer como pessoas e atletas. Essa mentalidade as ajudava a se apresentar com equilíbrio sob pressão, o que, por sua vez, as deixava em posição para vencer. Vencer era o objetivo, não o sonho.

Sonhos são sentimentos que podemos controlar; objetivos são resultados que não podemos (pelo menos não completamente). Viver nossos sonhos significa vivenciar os sentimentos incríveis que encontramos – como paixão, amor e arrebatamento – em meio à busca dos nossos objetivos. Não é algo que se baseia no resultado. Viver nossos sonhos significa ir atrás de nossos maiores objetivos, aceitando todas as adversidades que os acompanham e dançando pelo caminho. É amar a jornada mais do que o resultado.

Bonnie Blair, a patinadora de velocidade mais premiada da história dos Estados Unidos, encarava seu esporte de uma perspectiva que lhes permitia competir com paixão e foco, sem medo do fracasso. Em uma edição dos Jogos Olímpicos, ela terminou uma corrida em quarto lugar, mas esse resultado foi mais importante para ela do que uma de suas medalhas de ouro, porque foi seu melhor tempo naquele evento. O Dr. Jim Bauman, psicólogo da delegação olímpica americana, fala sobre Bonnie Blair e outros atletas de elite:

> A perspectiva deles sobre o que estão fazendo e por que estão fazendo é diferente. Nos Jogos de Inverno em Torino [Itália], tínhamos atletas que não necessariamente competiam pela medalha de ouro, a fama, o dinheiro e essas coisas todas. Eles queriam ver do que eram capazes.[7]

Uma perspectiva poderosa se concentra mais na experiência do que no objetivo. O objetivo pode ser ganhar uma medalha de ouro ou alcançar determinada meta de vendas, mas o foco está na experiência a cada momento e em como podemos aprender e crescer (e ter mais experiências parecidas no futuro). Grandes atletas, artistas e profissionais que apresentam desempenhos excepcionais e têm uma vida equilibrada e gratificante desejam desafios – e querem que eles sejam significativos. Os resultados são apenas feedback.

Em vez de tentar vencer o oponente, os melhores competidores compartilham seu amor incondicional pelo esporte com o mundo. Eles não competem para ver o que vão ganhar com isso, mas para ver o que podem compartilhar e quem podem se tornar por causa disso. É assim que eles se sentem mais vivos.

Segundo segredo para ter ressonância: Busque a maestria, não o placar

O maior objetivo do caratê não é a vitória ou a derrota, mas a perfeição do caráter de seus participantes.[8]

– Gichin Funakoshi, fundador do caratê Shotokan

Para buscarmos a maestria, devemos nos lembrar da mentalidade da *Excelência Interior*:

Estou competindo para elevar o nível de excelência na minha vida, para aprender e crescer, de modo a elevar o nível dos outros também.

Quando nosso maior objetivo é apenas o sucesso tangível (vencer), a pressão frequentemente se torna o oposto de uma recompensa – um fardo pesado. Quando estamos desesperados para alcançar algo que está fora de nosso controle, é comum que isso cause medo e ansiedade. É por isso que o foco no placar costuma ser um dos maiores obstáculos para alcançarmos um bom resultado.

O desapego em relação ao resultado torna mais fácil visualizar possibilidades e nos imaginar vivendo nossos sonhos. Na *Excelência Interior* não falamos sobre placares ou resultados (pois essas coisas estão sempre no passado ou no futuro, e fora do nosso controle); nós deixamos isso a cargo da visualização (Quarto Segredo). Em vez de ficar obcecados com o placar, passamos o tempo profundamente concentrados nos componentes da maestria: entrega e sacrifício, presença e gratidão e, em especial, nossos hábitos e rotinas diárias.

Quando a vida vai além de questões temporárias e superficiais (como vitórias e perdas) e tem um propósito claro, nossa perspectiva passa dos ganhos a curto prazo (como o placar) – sempre variáveis – para o desenvolvimento da maestria e a realização do nosso propósito. Como resultado, tudo muda. Não "precisamos" mais vencer tal evento, impressionar nosso chefe ou cumprir uma meta. A competição deixa de ser uma "necessidade" e se torna uma "possibilidade", algo muito mais gratificante.

A maestria é a busca interminável por consciência de si, disciplina e crescimento pessoal, em que vitórias e conquistas são apenas consequências. Todo dia tem a mesma importância que o dia anterior e você deve responder às mesmas perguntas:

- Você estará presente em cada momento e será grato por ele, buscando entender o que cada um tem a lhe ensinar?
- Você será fiel a si mesmo quando o mundo ao redor estiver tentando torná-lo igual a todos?
- Você é capaz de deixar para trás o apego ao ego para ouvir e aprender?

Se quiser alcançar grandes conquistas, lembre-se do seguinte: todos os grandes sucessos primeiro são criados dentro de nós. A grandeza que acompanha a maestria não vem da habilidade, mas da disponibilidade – da disposição a se sacrificar, encarar os próprios medos e abrir mão da preocupação com o eu em nome das necessidades dos outros.

Como a maestria se concentra no desenvolvimento e não no resultado, devemos permanecer focados no processo em vez de voltar a mente para o resultado final. A maestria abraça o sofrimento e o fracasso como elementos essenciais para o aprimoramento. Em vez de ficar obcecada com resultados, ela se concentra nos detalhes específicos do processo que fazem a experiência (e o desempenho) comum se tornar extraordinária. A maestria transcende circunstâncias porque não está associada ao resultado.

O maior obstáculo para a maestria é o ego. O ego se agarra aos cinco ingredientes do vírus da afluência: aparência física, conquistas, influência social, meios materiais e abundância financeira. A maestria traz a sensação de controle quando desistimos de tentar controlar tudo. O ego, no entanto, é controlado pelos resultados. A maestria oferece liberdade, e o ego, tensão e ansiedade. A maestria tem poucas necessidades, enquanto o ego é pura carência.

Phil Jackson, treinador de basquete da NBA, conta que, quando era jogador, o ego e as emoções comandavam sua vida. Ele era apegado às vitórias e tinha medo de perder. Mas, ao se tornar treinador, passou a encarar tudo de um jeito diferente. Ele entendeu a natureza transitória do sucesso: "Mesmo enquanto recebemos o troféu do campeonato da NBA, não somos mais um sucesso. O momento já passou."[9] A maestria entende o elemento humano da vida, no qual podemos fazer tudo certo e ainda assim "fracassar", enquanto o ego não consegue entender os conceitos de aprendizado e crescimento, mas apenas os de vitórias e derrotas.

A busca pela maestria (que vai além de vencer) significa priorizar o aprendizado e o crescimento, a pessoa que estamos nos tornando, e não quem leva o troféu para casa. Isso nos permite correr os riscos necessários para ser nossa melhor versão, o que inclui a disposição a sermos o bode expiatório (que leva a culpa pela derrota) para então nos tornarmos o herói (como o ego diria). Na verdade, para conseguirmos chegar ao auge e nos tornar o número um precisamos estar dispostos a ser os piores. A busca pela maestria, não pelo placar, é a maneira mais eficaz de fazermos isso.

Terceiro segredo para ter ressonância: Ame seu oponente

O oponente não é o inimigo – ele é seu parceiro de dança.[10]

– Phil Jackson, treinador com 11 vitórias na NBA

Imagine que dois grandes atletas são melhores amigos e adoram esquiar. Eles estão sozinhos na montanha, sob condições perfeitas. Um diz para o outro: "Vamos terminar o dia com uma corrida?" Os dois saem em disparada, desviando de árvores, fazendo alguns saltos, até o fim da pista. Eles comemoram a corrida épica se cumprimentando com entusiasmo no final.

Então um fotógrafo se aproxima, diz que tirou uma foto da linha de chegada e pergunta se desejam saber quem ganhou. Sim, respondem eles. Agora imagine que você é um dos esquiadores e está nessa situação com seu melhor amigo. Então imagine que a imagem mostra que seu amigo o venceu por uma questão de centímetros. O que você faz? Joga seu capacete no chão e sai batendo os pés, percebendo que perdeu?

Contei essa história para o golfista Phil Mickelson, membro do Hall da Fama, durante a Ryder Cup de 2016. Concluí a história e perguntei:

– O que você faz agora? Joga seu capacete no chão e sai batendo os pés?

– Sim! – respondeu ele. Então riu e concluiu: – Entendi o que você quis dizer. Esquiar e o processo são as partes importantes.

Parece uma tolice pensar em sair batendo os pés depois de compartilhar um momento tão incrível com seu melhor amigo, não é? Você estava esquiando só para poder ligar para sua mãe depois e dizer que venceu Fulano ou Sicrano em uma corrida? Ou era porque ama esquiar, ama estar na natureza e ama se sentir vivo? E porque ama compartilhar experiências assim com seu melhor amigo, que ama as mesmas coisas?

Quando se sentir completamente vivo e ter experiências extraordinárias for mais importante do que poder se vangloriar, ganhar troféus ou até dinheiro, então você encontrará a ressonância e conquistará algo extraordinário.

> *Entenda que seu oponente é o elemento fundamental da experiência que você busca. Quanto mais você amar e compreender seu oponente como pessoa, mais conseguirá vivenciar a competição e se sentir realizado com ela – com a dança.*[11]
>
> – Ryan Dodd, melhor saltador de esqui aquático do mundo

Para alcançar nosso potencial como competidores, precisamos de alguém melhor do que nós para nos motivar a evoluir e crescer. Um dos meus clientes estava entre os dez melhores, mas sempre perdia para o melhor do mundo. Sempre que os dois competiam, ele queria desesperadamente vencer. Quando começou a praticar a *Excelência Interior*, sua mentalidade foi mudando aos poucos e ele começou a amar seu maior oponente. O melhor do mundo, que era a maior ameaça ao seu sonho, se tornou seu parceiro na conquista desse sonho. Aqui vai o que mudou:

1. Gratidão pelos oponentes – ele percebeu que, sem oponentes, não poderia fazer o que amava.
2. Respeito pelos oponentes como pessoas e concorrentes.
3. Desejar o melhor para os oponentes.

4. Entender que o maior oponente era necessário para ele alcançar seu potencial e ter as experiências que mais ama.

Com essa nova mentalidade, e aprendendo os princípios e ferramentas da *Excelência Interior*, ele se tornou campeão mundial. Em vez de resistir ao seu maior oponente, ele passou a encará-lo como um elemento crucial para o seu sucesso.

É comum desejarmos que nosso oponente cometa erros ou não esteja em seu melhor momento, mas isso é um engano. É algo que cria energia negativa dentro de nós. Apesar de alguns astros alcançarem o sucesso competindo com raiva, ódio ou apenas um desejo ardente de vencer, há muitos fatores por trás de seu êxito. E, se essa for a única forma de alguém conseguir o que mais deseja, paciência. Porém, se podemos ser bem-sucedidos e nos divertir ao mesmo tempo, quem escolheria a outra opção? E se pudermos manter o desejo ardente de ser os melhores sem a energia negativa? Isso não apenas é possível, como é bem mais fácil e poderoso.

> Eu digo para nosso pessoal que, se eles conseguirem amar seus oponentes, a experiência muda por completo. O estado de fluxo surge quando amamos as pessoas com quem dançamos, porque o amor afasta o medo. Nós desejamos o desafio, ficamos empolgados para o momento, e nosso foco aumenta. Ame o fato de você poder encarar Verlander e Kershaw, ou de poder jogar com Mike Trout. Se você estiver empolgado para encarar Gerrit Cole, seu foco e sua atenção estarão no auge. O melhor dos outros desperta o nosso melhor.[12]
>
> – Derin McMains, diretor de habilidades mentais, San Francisco Giants

Tire um momento para pensar no seu melhor desempenho sob pressão. Como estava sua mente? Clara? Como estava seu coração? Você se sentia livre? Como estava seu corpo? Forte?

A questão é: como repetir essa experiência mais vezes? Como chegar a esse ponto em que a pressão faz você se sentir completamente vivo, focado no momento, de coração, mente e corpo, sem apego aos resultados?

Ou, como disse McMains, como entrar consistentemente no estado de fluxo? A esta altura, sabemos que três elementos principais atrapalham o fluxo da ressonância:

1. Pensar demais (uma mente cheia e confusa).
2. Inibição (a preocupação sobre o que as pessoas podem pensar se tivermos um desempenho ruim).
3. Julgar as circunstâncias e os resultados o tempo todo (uma mente que pula para o passado e o futuro, julgando circunstâncias e resultados, e reagindo de forma emocional).

Esses três obstáculos geram uma falta de crença, foco e liberdade. Como superá-los? Primeiro, vejamos algumas características essenciais para o fluxo da ressonância:

1. Uma mente livre de confusão.
2. Um coração leve.
   a. Libertar-se da preocupação de que seu desempenho possa afetar seu valor aos olhos de outras pessoas ou aos seus.
3. Percepção sem julgamentos.
   a. Desapegar-se dos resultados do seu desempenho faz com que você enxergue oportunidades de grandeza de forma clara.

Então como podemos desenvolver uma vida interior que tenha uma mente livre de confusão, um coração leve e uma percepção sem julgamentos com mais frequência?

Como disse Jaromir Jagr, um dos melhores jogadores de hóquei de todos os tempos, há algo no centro da solução. É destemida e presente, a energia mais poderosa e positiva do universo. É o amor, do tipo incondicional. O amor faz coisas não pensando no que *nós* vamos ganhar, mas no que os *outros* podem ganhar e quem eles podem se tornar. É uma jornada altruísta – a mais poderosa de todas.

Quando chegamos ao ponto em que a própria jornada se torna a recompensa, temos ressonância. É aí que realizamos grandes feitos.

Georges St. Pierre, campeão mundial de artes marciais mistas, rezava por seu oponente antes de toda luta, agradecendo a Deus pela pessoa que lhe possibilitava competir.[13] O valor de amar o oponente é que essa costuma ser a maneira mais eficaz de criar uma energia positiva e destemida que nos dá a liberdade para correr riscos, fracassar e dar o nosso melhor – especialmente contra os melhores oponentes, sob mais pressão.

Quando entendemos que o que mais desejamos é a plenitude da vida e reconhecemos que não existe a certeza de que a vitória em determinado evento nos oferecerá isso, ou mesmo se é a melhor coisa para nós, conseguimos relaxar e nos concentrar no processo de competir – e amar o momento, assim como nosso oponente.

> Quando quebrei o recorde mundial, eu estava disposto a amar incondicionalmente a tentativa de fazer o meu melhor, não importava o que acontecesse.[14]
>
> – Ryan Dodd, campeão mundial

Amar meu oponente é a melhor forma de vencê-lo

Às vezes, quando queremos muito vencer, também queremos que nosso oponente perca. Em outras palavras, meu ego quer tanto uma vitória para mim quanto uma derrota para você (se você for meu oponente). Isso gera uma separação por comparação, em que nos comparamos e eu saio em vantagem. Agora estamos separados – há um vencedor (eu) e um perdedor (você) – para que eu me sinta melhor comigo mesmo. Ou pelo menos é nisso que meu ego quer que eu acredite.

Pessoalmente, adoro competir. Seja pingue-pongue, basquete, jogos de tabuleiro ou qualquer jogo inventado na hora, adoro brincar. E adoro vencer. No entanto, quando parei para pensar bem no assunto, percebi que o que eu amo de verdade é jogar e competir, me distrair com o desafio, com a diversão, não ficar me vangloriando depois.

Percebi que, ao jogar algo como pingue-pongue, se eu (meu ego) realmente quiser vencer – se houver uma plateia assistindo ou se meu oponente for um atleta profissional, por exemplo –, de nada adianta me concentrar no placar e em vencer; na verdade, meu desempenho se torna pior quando faço isso. O que mais me ajuda é pensar que o que eu realmente quero é:

A. Me sentir vivo e aproveitar o momento.

B. Ter uma conexão incrível com os outros – mesmo que seja apenas com meu oponente, ou especialmente com ele.

Digamos que eu seja um lutador de MMA treinando para o campeonato mundial. Existe alguém que entenda tudo que passei, como é minha vida, quais são os altos e baixos, melhor do que meu oponente? Se estamos competindo pelo mesmo prêmio, isso significa que amamos a mesma coisa. Meu oponente saberá detalhes da minha vida que poucas pessoas serão capazes de compreender.

E a verdade é que não sei se vencer o evento realmente é melhor para mim ou para meu oponente. Talvez a melhor coisa que poderia acontecer comigo seria meu oponente vencer no último segundo. A alegria, para mim, não vem de poder falar que venci fulano no pingue-pongue ou que joguei basquete profissional. A alegria vem de vivenciar o momento por completo e me sentir totalmente vivo. Manter o foco em amar o oponente cria uma energia poderosa e positiva que me ajuda a fazer isso. Que deixa meu coração completamente engajado.

Como amar meu oponente? Mostrando meu respeito ao dar meu melhor para oferecer uma boa concorrência, de forma a elevar o nível de excelência na vida dele. Se eu me concentrar em amar meu oponente, isso me ajudará a permanecer presente e focado, já que o amor é presente e não inibido. Se me concentrar em vencer, quase sempre terei mais dificuldade em fazer isso, já que vencer é uma questão futura, fora do meu controle, que o tempo todo afasta minha mente do momento presente.

O amor incondicional e a ressonância estão extremamente conectados. O amor incondicional é destemido. Quando conseguimos amar nosso trabalho, nosso esporte, a nós mesmos e nossos oponentes de forma incondicional, temos uma energia positiva, destemida, que ressoa dentro de nós. Amar assim significa amar mesmo quando for doloroso, não apenas nos momentos fáceis. Quando estamos preparados para compartilhar o sofrimento, compartilhamos também a glória.

O patinador de velocidade Apolo Anton Ohno diz que cria uma espécie de bolha mental ao seu redor quando está treinando ou competindo, de forma a estar completamente presente, sem distrações.[15] Tentar vencer nosso oponente é uma distração, ainda mais quando ele é muito bom e nós queremos muito vencer. Permanecer na nossa bolha, no entanto, elimina distrações. É mais fácil fazer isso com amor incondicional – por nossos colegas de time, por nosso esporte ou profissão e também por nosso oponente. Especialmente por nosso oponente. Quem sabe o que ele pode fazer ou como seu desempenho pode ser incrível? Tentar vencer nosso oponente pode facilmente nos levar a desejar que ele cometa erros ou a torcer que tenhamos bons resultados, duas coisas que nos jogam no passado e para o futuro, longe do nosso poder, que é permanecer completamente presentes.

Em 2005, Bode Miller se tornou o primeiro americano em 22 anos a vencer a Copa do Mundo de Esqui Alpino, seguida por outro título da Copa do Mundo em 2008.[16] Bode adorava esquiar, e quanto maior o desafio, maior a oportunidade de se esforçar a ponto de todas as partes de sua mente e seu corpo ficarem intensamente focadas, sentindo com intensidade o esporte que ele ama. Sua definição de sucesso parece ser baseada mais em experiências incríveis do que no resultado da corrida. Em um momento notável de sua carreira, ele revelou uma vantagem técnica a alguns oponentes internacionais (para pavor de seus colegas na delegação americana) porque não queria que a competição fosse injusta. É como o cara que luta com unhas e dentes contra você em uma corrida até o pé da montanha em troca de um engradado de cerveja – só para, depois de vencer, revelar que não bebe. Ele compete para vencer, mas, mais do que isso, ama competir.

Torcer para nossos oponentes não estarem nas melhores condições é uma péssima estratégia, além de gerar energia negativa. Para nos aprimorarmos e alcançarmos o auge de nossa capacidade, devemos ter um oponente talentoso que use todas as suas habilidades para nos enfrentar.

Acolher o adversário como um componente essencial do nosso desenvolvimento é o segredo para, como diz o Dr. Cal Botterill, "manter o 'desejo' maior do que a 'necessidade'".[17] O desejo nos permite agir com paixão e liberdade. A necessidade nos restringe, porque precisamos vencer ou fechar negócio, mas não temos controle real sobre essas coisas, então não existe liberdade.

Se for mesmo verdade que o desempenho extraordinário é um tipo de experiência extraordinária – e acredito que seja –, então a energia positiva é importante. Se, em nossa busca por alcançar nosso objetivo, permanecermos focados nisso – em agir com paixão e vivenciar o momento intensamente –, essa será nossa maior chance de atingir um desempenho extraordinário. Quando encaramos nosso rival como um componente do sucesso em vez de um obstáculo, conseguimos alcançar um foco e uma energia poderosos.

Quarto segredo para ter ressonância: Visualize a presença (mas não a perfeição)

*Acredito que a coisa mais importante que podemos fazer (quando estamos começando) é não almejar a perfeição. Almeje a velocidade. Lance um produto bem m*rda.*[18]

– NOLAN BUSHNELL, fundador da Atari, Inc. e do Chuck E. Cheese Pizza Time Theater

Bushnell disse isso ao responder a uma pergunta sobre o segredo para o sucesso de uma nova empreitada. Sua declaração surpreendente nos ajuda a lembrar que as maiores conquistas e as maiores empresas são incríveis porque foram ousadas e não se deixaram deter pelo medo do fracasso. E, mais importante, elas não precisaram que tudo estivesse perfeito antes da inauguração ou de apresentarem seu produto ou serviço.

Os melhores enxergam sucesso e fracasso de um jeito diferente. O mundo encara fracassos como contratempos pessoais, rachaduras na armadura do sucesso. O mestre encara o fracasso como uma parte importante do progresso, como disse o cartunista Stephen McCranie: "O mestre fracassou mais vezes do que o iniciante sequer tentou."

Se você quer desenvolver mais calma e confiança sob pressão, precisa deixar para trás sua necessidade de ser e parecer bem-sucedido. Em vez de buscar o sucesso, visualize o caminho da maestria, buscando viver de coração inteiro, de forma incondicional e completamente presente. As pessoas mais bem-sucedidas são aquelas que preferem manter o coração inteiro e ser seu verdadeiro eu a ganhar um troféu ou uma sala maior. Essas coisas são apenas detalhes, consequências para aqueles que buscam primeiro as coisas mais importantes.

O mais importante é estar presente para o que for possível na sua vida, ser quem você nasceu para ser, encontrar a beleza e a glória que estão ao seu redor neste exato momento. Quando você conseguir fazer isso, sentirá a ressonância.

A ressonância vem de uma conexão tão íntima com a performance que você e a ação se tornam um só. O artista se torna a arte. O bailarino se torna a dança. Movimentos se tornam naturais, pensamentos se tornam mínimos, e a sensação é maximizada. Isso aumenta muito com a visualização: enxergar a si mesmo em seu estado ideal de desempenho e com o mesmo sentimento que você deseja ter em meio a qualquer caos que possa acontecer na competição.

Todas as conquistas dignas de nota começaram como uma imagem na mente de alguém. A excelência está dentro de você, esperando para ser acessada. Artistas dão vida a momentos lindos e/ou dolorosos, ou a algo que imaginaram; medalhistas de ouro se visualizam ganhando a medalha antes de isso acontecer; vendedores se imaginam fechando um negócio importante antes de o acordo se tornar realidade. Visualização é criar uma imagem mental ou imaginar sentimentos associados a uma situação para colocar o coração, a mente e o corpo no estado em que você deseja. Ter a *sensação* de realizar seus sonhos, em meio a todas as adversidades e todo o nervosismo, é importantíssimo.

Quando fazemos uma visualização, queremos uma imagem de presença (não de perfeição), de disposição para tudo, sem apegos, necessidades ou demandas. Visualizar bem é sentir exatamente o que você sentirá sob pressão; ter o mesmo nervosismo e se ver abraçando as adversidades e usando os princípios e ferramentas da *Excelência Interior* para entrar em ressonância com o desafio. Um dos aspectos essenciais da visualização é nos preparar emocionalmente para a pressão e o estresse. Não devemos encontrar nada durante uma performance para a qual nos encontramos despreparados (e é por isso que exageramos as potenciais adversidades que podemos enfrentar e nos vemos equilibrados em meio a elas).

O campeão mundial de artes marciais Georges St. Pierre dedicava cerca de 80% das suas visualizações a se concentrar no que desejava fazer e em como faria essas coisas, e cerca de 20% a se observar encarando e superando adversidades.[19]

Visualizar bem é sentir exatamente o que você sentirá sob pressão extrema e então se imaginar usando as ferramentas, os princípios e as rotinas da *Excelência Interior* para permanecer presente e completamente engajado.

A mente tumultuada não consegue fazer boas visualizações; precisamos de uma mente calma e pronta a sonhar. Isso começa com a criação de espaço na sua vida (momentos de solitude). Mais espaço permite mais clareza. Quando temos uma mente livre de confusão e um coração leve (que vem como consequência de um propósito que transcende as circunstâncias), as ideias vêm; principalmente cenas associadas aos nossos objetivos e sonhos. Há uma batalha constante entre a tralha e a clareza, na qual imagens competem pelo foco da mente. Com espaço e clareza, imagens nítidas do seu objetivo preenchem a mente e as possibilidades se abrem.

Conforme for aprendendo a controlar seu estado e a manter seus maiores objetivos em foco, mais você conseguirá acessar essas imagens poderosas. Na tentativa de fazer algo que muitos especialistas afirmavam ser humanamente impossível, Lewis Pugh precisou passar por cima da lógica e do pensamento racional. O treinador dele, Tim Noakes, disse à CNN: "No instante em que você mergulha na água gelada, sua temperatura cai e o cérebro envia a ordem para sair da água. A primeira coisa que Lewis precisa fazer é controlar essa reação." Pugh passava quatro horas por dia fazendo visualizações, além de uma hora por dia nadando em água gelada. Ele imaginava seu nado do começo ao fim. "Consigo sentir o gosto de água salgada na boca. Consigo ouvir o som dos motores, de Tim Noakes gritando para mim. Consigo sentir o gelo queimando minha pele, sentir o cheiro de maresia. Vivo completamente nesse momento. Na minha cabeça, já nadei no Polo Norte centenas de vezes",[20] disse ele à CNN.

Não importa qual seja sua área, a habilidade de acalmar a mente e imaginar seu futuro é essencial. Tudo acontece duas vezes: primeiro na mente, depois na vida. Os resultados que alcançamos estão diretamente associados às imagens na nossa mente, às crenças que temos sobre essas imagens, à nossa habilidade de nos conectarmos com imagens que geram sentimentos e resultados positivos. Quais são os momentos de pressão no seu dia e no seu trabalho? Você sofre com um chefe difícil ou com um mercado extremamente competitivo? Não importa se estamos tentando montar uma equipe, administrar um negócio lucrativo em uma economia estagnada ou apenas conseguir um bom emprego, o sucesso é afetado por nossa capacidade de visualizar esses eventos acontecendo da maneira como queremos antes de se tornarem realidade. Se conseguirmos imaginar os eventos estressantes antes que aconteçam e em seguida nossa própria reação confiante, nos daremos a melhor chance de manter o foco e a confiança no momento certo.

Aqui vão algumas técnicas de visualização que podem ajudar você a ter esses sentimentos e a criar crenças empoderadoras de sucesso sob pressão:

Previsão. Visualize os eventos e as circunstâncias da sua performance futura. Use todos os sentidos para imaginar como você se sentirá. Isso deve ser feito não apenas na véspera de um jogo ou performance importante, mas todos os dias, idealmente por cinco minutos antes de você dormir (inclusive antes das sonecas). Veja você mesmo tendo um ótimo desempenho, fazendo as coisas que sabe que terá de fazer. Faça a mesma coisa antes de uma negociação, reunião ou apresentação. Imagine todos os detalhes que cercam sua performance ou apresentação – quem estará presente, o que as pessoas podem dizer e como vão reagir antes e depois de você arrasar.

Memórias confiantes. Lembre-se de um momento em que você se sentiu exatamente como deseja se sentir durante a performance. Caso seja um atleta, lembre-se do seu melhor desempenho. Caso seja músico, lembre-se de quando tocou todas as notas com perfeição. Caso seja vendedor, volte no tempo até o dia em que fechou negócio com um cliente desafiador. Quando encontrar essa memória, recorde-se de tudo que viu e ouviu para ter as mesmas sensações. Concentre-se nos pontos do corpo em que você experimenta essas sensações, então peça ao seu inconsciente que traga à tona outra lembrança de sensações corporais semelhantes. Repita o processo, acumulando uma lembrança em cima da outra para criar uma memória poderosa.

Presença sob pressão. Visualize uma situação em que você esteja sob extrema pressão e exagere-a ainda mais. Você pode torná-la ridícula (é mais fácil para o inconsciente se lembrar de imagens loucas). Por exemplo, peço aos meus golfistas que visualizem a si mesmos no torneio Masters, nos últimos nove buracos, na dianteira ou perto disso, sob uma ventania e/ou tempestade, com inúmeras câmeras invadindo seu espaço pessoal e/ou qualquer outra coisa que consigam imaginar. *A cena que você visualizar deve ser mais intensa, inesperada e cheia de pressão do que qualquer uma que pudesse acontecer na vida real.*

Relaxar. Há dois tipos de visualização com relaxamento. Um é relaxar para ter clareza mental (por exemplo, imaginar uma cena tranquila na natureza) e o outro é se visualizar tranquilo sob pressão. Aprender a relaxar também é aprender a respirar fundo e devagar, diminuindo a frequência cardíaca.

Reformulação. Caso você seja assolado pela lembrança de um erro, pode mudar a memória para diminuir os efeitos negativos residuais. Repasse o evento na sua mente, visualizando como você gostaria que ele tivesse acontecido. (Veja o Capítulo 9 para encontrar a sequência de reprogramação.)

Cena de sucesso. Imagine todos os detalhes de como será seu dia antes e depois do sucesso extraordinário. Você pode começar visualizando 20 segundos imediatamente após alcançar o que deseja, com detalhes vívidos... então visualizar os 20 minutos seguintes... quem disse o quê, o que você sentiu e o que acha que aconteceria. Essa visualização captura todas as coisas que você veria se a cena fosse gravada em vídeo, antes e depois do seu desempenho extraordinário (essa visualização não inclui a performance em si).

Exemplos/mentores. Nessa visualização, imagine que o melhor do mundo (no passado ou no presente) na habilidade específica em que você deseja se aprimorar oferece incentivos e inspiração para você e seu trabalho ou performance. Por exemplo, você pode se imaginar assistindo ao melhor desempenho que essa pessoa já teve e então ela faz um intervalo para pedir seu conselho sobre alguma coisa.

Antes de escrever, uso a visualização dos mentores. Eu me vejo entrando em um prédio exclusivo, coberto por trepadeiras. Cumprimento o guarda, um fuzileiro naval, com um aceno de cabeça, e ele me acompanha até minha sala, onde sei que seis ou sete pessoas me aguardam. No caminho, o fuzileiro naval, usando farda completa, marcha de forma determinada e profissional, e diz quanto me respeita e que é uma honra me acompanhar todos os dias. Tento usar nosso trajeto de dois minutos para incentivá-lo de alguma maneira.

Nós chegamos a uma sala linda, com teto abobadado e paredes cobertas de livros brilhantes. No meio da sala há uma mesa à qual estão sentados Martin Luther King, John Wooden (lendário treinador de basquete), Nelson Mandela, John F. Kennedy Jr. e alguns líderes mundiais atuais. Eles conversam sobre os conceitos deste livro e discutem como aplicá-los. O fuzileiro naval puxa a cadeira para mim, eu agradeço e as pessoas à mesa se alternam em pedir minha opinião sobre vários assuntos que encaram sobre foco, equilíbrio, liderança e os problemas do mundo. Após alguns minutos, levantam-se para ir embora, fazendo fila para me abraçar e agradecer.

Escuto uma música (é sempre a mesma) para ancorar a visualização. O exercício forma uma conexão com a escrita que me ajuda a começar todo dia com equilíbrio, a mente livre de confusão, sentindo-me pronto para criar.

Em todas essas visualizações é crucial sentir o aumento de energia; ver a si mesmo abraçando todos os aspectos da competição, especialmente a adversidade, e se sentir completamente presente.

Como entrar no ritmo e sentir

Desenvolver a percepção das sensações corporais em situações de pressão é importante para o alto rendimento. O estilo de vida americano deixou as pessoas dessensibilizadas. O tumulto ocupou o espaço da clareza. Nossa capacidade de ver, sentir, cheirar e ouvir precisa ser rejuvenescida o suficiente para conseguirmos sentir o gostinho da vitória durante visualizações. Nós queremos ter sentidos tão vívidos que a imaginação não precise se esforçar muito para recuperar nossas sensações quando as recriarmos na mente.

É um paradoxo interessante: por um lado, desempenhos extraordinários vêm acompanhados por sentimentos incríveis; por outro, para desenvolver esses momentos, é necessário ter disciplina e controlar os próprios sentimentos e emoções. Compreender a interação entre percepção aumentada, confiança, intensidade relaxada e o desejo de sucesso (mas não a obsessão pelo sucesso) exige muito trabalho. Exige o compromisso de se conhecer. Não é fácil, mas vale a pena.

O Dr. Doug Newburg foi jogador de basquete da Universidade da Virgínia e conduziu entrevistas abrangentes com centenas de pessoas bem-sucedidas, desde atletas profissionais e olímpicos até astros do rock e cirurgiões. Ele analisou o que essas pessoas tinham em comum quando apresentavam seus melhores desempenhos e como desenvolveram confiança e foco. A pesquisa dele resultou em cinco perguntas pertinentes:[21]

- Como desejo me sentir?
- O que é necessário para alcançar essa sensação?
- O que me impede de ter essa sensação?
- O que faço para recuperá-la?
- Por qual objetivo estou disposto a me esforçar?

À medida que entrar cada vez mais em sintonia com como e o que deseja sentir, mais você conseguirá criar rotinas e um estilo de vida que o coloque nas situações que geram os sentimentos e sensações desejados. Todos os grandes atletas têm rotinas que os preparam para a hora do jogo. Tom Trebelhorn, técnico e treinador da liga principal americana de beisebol, disse que nunca trabalhou com um atleta membro do Hall da Fama que não fosse meticuloso e compulsivo com relação às suas rotinas. Eles chegam ao estádio sempre na mesma hora, rebatem uma quantidade certa de bolas e/ou escutam a mesma música, às vezes nos mesmíssimos horários. O segredo das rotinas é usá-las para alcançar a sensação de ressonância, mas, toda vez que você for interrompido ou não conseguir segui-la, dizer para si mesmo: "É assim que deveria ser hoje." Aceite a interrupção como se ela fosse uma escolha sua.

Para nos conectarmos de verdade com a performance, devemos aprender a nos manter presentes a cada momento, de forma a termos o mesmo comportamento sob pressão. Nossa postura – como nos posicionamos, nos movemos e caminhamos – é um elemento facilmente ignorado nas visualizações, mas tem um impacto enorme na energia e no foco. Kevin Towers, técnico geral dos San Diego Padres, observou: "Se eu estivesse avaliando um jogador em potencial e não soubesse qual era sua aparência, conseguiria identificá-lo ao sair do ônibus apenas pela sua postura."

Conte com a abundância, prepare-se para o sofrimento

Quando o avião de Sullenberger se chocou com os pássaros que destruíram o motor da aeronave, ele imediatamente soube que a situação era ruim: "Minha reação inicial foi de incredulidade."[22] O avião perdeu toda a força sobre uma das áreas mais populosas do planeta. Obviamente, Sully ficou surpreso com a situação de vida ou morte em que se encontrava, mas seus instintos assumiram o controle e ele se tornou calmo, focado e confiante. Sully teve consciência de seu equilíbrio sob pressão, que o deixou pronto para lidar com qualquer coisa.

O que sentimos quando estamos sob pressão pode ser um desafio enorme para o desempenho. Sentimentos se intensificam nessas situações, e eventos inesperados podem nos tirar do prumo com rapidez. Considere uma situação em que você precisa fazer uma apresentação que mudará sua vida. Ao chegar ao local, não há um projetor para exibir seu arquivo de PowerPoint. Todas as suas anotações estão no pen drive. O Crítico imediatamente tem uma reação negativa, julgando as circunstâncias. Ele pode deixá-lo abalado com facilidade. Porém, se você estiver emocionalmente preparado, será capaz de se ajustar a qualquer coisa.

Quando Ryan Dodd caminha rumo à plataforma (para fazer seu salto de esqui) antes de voar a mais de 60 metros, ele repete o mantra dos samurais: "Eu espero nada... Consigo lidar com o que der e vier."[23] Ryan não quer pensamentos tumultuados ou negativos assolando sua mente antes de uma competição. Esse mantra mantém sua clareza mental, eliminando necessidades e silenciando preocupações sobre como as coisas deveriam ser.

Pode parecer confuso – devo contar com a abundância ou com nada? Na verdade, as duas coisas se encaixam perfeitamente. Contar com a abundância é perceber que a vida tem muito mais beleza e excelência do que somos capazes de ver ou mesmo imaginar. Como o sol e a lua, a beleza e a abundância estão sempre presentes, brilhando, independentemente de serem vistos ou não. Contar com a abundância é ter esperança e entusiasmo em relação à verdade e à beleza que não vemos.

Um dos maiores desafios em um desempenho é tentar estar à altura das expectativas alheias. Expectativas representam algo futuro que queremos, mas não conseguimos controlar. Dizer "Eu espero nada" é dizer para si mesmo (e para seu inconsciente): "Não tenho necessidades. Não importa o que aconteça ou em que circunstâncias me encontre, consigo lidar com o que der e vier." Tente usar esse mantra a próxima vez que se sentir nervoso sobre uma performance ou apresentação. Ryan gostou tanto dele que o acrescentou à rotina que antecede as competições.

Em resumo, a mentalidade mais eficaz é contar com a abundância na vida diária ("Algo incrível está prestes a acontecer") e ao mesmo tempo deixar para trás os apegos e a necessidade de que algo aconteça ("Eu espero nada; consigo lidar com o que der e vier").

A golfista Kyla Inaba participou de um torneio em que encarou condições climáticas desafiadoras, que a pegaram de surpresa. A maioria dos golfistas estava se incomodando com o granizo, misturado com neve e ventos fortes. Ela se lembrou de alguns dos princípios da *Excelência Interior*:

- Tudo que não podemos controlar acontece como deveria mesmo acontecer.
- O suposto tempo "ruim" sempre é positivo para atletas que seguem a *Excelência Interior*. Quanto mais adversidade, melhor.
  - A maioria dos competidores verá a situação como algo ruim e, assim, terá menos foco e presença. Se você permanecer neutra, já terá uma vantagem.
  - Se aceitar a adversidade como algo enviado especialmente para você aprender e crescer, terá duas vantagens, e o torneio ainda nem começou.

É isso que os melhores do mundo aprenderam a fazer: a encarar a adversidade como uma parte importante do seu crescimento, não como um obstáculo. Enquanto todo mundo reclamava e se perguntava se o torneio seria cancelado, Kyla permaneceu presente e aceitou a situação exatamente como era, sem desejar um clima melhor. Ela venceu o torneio.

O Dr. Curt Tribble, cirurgião-chefe de cardiologia na Faculdade de Medicina da Universidade da Virgínia, convidou um residente para participar de uma cirurgia delicada e o paciente parecia que não iria resistir. O residente, no entanto, havia se preparado para uma situação como aquela. O Dr. Tribble explica:

O residente executou um procedimento extremamente incomum para levar ar ao paciente. O anestesista perguntou:

– Nossa, você já tinha feito isso antes?

O residente, sendo completamente sincero e sem um pingo de sarcasmo, olhou para ele e respondeu:

– Não, mas já tinha pensado muito nisso.[24]

Em outras palavras, o residente tinha sonhado com várias situações que poderiam acontecer e visualizara a si mesmo agindo com equilíbrio sob pressão. Os melhores entre nós nunca param de sonhar nem de imaginar situações novas e mais intensas, e as soluções que apresentariam. Nós devemos estar preparados para lidar com decisões "ruins" de árbitros, climas turbulentos, nervosismo, medo, ansiedade – o que der e vier. Para isso, precisamos de equilíbrio – uma mente livre de confusão –, sem expectativas sobre como as coisas deveriam acontecer, mas sempre pensando nas contingências, como vimos nos casos de Charles Sullenberger e do residente do Dr. Tribble.

A pressão nos oferece oportunidades para crescer e ter experiências extraordinárias, que são o ponto central de uma vida de coragem. Nossa cultura da afluência, imersa na gratificação instantânea, tende a perder a perspectiva sobre o que dá sentido à vida. No entanto, quando buscamos a maestria, estamos nos preparando para uma vida de crescimento e aprendizado que prepara o terreno para a ressonância – mesmo diante de adversidades. Então podemos transcender as circunstâncias do dia a dia e a necessidade de vencer nossos oponentes, mantendo o foco em ser nosso verdadeiro eu. É assim que forjamos uma conexão com a performance – algo que nos proporciona experiências incríveis. Nós vencemos com mais frequência e ficamos preparados para o inesperado. Em momentos de crise, o perigo se torna uma oportunidade.

Se você realmente quiser ter um desempenho extraordinário sob pressão, pode aprender a fazer isso, não importa o que já tenha acontecido no passado. Se a sua base for a mentalidade da *Excelência Interior*, focada em elevar o nível de excelência na sua vida, em aprender e crescer, de forma a elevar o nível dos outros, você será capaz de alcançar um desempenho com o qual nunca chegou a sonhar.

PONTOS PRINCIPAIS

- O equilíbrio é uma habilidade aprendida, na qual você sente ressonância, com uma experiência vívida do momento.

- O equilíbrio é um reflexo de um mundo interior forte; os mais fortes são aqueles que vivem de forma incondicional, com o coração inteiro.

- O competidor incondicional usa o esporte ou o trabalho em sua busca pela automaestria e pelo crescimento pessoal. Ele almeja ser um oponente digno. Vencer sempre é consequência do desenvolvimento da *Excelência Interior*, não o foco principal.

- Quatro segredos para a ressonância que possibilita o desempenho extraordinário:
  - Compartilhe seu coração, não seu ego.
  - Busque a maestria, não o placar.
  - Ame seu oponente.
  - Visualize a presença (mas não a perfeição).

- Quando você sente ressonância, tudo o mais desaparece: o placar, o resultado, talvez até seu oponente. A pressão se torna a energia que o impulsiona.

- Concentrar-se em se conectar com a performance e vivenciar o evento por completo é essencial para alcançar ressonância.

- Abraçar o oponente como parte essencial do seu crescimento e da experiência aumenta seu foco.

PERGUNTAS E ATIVIDADES EXTRAS

- Quando você sentiu o equilíbrio e o foco da ressonância em uma performance? Que tipo de hábitos e rotinas o ajudarão a repetir essa experiência?

- O que impede você de ter essa sensação?

- Como você pode incorporar os três conceitos da maestria – autodisciplina, consciência de si e crescimento pessoal – em sua rotina?

- Reflita sobre alguns dos melhores momentos da sua vida (quando sentiu amor). Agora pense no seu maior rival. Visualize essa energia poderosa dentro de si (a presença e o destemor do amor) enquanto compete (enquanto a outra pessoa faz de tudo para derrotar você). Como essa energia amorosa afeta sua habilidade de estar presente e focado?

- Visualize sua próxima performance. Sinta a pressão e o nervosismo que costumam acompanhá-la. Veja eventos inesperados acontecendo e o caos que eles podem causar. Mergulhe nesse sentimento, então encontre seu centramento e relaxe em meio à pressão. Veja a si mesmo reagindo com equilíbrio e confiança.

- Escolha um grupo de mentores e visualize-os em seu ambiente de trabalho ideal, incentivando e inspirando você.

11

MASLOW, MICHAEL JORDAN E OS NAVY SEALS

Três sinais de líderes extraordinários

A diferença entre campeões e quase campeões é a capacidade de jogar por algo maior que eles mesmos.

– Lou Holtz, treinador de futebol americano membro do Hall da Fama

Jim Tressel, principal treinador de futebol americano da Universidade do Estado de Ohio, fez uma viagem até a cidadezinha de Gambier, Ohio.[1] Ele foi conversar com Jim Steen, treinador de natação da Faculdade Kenyon. Tressel, que tinha levado os Buckeyes à vitória em cinco torneios nacionais importantes em oito temporadas, buscava os conselhos de Steen, que tinha vencido 49 campeonatos (sim, 49). Tressel e Steen tinham aprendido algumas coisas ao longo dos anos, inclusive a desenvolver líderes, se concentrar no processo do alto rendimento e talvez, acima de tudo, a construir uma família.

Phil Jackson se tornou o treinador principal dos Chicago Bulls em 1989, herdando o melhor jogador de basquete do mundo. Michael Jordan era incrível, mas o time, nem tanto. Jackson instilou os valores de compaixão e abnegação em um grupo cheio de ego e bravata.[2] Os Bulls acabariam vencendo seis campeonatos da NBA e Jackson venceu outros cinco com os Los Angeles Lakers. O sucesso de Tressel, Steen e Jackson veio de entender que liderança significa compreender o comportamento humano e o que motiva as pessoas a se sacrificarem em nome de algo maior que elas.

Os melhores líderes enxergam o que é possível para o grupo e empoderam seus membros para que alcancem esse nível. Eles entendem muito bem os detalhes da performance e os transmitem de forma inspiradora. Usam seu esporte e seu trabalho para transmitir novas formas de encarar o mundo; para mostrar o que é possível e como viver de forma mais plena, amar com mais intensidade e existir no mundo de modo a promover o aprendizado e o crescimento. Quando têm uma visão inspiradora para o futuro e recebem as ferramentas necessárias, as pessoas fazem todas as tarefas com mais proficiência e uma lealdade incrível.

O treinador Dick Vermeil, membro do Hall da Fama, fala sobre a importância de entender o comportamento humano para a liderança:

> Sempre segui a filosofia, e acredito de verdade nela, segundo a qual um jogador de futebol americano é uma pessoa em primeiro lugar, um jogador de tênis é uma pessoa em primeiro lugar, um nadador é uma pessoa em primeiro lugar. A partir daí, você os treina nas atividades deles.[3]

Exercer liderança é desenvolver pessoas para que elas sejam seu verdadeiro eu e possam ajudar os outros a fazer o mesmo. Talvez você se lembre de que seu verdadeiro eu está sempre buscando elevar o nível de excelência na sua vida, para aprender e crescer, de forma a elevar o nível dos outros também.

Além das áreas de especialização técnica e treino disciplinado, os líderes trazem outros elementos que fazem toda a diferença. Na minha experiência, os maiores técnicos e líderes seguem três abordagens em sua vida e em seus ensinamentos:

1. Redefinem o sucesso.
2. Conectam indivíduos com uma visão maior que eles mesmos.
3. Buscam a automaestria – e ajudam os outros a fazer o mesmo.

Os melhores líderes criam uma cultura que desenvolve as pessoas para que vivam plenamente, de coração inteiro, de forma incondicional, e se divirtam pelo caminho. Pela mensagem diária que transmitem com sua própria vida, eles dão o tom porque vivem o que ensinam. Seja ensinando atletas ou executivos, em um campo de beisebol ou em uma empresa, os princípios básicos do desempenho extraordinário são os mesmos. Eles começam com um líder que vai muito além das minúcias de estratégia e táticas, e aprende a empoderar e enriquecer a vida das pessoas que lidera.

Redefina o sucesso

O treinador de basquete John Wooden, membro do Hall da Fama, venceu dez campeonatos nacionais com a UCLA – sete seguidos. Ele definiu sucesso como "a paz de espírito que resulta diretamente da satisfação consigo mesmo por saber que você se esforçou ao máximo para se tornar o melhor dentro das suas capacidades".[4]

"[Tressel] constrói seu programa usando como base, primeiro, a moral da equipe e do homem; depois, a proximidade; e só então o futebol americano", disse Malcolm Jenkins, um dos pupilos de Tressel.[5]

Na nossa cultura, o sucesso costuma ser avaliado pelo que temos, pelo que fizemos e como nos saímos na comparação com os outros. Nas definições de Wooden e Tressel, essas coisas nunca são sequer mencionadas. Os melhores treinadores criam uma visão inspiradora de abnegação e automaestria que empodera o grupo a ser quem nunca foi. E então criam um sistema de hábitos e rotinas diários para alcançar essa visão.

Frosty Westering, treinador de futebol americano que venceu quatro vezes o campeonato nacional, se concentrava em fazer seus atletas se desenvolverem e crescerem como pessoas, em primeiro lugar. De acordo com a *Sports Illustrated*, para Westering, métricas convencionais de sucesso não importavam. "Vencer é consequência de aprender a viver de forma decente", diz. Ele se interessa mais em "moldar a vida dos jogadores e influenciar seus corações e mentes" do que por futebol americano.

Antes de um jogo importante, um dos jogadores de Frosty levantou e disse:

> Eles estão aqui para nos vencer – nós estamos aqui para ser nós mesmos.[6]

É uma declaração muito poderosa. Lembra um pouco a que eu mandei para um astro do golfe:

> O propósito do golfe é aprender, crescer e se desenvolver, não marcar pontos. Pare de tentar marcar pontos. Tente ser quem você é – isso é algo que não requer esforço algum.

Meu objetivo ao enviar essa mensagem foi ajudá-lo a parar de ficar obcecado com resultados tangíveis que estão sempre no passado ou no futuro. O sucesso acontece por conta própria quando cuidamos de nós mesmos.

Todo objetivo que estabelecemos e todo resultado que conquistamos estão no passado e no futuro. Se quisermos ser excelentes, precisamos visualizar a grandeza e depois nos esforçar todos os dias para desenvolver nossas crenças sobre o que é possível, nossa habilidade de manter o foco e estar completamente presentes, e nossa liberdade para brincar como crianças. A grandeza é sempre consequência do desenvolvimento da *Excelência Interior* na nossa vida.

Os times de Frosty venciam porque seus jogadores aprenderam que a melhor vida possível era alcançada quando eles eram seu verdadeiro eu e serviam aos outros. Eles aprenderam a amar e respeitar uns aos outros, assim como a seus oponentes, e isso criou uma energia poderosa que lhes permitia ter o melhor desempenho possível.

John Wooden não analisava os times rivais.[7] Ele não queria saber o que os outros estavam fazendo. Isso permitia que ele fosse inovador e se concentrasse no próprio desenvolvimento. Ele estava determinado a fazer com que seu time fosse o melhor possível, sem se importar com o que acontecia com os outros. Talvez isso pareça fácil nesse caso – ele tinha os jogadores mais talentosos. Só que Wooden também não fazia recrutamento. O talento chegava até ele. Sua habilidade de desenvolver pessoas era um grande atrativo. Ele se preocupava muito mais com o desenvolvimento pessoal e da equipe do que em se comparar com os outros. W. Chan Kim e Renée Mauborgne ecoaram a mesma ideia em seu best-seller *A estratégia do oceano azul*: "A única maneira de vencer a concorrência é parar de tentar vencer a concorrência."[8]

Tentar vencer a concorrência é o maior erro que treinadores e equipes cometem. Seria muito melhor se concentrarem no processo do alto rendimento, o que é muito diferente. Quando nos concentramos em vencer um oponente, nos concentramos em algo que está amplamente fora do nosso controle, gerando tensão e nos tirando do presente. (Se fosse algo que estivesse apenas sob nosso controle, faria parte de nossa lista de pendências, e não estaria na categoria "objetivo".) Para alcançar o objetivo, precisamos nos manter focados no processo que nos leva até ele. Jim Collins, autor de *Empresas feitas para vencer* e *Feitas para durar*, listou doze mitos sobre grandes empresas. O 10º mito: "O maior foco das empresas mais bem-sucedidas é vencer a concorrência."[9] A realidade, segundo Collins, é que "empresas visionárias se concentram basicamente em superar a si mesmas".

Ou, como eu disse, as melhores equipes e companhias se concentram em ser sua verdadeira versão – seu verdadeiro eu. "Ser seu verdadeiro eu" significa superar seu egocentrismo natural e os limites que ele impõe. Phil Jackson trabalhou isso em seus times, concentrando-se na abnegação e na compaixão. Essas virtudes poderosas ajudam a silenciar o julgamento do Crítico, o falatório incessante da Mente Macaco e as mentiras do Enganador. Em vez de tornar a "vitória" ou o "lucro" seus principais objetivos, as maiores organizações se concentram em usar seu esporte ou seu negócio para fazer a diferença na vida dos membros da equipe e no mundo em que vivemos.

Os quatro valores dos Golden State Warriors, da NBA:

1. Alegria
2. Compaixão
3. Atenção plena
4. Competição

Steve Kerr, treinador de basquete dos Golden State Warriors, foi oito vezes vencedor das finais da NBA, cinco como jogador e três como treinador.[10]

Times profissionais podem até vencer sem valores ou visões empoderadores, mas a vitória quase sempre é temporária. É difícil ser incrível de forma consistente quando temos talento ou dinheiro, mas não um sistema para desenvolver conexões profundas, alegria e confiança.

Nós todos temos uma necessidade profunda de ser parte de algo maior, que vá além de lucros e perdas, de vitórias e derrotas. Muitos passam a vida inteira sem se conectar com essa necessidade, o tempo todo tentando preencher esse anseio com mais vitórias, mais dinheiro, mais promoções. É algo que gera tensão e ansiedade, porque nunca alcançamos a verdadeira liberdade em nossa performance quando dependemos do resultado para suprir nossas necessidades profundas.

> Objetivos são importantes, mas é importante entender que as pessoas não são definidas por eles nem pelo fato de os alcançarem ou não. Uma vitória ou uma derrota não torna ninguém uma pessoa melhor. Precisamos separar quem somos do que fazemos, (...) é essencial diferenciar o propósito dos objetivos. Compreender a diferença entre essas duas coisas é fundamental para compreender a verdadeira definição de sucesso.[11]
>
> – Jim Tressel, treinador de futebol americano cinco vezes campeão nacional

Seja em referência a família, amigos, colegas de equipe ou quaisquer outras pessoas, quando o propósito principal da nossa vida gira em torno de amar e servir aos outros, uma série poderosa de eventos começa a se desenrolar. O medo perde um pouco da força, já que ele é egocêntrico, enquanto o serviço se concentra nos outros. Nós desenvolvemos relacionamentos que nos sustentam em tempos difíceis. A vida se torna mais significativa, e isso promove a paz interior necessária para crescer e enxergar mais beleza e mais possibilidades.

Grandes organizações são focadas no serviço. A pesquisa de Jim Collins sobre empresas visionárias revela um tema recorrente: elas se concentram em contribuir para a sociedade; os lucros são apenas uma consequência. Em outras palavras, sua definição de sucesso gira em torno de um propósito poderoso, e esse propósito é fazer diferença na vida das pessoas.

Um propósito claro e significativo nos permite estar mais presentes em nossa performance, porque nos tornamos menos apegados ao resultado.

Dawn Staley e muitos outros atletas olímpicos que têm experiências vívidas e vivem por inteiro são exemplos estelares: eles jogam para vencer, mas vencer não é a razão pela qual jogam.

Conecte indivíduos com uma visão maior que eles mesmos

Hoje à noite expliquei para eles que o que vai fazer a diferença no jogo é o amor. Essa foi minha palavra durante o ano todo. Nós vamos vencer porque nos amamos.[12]

– Dabo Swinney, treinador principal de futebol americano dos Clemson Tigers, após vencer o campeonato nacional de 2017

Quando Lewis Pugh decidiu nadar no Polo Norte usando apenas uma sunga, estava motivado por um propósito significativo. Para ele, sucesso era fazer sua parte, chamando atenção para a luta contra os efeitos devastadores do aquecimento global e impulsionando uma mudança. Com esse objetivo poderoso, ele estabeleceu uma visão do que desejava conquistar (nadar 1 quilômetro no Polo Norte) – que o guiava todos os dias. Os medos muito reais que ele encarava diariamente batiam de frente com a força de seu propósito e o foco diário na sua visão.

Uma visão maior que nós mesmos é um objetivo cujo resultado direto serve ao bem maior. Um propósito significativo é mais uma declaração de quem somos e o que nos define. O objetivo oferece significado e inspiração; a visão dá direcionamento e foco.

Outro grupo de pessoas que confronta perigos extremos com regularidade e precisa superar os próprios medos são os Navy SEALs (a Unidade de Forças Especiais da Marinha dos Estados Unidos). Para se tornar um SEAL, é preciso completar o curso BUDS (Treinamento Básico de Demolição Submarina). O programa de seis semanas é infame pela chamada Semana Infernal, na qual a maioria dos inscritos desiste. Durante esses cinco dias, todos os aspirantes dormem um total de quatro horas. No restante do tempo, eles são obrigados a ultrapassar todos os limites mentais, físicos e emocionais. Quando há um sargento gritando na sua cara, lançando jatos de água contra seu corpo enquanto você tenta fazer mais flexões e sua única vontade é desistir, precisa haver algo mais profundo que o impeça de ir embora. Quando perguntei ao SEAL Jeff N. como conseguiu passar pela Semana Infernal, ele respondeu: "Eu me concentrei na minha equipe. Não queria deixá-los na mão. Outro fator foi que desistir não era uma opção. A única coisa que poderia me impedir seria meu corpo literalmente parar de funcionar."[13]

Em qualquer papel que você desempenhe ou trabalho que faça, existe uma oportunidade para encarar seus medos, desafiar seus limites e superar dúvidas e ansiedades. Não importa se ganha a vida dirigindo um caminhão ou um carro de Fórmula 1, se é CEO ou vendedor de calçados. Independentemente do que fizer durante seus dias – contanto que não seja algo que vá de encontro a seus valores –, é possível focar sua energia de forma a criar uma presença incrível. E se você conseguir reunir amor, sabedoria e coragem com sua vocação, será possível alcançar um estado de ressonância tão irresistível que você daria sua vida por ele.

Nicolas Herman, um camponês nascido em 1614, entrou para o exército tentando sobreviver à pobreza. Ele foi capturado pelas tropas alemãs e se tornou prisioneiro de guerra até ser libertado "por sua grande coragem". Tornou-se sapateiro, cozinheiro e lavador de pratos, mas se descrevia como "um grande homem desajeitado que quebrava tudo". Sua falta de graciosidade talvez tenha contribuído para os atributos que ele de fato tinha: humildade e tranquilidade.

A energia calorosa de Herman atraía tantas pessoas que, após sua morte, suas cartas e conversas foram reunidas em um livro que vendeu milhões de exemplares – e continua vendendo até hoje. Por mais que sua posição social fosse baixa, sua tranquilidade e sua alegria eram tão elevadas que, 400 anos depois, a capacidade de Herman de se manter presente nos trabalhos mais mundanos continua sendo estudada. Ele tinha uma visão muito simples – estar presente para o amor de Deus e compartilhá-lo com os outros –, porém seu impacto se perpetua há séculos. O irmão Lourenço, como se tornou conhecido, é um verdadeiro exemplo do fluxo da ressonância.

Os grandes líderes nos ajudam a encontrar essa ressonância. Eles nos incentivam a escolher em que pensar e em que focar nossa atenção. Concentram-se em criar conexões com cada indivíduo para ajudá-los a ter sentimentos positivos sobre quem são, sobre o que é possível e sobre seu significado para as pessoas ao seu redor. A ressonância é construída com base nos relacionamentos, entre nossos valores e nossas ações, nossa mente e nosso coração, entre nós e os outros, e entre nós e o ambiente que nos cerca.

Ser um grande líder é estudar e aprender como desenvolver esses relacionamentos a seu pleno potencial. Um relacionamento com outra pessoa começa com algum tipo de conexão. Um laço forte começa com a criação de uma sintonia.

Essa sintonia se baseia na empatia, que é uma conexão com os sentimentos da outra pessoa. Os melhores comunicadores entendem que a comunicação acontece principalmente de forma não verbal e que tudo que fazemos e dizemos transmite algo – é impossível "não se comunicar".

De acordo com um estudo da UCLA, 7% da comunicação está nas palavras que usamos, 38% no tom de voz e 55% na nossa postura e fisiologia.[14] Crupiês em Las Vegas, por exemplo, não podem ficar parados de braços cruzados, porque essa é uma postura pouco convidativa. A forma mais eficaz de criar sintonia é espelhando a postura e a fisiologia, o tom e as palavras da outra pessoa de forma sutil. Isso é conhecido como *pacing*.

Se, por exemplo, um subordinado estiver batendo os pés com raiva e falando alto, sentar-se e falar com calma não colocaria você em sintonia com essa pessoa. No entanto, se você andar junto com ele, usar o mesmo tom de voz e prestar atenção no que ele está dizendo, com o tempo conseguirá conduzi-lo a se sentar, falar de um jeito mais tranquilo e começar a resolver o problema. Primeiro faça o *pacing*, para entrar no mesmo ritmo do outro, depois lidere. Mais especificamente, é necessário entrar no mesmo ritmo várias vezes antes de começar a liderar. As pessoas precisam de tempo para enxergar e sentir a ressonância entre vocês antes de escolher segui-lo.

Criar uma conexão real com alguém é se conectar com aquilo com que a pessoa realmente se importa. Digamos que você esteja trabalhando com um novo time ou empresa e queira criar sintonia em nível individual. Você se encontra com uma funcionária e pergunta:

– Para você, o que é mais importante no trabalho?

Talvez ela responda:

– Gosto de desafios.

Então você poderia perguntar:

– Por que você gosta de desafios?

Ela pode responder:

– Porque me dão uma oportunidade de ser criativa e de sentir que sou necessária e útil.

Aí talvez você possa perguntar:

– Por que você valoriza se sentir necessária e útil?

E ela responderá:

– Porque isso me traz a sensação de segurança.

A ideia é perguntar repetidamente o que é importante para ela e o que ela ganha com isso, até chegar à raiz do que ela realmente deseja.

Em geral, quando escutamos a mesma resposta ou uma resposta que não vai além desse comentário, encontramos o maior valor de uma pessoa. Quanto maior o valor encontrado (como segurança, amor ou tranquilidade), mais opções você terá para satisfazer essa necessidade. No exemplo, agora que você sabe que segurança é importante para essa pessoa, conseguirá conectar a visão do grupo e o propósito da equipe com a segurança.

> A busca por um único objetivo costuma inibir as tomadas de risco e o pensamento criativo necessários para o desenvolvimento pessoal.[15]
>
> – Jim Steen, treinador de natação da Faculdade Kenyon

Com grupos maiores, talvez você não consiga ter uma conexão com cada um. Se você for o líder, seu objetivo sempre será ajudar as pessoas que lidera a enxergar oportunidades e formas de crescer no âmbito pessoal e profissional, oferecendo-lhes uma visão sobre o que é possível na vida delas e dentro do time. Como líder da sua divisão ou gerente-geral, nem sempre você conseguirá conversar com todo mundo, mas poderá desenvolver uma cultura na qual as pessoas consigam se conectar e oferecer apoio umas às outras com sinceridade. Se a cultura da sua empresa for baseada em um propósito significativo, uma visão clara para o grupo e automaestria, então será mais fácil fazer isso.

Cantinho dos treinadores:

O ELEFANTE COR-DE-ROSA QUE DÁ CAMBALHOTAS

A linguagem que usamos quando lideramos é de crucial importância. Constantemente colocamos imagens na mente dos membros de nossa equipe. A questão é: essas imagens são úteis ou nocivas?

Davey Johnson, três vezes vencedor do campeonato nacional de beisebol da MLB, me disse: "Quando um treinador grita com um dos jogadores, não está gritando apenas com aquele cara, mas com cada membro do time."

As palavras exatas que usamos ao falar com nós mesmos ou com outra pessoa são essenciais, porque o inconsciente está sempre assimilando o que falamos e criando crenças a partir disso.

O segredo é compartilhar imagens e sentimentos do que queremos que nossos atletas façam, não do que não queremos, sobretudo em situações importantes. Isso acontece porque o cérebro trabalha com imagens e sentimentos, e não dispõe de uma imagem para a palavra "não".

Não pense em um elefante cor-de-rosa dando uma cambalhota. Apesar de essa ser uma ação difícil para um elefante, é muito difícil não pensar no tal elefante. A palavra "não" é como uma letra muda de uma palavra, o *h* de *hotel*, e é ignorada pelo cérebro, assim como o som da letra.

No futebol, por exemplo, treinadores com frequência deparam com situações em que é importante não deixar o atacante adversário entrar na pequena área. Se o treinador disser o que não quer, "Não deixe fulano entrar na pequena área", acabou de colocar no inconsciente do jogador a imagem justamente do que ele não quer. Seria melhor compartilhar imagens e sentimentos do que ele deseja.

O mesmo vale para o futebol americano. O treinador pode dizer para um jogador "segurar a bola" ou algo parecido, e não para "não deixar a bola cair". A primeira frase oferece a imagem (e a sensação) de permanecer agarrado à bola, enquanto a segunda faz o jogador pensar em perdê-la, exatamente o oposto daquilo que o treinador deseja.

Busque a automaestria – e ajude os outros a fazer o mesmo

Quando Abraham Maslow estudou a vida de pessoas extraordinárias – que tiveram um desempenho de altíssimo nível e uma vida equilibrada e feliz –, descobriu que elas tinham a capacidade de vivenciar por completo momentos sagrados e de viver intensamente. As características que Maslow atribuiu a essas pessoas (chamadas por ele de *autorrealizadas*) – absorção total na experiência, crescimento pessoal, consciência de si, Gemeinschaft (comunidade), gratidão, autenticidade, solitude, propósito maior que si mesmo e ausência de defesas do ego – têm forte relação com a automaestria. Automaestria é dominar o ego por meio da abnegação. Isso se desenvolve por meio da consciência de si, do autocontrole e do crescimento pessoal. A busca por automaestria é a busca por liberdade, na qual a percepção, a disciplina e o desenvolvimento geram experiências extraordinárias.

Em 2002, antes do início da temporada de futebol americano, Jim Tressel foi à Universidade de Miami para conversar com o treinador que era campeão nacional na época, Larry Coker.[16] Os Buckeyes de Tressel acabaram enfrentando os Hurricanes de Coker na final do campeonato nacional. Os Buckeyes venceram na prorrogação. Tressel sabia que precisava continuar aprendendo ou pararia de crescer.

A automaestria é uma busca crucial na liderança, porque, para elevar o desempenho do grupo, o líder precisa aprender a servir com humildade seus membros ao mesmo tempo que mantém a própria segurança.

Phil Jackson cita o livro *O Tao e a realização pessoal*:

> O líder sábio está a serviço: é receptivo, maleável, seguidor. A vibração dos membros do grupo domina e lidera, enquanto o líder segue. Mas não demora para a consciência dos membros se transformar. É dever do líder estar ciente desse processo; é necessidade dos membros serem bem recebidos e ouvidos. Ambos conseguem aquilo de que precisam se o líder tiver a sabedoria de servir e seguir.[17]

Servir ao grupo significa, em grande medida, ensinar desenvolvimento pessoal. A jornada "sem objetivo" da automaestria é para aprendermos a ter autocontrole para conseguir nos desenvolver – e é um processo sem fim. Talvez você questione por que tanto foco no desenvolvimento se ele é interminável, mas seria o mesmo que perguntar por que vivemos quando sabemos que um dia vamos morrer. O crescimento é o objetivo final, ou podemos dizer que é o real sentido da vida.

Alguns dos melhores momentos são aqueles em que nos esforçamos, aprendemos e crescemos; em que somos desafiados numa área em que temos talento e vamos atrás de um objetivo significativo. Os jogos e os treinos, as apresentações para colegas de trabalho e clientes importantes, tudo isso se torna a mesma oportunidade: uma chance de se envolver por completo em uma experiência extraordinária. Uma vez perguntaram a Michael Jordan qual era sua parte preferida de jogar basquete. Ele respondeu que adorava treinar, porque os treinos eram o basquete puro. Nos treinamentos ele era desafiado naquilo que sabia fazer, podia se conectar com seus companheiros de time, podia ser simplesmente Mike. Sem plateia, sem placar, sem firulas. Michael conseguia ter um desempenho magistral sob pressão porque os treinos e os jogos se tornavam uma coisa só para ele – uma oportunidade de sentir a ressonância.

A automaestria remove tudo que não somos e nos coloca em sintonia com quem somos de verdade e a pessoa que desejamos nos tornar. Almejar a automaestria é almejar a presença completa, uma mente livre de confusão e um coração leve. Não é realista achar que manteremos essa presença o tempo todo, ainda mais com a tendência humana natural de viver no passado e no futuro. Portanto, para continuar a crescer, precisamos de renovações constantes.

Aqui vão algumas atividades de renovação para você se tornar o tipo de pessoa que é seguido pelos outros:

- Concentre-se nos princípios e nas ferramentas da *Excelência Interior* que ajudam você a permanecer estabelecido no que é Verdadeiro.
- Preencha sua mente todos os dias com o amor, a sabedoria e a coragem contidos em livros e podcasts, palestras e sermões – e decore os princípios e ideias mais importantes.
- Treine seu coração para desejar mais aquilo que é mais valioso e empoderador (é parecido com treinar seus apetites para desejar o que é mais saudável).

- Passe o máximo de tempo possível com pessoas mais sábias que você e também com pessoas que têm necessidades bem mais tangíveis que você.
- Na hora de dormir, repasse seu dia, procurando momentos de gratidão e aprendizado, e então deixe-os para trás.
- Monitore seu ego o tempo todo, aquela parte sua que deseja fazer comparações e se proteger, em vez de se concentrar na autoexpressão e na gratidão.
- Tire um dia da semana para se recarregar mental, emocional, espiritual e fisicamente.
- Receba feedback sincero de outras pessoas.

Os melhores líderes, assim como os melhores atletas, artistas e profissionais em geral, têm uma imaginação vasta e a exercitam com frequência. É quase impossível ser um grande líder sem renovação contínua, porque a liderança envolve apresentar constantemente novas ideias e uma nova motivação para que os membros da equipe acreditem em si mesmos e uns nos outros. Assim, líderes precisam ter a consciência de si necessária para entender quando não estão presentes, quando precisam de centramento e quando estão preocupados demais consigo mesmos, se impedindo de enxergar todas as possibilidades. Líderes precisam conseguir visualizar o sucesso do grupo e também o caminho para chegar lá – e então transmitir essa visão para o time.

Acima de tudo, um líder excelente serve às necessidades do grupo. Como? Redefinindo o sucesso em sua própria vida para se tornar alguém que transborda amor, sabedoria e coragem para os outros com poucas palavras... buscando a automaestria para se deixar guiar não pelos impulsos e as comparações da sociedade, mas pela verdade sobre o que é possível e a glória que está à espera de cada um. Um líder extraordinário inspira os outros a buscar consciência de si, autocontrole e crescimento pessoal, de modo a conectá-los com uma visão maior que eles. Ao fazer isso, ele cria uma família que se inspira mutuamente a buscar a excelência.

PONTOS PRINCIPAIS

- Líderes extraordinários fazem três coisas que vão além de sua área de especialidade técnica e da prática disciplinada:
  - Redefinem o sucesso.
  - Conectam indivíduos com uma visão maior que eles mesmos.
  - Buscam a automaestria – e ajudam os outros a fazer o mesmo.

- Na nossa cultura, o sucesso costuma ser medido pelo que você tem, pelo que já fez e por como se sai em comparação com os outros – mas não é assim que os melhores líderes avaliam o sucesso.

- Os melhores treinadores e líderes definem sucesso pelo esforço e pelo desenvolvimento, e por um propósito significativo, que sirva ao bem maior.

- Organizações extraordinárias se concentram em ser sua melhor versão, não em vencer a concorrência.

- Um líder poderoso inspira indivíduos a se conectarem com algo maior do que eles, ajudando-os a crescer como pessoas e permitindo que se desenvolvam juntos como uma unidade.

PERGUNTAS E ATIVIDADES EXTRAS

- O que você precisa fazer ou mudar no ambiente da equipe para facilitar o crescimento pessoal e reduzir as comparações e o egocentrismo?

- Quais princípios, pressupostos ou ideias você precisa colocar nas paredes e janelas da sala da sua equipe?

- Qual é a nova definição de sucesso para você e sua equipe?

- O que você precisa fazer para estabelecer uma sintonia com os membros da sua equipe e conseguir guiá-los rumo a uma visão comum, pela qual estejam prontos a se sacrificar? Você conhece os objetivos e a visão pessoal deles?

- Na sua busca pessoal pela automaestria, o que precisa fazer para aumentar sua consciência de si, sua autoeducação e seu autocontrole?

CONCLUSÃO

Um novo estilo de vida

Esta época, como todas as outras, será muito boa se soubermos o que fazer com ela.

– Ralph Waldo Emerson

Em nossa jornada juntos, falamos sobre a influência sedutora da cultura ocidental e como somos expostos todos os dias ao vírus da afluência. Ele inibe a busca pelo que realmente queremos: experiências incríveis, relacionamentos profundos e significativos, uma vida de paz e propósito, e a força que vem disso tudo. Falamos sobre como atrapalhamos a nós mesmos. Mostramos como o amor, a sabedoria e a coragem formam a base do desempenho extraordinário e da energia incrível da ressonância. Também vimos como o sofrimento, a disciplina e a alegria estão interligados, e como nossa mentalidade padrão nos posiciona no centro do universo, nos levando rumo ao medo e nos impedindo de viver de verdade.

Para a maioria das pessoas, nossa vida pregressa, baseada no egocentrismo, atrapalhava nosso fluxo. Nosso desempenho – no escritório, no campo ou nas quadras – era apenas um meio para um objetivo: a vitória a qualquer preço. Vencer o próximo jogo. Fechar o próximo negócio. Avançar. Ser feliz. De algum jeito, nessa busca frenética nos perdemos – ou, pelo menos, perdemos o amor por trabalhar e competir apenas pela alegria do momento. Fomos socializados para seguir o caminho focado em conquistas, que almeja promoções e vitórias acima de tudo, mesmo com todos os apegos gerados pelas preocupações e pelos problemas, com a perda da integridade. Os elogios faziam com que nos sentíssemos validados, apesar de virem acompanhados pela inibição e pela ansiedade – causadas pelas nossas inúmeras tentativas de agradar os outros. Na busca por uma vida melhor, perdemos nossa liberdade e ganhamos um coração dividido.

Nossa liberdade ficou bloqueada por um fluxo ininterrupto de pensamentos, em geral negativos ou inúteis. Nós alternávamos entre o passado e o futuro, analisando, refletindo, torcendo, duvidando. Era como uma gangorra interminável, em que o equilíbrio perfeito estava no presente, no qual os momentos extraordinários existem. Nós os vivenciamos e sabíamos que eles existiam, mas rapidamente pulávamos outra vez para o passado ou o futuro, nos juntando às nossas dúvidas e aos nossos medos.

Para a maioria das pessoas, esses momentos eram tão desconhecidos e desconfortáveis que voltávamos depressa a buscar as conquistas e o status ditados pela sociedade. Momentos sagrados eram incômodos porque geravam uma percepção do nosso potencial e, com frequência, não queríamos encará-lo. Talvez por termos medo do que poderíamos encontrar e dos medos que teríamos de enfrentar. A possibilidade de não alcançar nosso pleno potencial, junto com o conhecimento de que, para fazer isso, teríamos que experimentar certo grau de desconforto e sofrimento, era assustadora. Incrivelmente, nós nos sentíamos mais confortáveis com os sentimentos passageiros da gangorra do que com os pés no chão, apreciando tudo que é possível: uma vida de experiências extraordinárias e alto rendimento.

Agora, no entanto, você tem as ferramentas para combater o Crítico, a Mente Macaco e o Enganador que costumavam impedir seu progresso. Todos os dias, armado do conhecimento da natureza humana egocêntrica e de seus efeitos limitantes, você tem a opção de se afastar do medo e seguir rumo ao desempenho exemplar e à realização a longo prazo. Você pode escolher seguir seu coração, expandir sua visão e estar completamente presente. Seguir o coração é se conectar com seu verdadeiro eu – isto é, se livrar de tudo que não seja você e aprender a viver, sentir e competir. Expandir a visão é ajustar continuamente seu mapa do mundo para ver o invisível: as ideias, a beleza e o foco que redefinem cada momento. Uma visão expansiva só é possível quando paramos de nos apegar à nossa vida (e a todas as necessidades e medos que a acompanham) para podermos capturar a sabedoria que leva ao aprendizado, ao crescimento e a experiências incríveis.

À medida que continuar aprendendo, você questionará suas velhas crenças e seguirá um propósito de vida que sirva ao bem maior. Isso vai permitir que você tenha uma mente livre de confusão e um coração leve ao se conectar com a beleza e a excelência de cada momento. Para isso, você precisa alinhar seu foco e reorientar seus afetos, amar mais o que for mais empoderador. Um coração transformado que ama os outros de forma abnegada – em primeiro lugar –, inclusive nossos oponentes, nos permite viver a plenitude absoluta da vida. É necessário coragem para entregar a própria vida, mas, ao fazer isso, você se conectará com seu verdadeiro eu e encontrará momentos sagrados de ressonância.

A ressonância é a recompensa, aquela sobre a qual pouco se fala, mas que tem um valor imensurável para o coração. É a sensação elétrica de estar completamente presente e em harmonia, sendo seu verdadeiro eu.

Um dos meus objetivos ao escrever este livro era compartilhar com você o que é possível quando vivemos com autenticidade e coragem, indo além das ambições externas, buscando ressonância e zoé (a plenitude absoluta da vida). Talvez, a esta altura, sua visão em constante expansão já tenha lhe oferecido um vislumbre da jornada incrível que está por vir – a que o levará a estar completamente presente, de coração, mente e corpo, desapegado de circunstâncias e resultados.

Conforme você seguir esse caminho, momentos mais autênticos começarão a surgir, nos quais nada existe além do aqui e agora, e sua mente, seu corpo e seu espírito fluem juntos como um. Momentos comuns se tornam extraordinários. O entusiasmo nascerá à medida que você for encontrando mais momentos sagrados, momentos em que a paz e a paixão se encontram, em que o esforço se transforma em arte.

Quanto mais for aprendendo os princípios e praticando as ferramentas e exercícios, mais você ganhará confiança para correr riscos, encarar seus medos e vivenciar momentos sagrados por completo tanto em sua carreira como na vida cotidiana. Você viverá com paixão e coragem, confrontando os momentos de medo e desejo por aceitação social, determinado a ser seu verdadeiro eu e a viver cada instante. Agora você tem uma nova mentalidade, um novo conjunto de habilidades, de ferramentas. Você sabe que é capaz de transformar seu estado a qualquer momento e de viver com mais liberdade, visão e ressonância.

Juntos, eu e você, e nossa pequena comunidade da *Excelência Interior*, nos comprometeremos a continuar nossa busca pela verdade em nosso jeito de viver, sentir e competir. Passaremos por cima das nossas circunstâncias em constante mudança, das vitórias e das derrotas, e nos tornaremos cada vez mais sintonizados com a excelência, vendo a beleza e a abundância que nos cercam, sem nos deixar deter por nossas emoções e supostas limitações.

Sob essa lente, nossa fé continuará crescendo e momentos sagrados surgirão. Nossa perspectiva continuará se expandindo, permitindo que nós, como um golfista diante da tacada fácil que lhe dará a vitória, tenhamos uma mão firme, uma mente livre de confusão e um coração leve. O caminho pode parecer assustador enquanto você estiver aprendendo a ficar confortável no desconforto e a deixar para trás o apego a questões superficiais. Porém a recompensa – viver de coração inteiro, de forma incondicional, com plenitude absoluta – com certeza vale a pena.

Se você seguir esse caminho comigo *com todo o seu coração*, descobrirá o segredo para tudo que sempre desejou. Primeiro almeje desenvolver seu mundo interior – e todos os seus relacionamentos – e tudo o mais virá. Então pare de pedir... de buscar... de procurar. A porta vai se abrir. Eu prometo.

Se a *Excelência Interior* fez sentido para você...

Inscreva-se na lista VIP, em inglês, para receber mais ferramentas, técnicas e entrevistas na sua caixa de entrada, em www.innerexcellence.com.

Se *você achou que este livro merece cinco estrelas*, por favor, acesse o site da Amazon e faça uma avaliação sincera, explicando por que *você acredita que a leitura deste livro é importante.* Eu leio todas as avaliações e sou muito grato quando leitores compartilham seu amor. Toda avaliação positiva me ajuda a dedicar mais tempo às pesquisas e à escrita.

Sua avaliação ajudará mais pessoas por todo o mundo a viver com amor, sabedoria e coragem, assim como apoiará o *The Inner Excellence Freedom Project*, que recebe pelo menos 10% de todos os lucros da venda deste livro.

SOBRE O AUTOR

No dia 21 de dezembro de 2003, eu me mudei para o deserto de Sonora, em Tucson, Arizona, para encontrar um propósito ao qual dedicar minha vida. Minha carreira como jogador de beisebol profissional com os Chicago Cubs tinha chegado ao fim e eu me sentia atordoado.

Tinha um mestrado em Ciência do Treinamento, da Universidade da Colúmbia Britânica, onde comecei o time de beisebol (que se tornou um esporte universitário por todo o Canadá) e jogava no time de futebol americano (depois de passar oito anos fora dos campos). No mestrado, fiz dois anos de pesquisa sobre como construir um time campeão. Entrevistei 38 técnicos, empresários e treinadores ao vivo, para aprender como eles desenvolveram as crenças de seus jogadores, estabeleceram objetivos e criaram uma cultura de vitórias. Mas, nesse dia, decidi simplificar minha vida.

Joguei fora minha televisão, terminei com minha namorada e me livrei de metade dos meus pertences. Fui viver uma vida de solitude, deixando de lado tudo que não fosse eu, para conseguir entender quem eu era de verdade. Limitei minha vida social e amorosa, e, sem televisão, minha rotina com frequência era solitária.

Perto do fim de dezembro, após meu primeiro ano, eu estava sentado em minha casa vazia, escrevendo em meu diário. Ouvi um barulho, saí para o quintal e vi os fogos de artifício. De repente, percebi que era noite de Ano-Novo. Eu sabia que era dezembro, mas não tinha noção da data. Voltei para dentro da casa vazia e me perguntei: “O que estou fazendo aqui, sozinho, nesta casa vazia, quando podia estar me divertindo com meus amigos? Quem faz uma coisa dessas?"

Comecei a trabalhar em meio-expediente com meu ex-companheiro de time do beisebol profissional Ricky Scruggs, em sua recém-aberta Centerfield Baseball Academy. Enquanto estava lá, decidi me tornar coach de jogadores profissionais de beisebol e ensinar-lhes a ter equilíbrio sob pressão. Meus primeiros dois clientes tiveram resultados ótimos, então decidi montar um pequeno manual de resistência mental para oferecer a futuros clientes.

Liguei para um psicólogo do esporte e perguntei: "Como um atleta olímpico consegue passar quatro anos treinando para um evento que pode durar menos de um minuto e ter tranquilidade e confiança nessa situação?" Isso gerou mais perguntas do que respostas, então liguei para outro psicólogo. Depois para outro. E mais outros. Passei os cinco anos seguintes fazendo pesquisas em tempo integral e escrevendo durante 60 a 80 horas por semana. Entrevistei psicólogos do esporte, treinadores olímpicos, coaches de habilidades mentais para times profissionais e alguns dos melhores atletas do mundo. Este livro é o resultado. A primeira edição foi lançada em dezembro de 2009 e começou a ser vendida em livrarias por todo o mundo no começo de 2010.

No outono de 2011, o caddie Jude O'Reilly, de Dublin, na Irlanda, leu o livro. Ele disse para seu chefe (o golfista profissional Henrik Stenson) que eu poderia ajudá-lo a realizar seus sonhos. Henrik se tornou meu primeiro cliente da PGA Tour. Pouco depois recebi um telefonema de Sean Foley, que treinava alguns dos melhores golfistas do mundo, inclusive Tiger Woods. Ele tinha lido o livro e queria saber se eu poderia trabalhar com um dos seus clientes que estava tendo dificuldades, Hunter Mahan.

Passei quase dois anos viajando para cerca de 16 ou 17 países, trabalhando com Hunter e Henrik, e também com equipes de liderança corporativa por todo o mundo. Os dois golfistas tiveram sucesso extraordinário ao longo dos anos seguintes, com Hunter vencendo dois eventos importantes (incluindo o campeonato mundial de golfe WGC) nos primeiros seis meses.

Durante essa época, recebi uma ligação de David Novak, presidente da YUM Brands (Taco Bell, KFC, Pizza Hut), que tinha lido o livro e o compartilhara com seus executivos. Nós fizemos um retiro da *Excelência Interior* fora da empresa para a equipe de liderança do KFC na Europa Ocidental. Foi uma semana extraordinária, que levou a outros retiros e muitos relacionamentos incríveis que se perpetuam até hoje. Continuei viajando pelo mundo, trabalhando com atletas e líderes de elite, desde então.

Em 2018 percebi que tinha aprendido muito nos últimos nove anos (desde a primeira edição de *Excelência Interior*, publicada em 2009). Então passei mais dois anos escrevendo 30 a 40 horas por semana para criar esta edição revisada do livro.

Agora compartilho o novo *Excelência Interior* com você e me sinto extremamente honrado por ter essa oportunidade. Este livro é minha obra-prima – tudo que aprendi e os princípios que mudaram completamente minha vida. Estou ansioso para conhecer a sua história.

FAQ SOBRE A *EXCELÊNCIA INTERIOR*

1. E se eu não quiser nada além de ganhar uma medalha olímpica de ouro, me tornar campeão do mundo ou ser o melhor jogador de Fortnite do meu bairro? Ainda preciso entender meu propósito de vida e me concentrar em amor, sabedoria e coragem?

Eu entendo. Foi assim que passei boa parte da vida – obcecado com o sucesso. A resposta é não, você não precisa fazer nada disso. Muitas pessoas já ganharam campeonatos mundiais sem jamais pensar no que seu coração mais deseja nem por que elas querem ser bem-sucedidas. No entanto, se você não for uma das pessoas mais talentosas do mundo e trabalhar mais que todos, é melhor ter todas as vantagens possíveis. Além do mais, de que adianta ganhar tudo apenas para perder sua alma? Não é melhor ir atrás do que você mais quer – uma vida significativa, prazerosa, com experiências incríveis e relacionamentos incríveis, paz e alegria, *e* resultados extraordinários (a loja de doces inteira)? Por que se contentar com a medalha olímpica de ouro ou o campeonato mundial (o pequeno pirulito) quando essas coisas podem não trazer alegria e satisfação? Se você seguir a *Excelência Interior*, terá a melhor chance de conseguir tudo que poderia desejar e talvez mais do que sequer sonhou.

2. Sempre acreditei que confiança é essencial para ter um bom desempenho sob pressão. Eu não devia ter um pouco de ego e orgulho para aumentar minha confiança?
Depende do que você quer dizer com ego e orgulho. Se for "Será que eu não deveria contar para as pessoas que sou muito bom?", geralmente essa é só uma forma de você tentar se convencer disso. E existem formas melhores de se fazer isso. Se for "Será que eu não deveria andar de cabeça erguida e agir com confiança apesar de não me sentir assim?", então, sim, essa é uma forma de confiança muito mais empoderadora. Basicamente, quando dizemos que queremos ter mais confiança, estamos falando que queremos apresentar um desempenho melhor, ainda mais quando há muita coisa em jogo. Se for o caso, ainda mais empoderador do que ter confiança é estar completamente presente no momento, de coração, mente e corpo. Também podemos ser confiantes e ter um desempenho ruim – e isso acontece com frequência. Quantas vezes você já não pensou "Hoje estou com tudo – vai ser um dia incrível" e a realidade acabou não correspondendo à sua expectativa? Porém, se você entender o que seu coração realmente deseja além de elogios temporários e troféus, e for atrás disso, aprendendo a treinar a mente e o corpo para estar completamente presente, o sucesso virá com mais frequência.

3. Como posso ser incansável na busca por realizar meu sonho de me tornar campeão do mundo (ou qualquer outro objetivo) e me sentir satisfeito ao mesmo tempo? Essas duas coisas não estão em conflito?
Ótima pergunta. Muitos atletas profissionais têm a mesma dúvida. Acho que você quer dizer que, para maximizar seu potencial, é preciso ser obsessivo na sua busca em vez de ficar "satisfeito" no sofá. Concordo plenamente. Para alcançarmos qualquer conquista extraordinária, precisamos nos sacrificar e estar preparados para sofrer, estar sempre aprendendo, nos desenvolvendo e nos aprimorando, para nos tornar alguém que nunca fomos.

A questão é: qual é a melhor maneira de fazer isso? Como podemos maximizar nosso treino diário de forma a melhorar o máximo possível todos os dias? A maneira mais eficaz é superando nossos medos e inibições, tendo a liberdade necessária para correr riscos e ir atrás de nossos sonhos com coragem, paixão e perseverança (aquilo que a professora Angela Duckworth, de Stanford, chama de garra).

Se você não estiver satisfeito, talvez isso o ajude a acordar mais cedo, se esforçar mais, se sacrificar mais, etc. Nós queremos manter essa determinação e ir um passo além. Queremos essa busca meio obsessiva pela excelência, ao mesmo tempo que não devemos nos deixar atrapalhar pela carência... não devemos "precisar" do amor e da aceitação dos outros nem de reconhecimento, dinheiro ou status. Se tivermos uma satisfação profunda, alegria e confiança, então podemos sonhar grandes sonhos, enxergar novos horizontes, sem nos perder em nossas necessidades. A maioria das pessoas motivadas pela insatisfação acaba descobrindo, no fim das contas, que esse sentimento correspondia a uma necessidade profunda de amor e aceitação, que pode nos distrair muito do processo de aprimoramento diário.

4. Como posso ter um forte senso de identidade e ao mesmo tempo ser abnegado?

Ironicamente, a maneira mais eficaz de ter um forte senso de identidade é sendo completamente abnegado. Nosso maior desafio na vida é o egocentrismo, nosso ego. Nós nos atrapalhamos com o egocentrismo e o excesso de pensamentos, ficando apegados a coisas que não podemos controlar. Tudo isso gera estresse, ansiedade e medo.

Ser seu verdadeiro eu é reconhecer que você foi criado para a glória (para o valor inerente e infinito) e que, no caminho até lá, é necessário entregar seu "eu" e todas as suas necessidades, seus medos e preocupações, em nome de um propósito maior que você. Isso não seria incrível? Assim, você poderá ter compaixão, tranquilidade e alegria, independentemente das circunstâncias, porque nenhuma parte sua precisará dessas coisas. Você pode ter conexões profundas com os outros e será bem mais fácil estar completamente presente, de coração, mente e corpo, durante sua performance, e também quando você estiver apenas... sentado no sofá.

5. Com que tipos de cliente você trabalha?

Trabalho com atletas profissionais de todos os esportes, executivos, artistas – qualquer um que deseje maximizar seu potencial no trabalho e na vida. Com frequência sou procurado por agentes de pessoas extremamente talentosas que sabem que seus clientes não estão aproveitando ao máximo suas habilidades. Em outras ocasiões, trabalho com pessoas que podem ter desenvolvido um bloqueio mental que precisa ser resolvido o mais rápido possível.

6. Você mencionou o desempenho extraordinário dos clientes da *Excelência Interior*. Pode falar um pouco mais sobre isso?
Apesar de a minha lista atual de clientes ser sigilosa, posso contar que, desde que comecei a trabalhar com atletas profissionais e olímpicos em tempo integral, mais de onze anos atrás, a maioria dos meus clientes (individuais e equipes) teve o melhor ano de sua carreira no nosso primeiro ano juntos ou ao menos nos últimos cinco anos.

7. Como começo a criar rotinas e hábitos para ter uma vida de *Excelência Interior*?

- Acesse www.innerexcellence.com, em inglês, e se inscreva na newsletter.
- Assine o podcast Inner Excellence.

Você receberá as últimas dicas e ferramentas para ajudá-lo a ter uma vida extraordinária. Também será um dos primeiros a saber sobre futuros retiros da *Excelência Interior* por todo o mundo ou cursos virtuais e webinars que ocasionalmente ofereço. Você com certeza terá acesso às últimas atualizações e aos princípios e ferramentas que ensino para os melhores atletas e líderes do mundo. Também é possível seguir o perfil *Inner Excellence* em outras redes sociais.

8. Como a *Excelência Interior* é diferente da psicologia do esporte?
A psicologia do esporte é importante porque ensina habilidades mentais essenciais (como as que compartilhei com você), como visualização, monólogo interior, afirmações, técnicas de relaxamento, etc. A *Excelência Interior* pega o melhor da psicologia do esporte e acrescenta profundidade e a plenitude da vida, assim como uma maneira extraordinária de eliminar bloqueios mentais, medos e lembranças traumáticas e dolorosas. O treinamento aprofundado do coração e da mente aliado à eliminação dos bloqueios mentais causados por traumas cria uma combinação que transformou vidas por todo o mundo e ajudou atletas e líderes a alcançar um sucesso extraordinário.

9. Adorei a ideia de fazer um retiro de *Excelência Interior*. Você pode dar mais detalhes?

Nos retiros você aprenderá mais em três a sete dias (dependendo da duração) do que aprenderia em um ano de aulas mensais. Nós oferecemos uma alimentação maravilhosa, um companheirismo incrível e todas as pessoas esclarecem o próprio propósito de vida e aprendem os princípios, as ferramentas e as habilidades para uma vida extraordinária. Os feedbacks que recebemos têm sido fantásticos, e muitos são de participantes de retiros de liderança corporativa ou familiares.

10. O que é o The Inner Excellence Freedom Project?

The Inner Excellence Freedom Project (IXFP) é o nome da instituição de caridade sem fins lucrativos que criei em 2019. A instituição é dedicada a oferecer opções para pessoas que vivem na pobreza, encarceradas ou que simplesmente não têm liberdade para fazer coisas básicas. Quando fico doente, eu vou ao médico. Quando percebo um vazamento no telhado, eu o conserto. Boa parte do mundo não tem essas opções. Quero mudar isso.

Nós escolhemos vários projetos para ajudar pessoas que vivem na pobreza, oferecendo bens tangíveis, como a construção de uma casa para uma família carente ou a organização de retiros de *Excelência Interior* em presídios.

O propósito da minha vida é compartilhar o amor de Deus, a sabedoria e a coragem com atletas e líderes pelo mundo. O The Inner Excellence Freedom Project (IXFP) é uma das maneiras como faço isso (além de compartilhar a *Excelência Interior* com todos vocês). Uma percentagem dos lucros da venda deste livro irá para o IXFP.

Desde 2013 sou membro da diretoria da Father's Heart Foundation, uma instituição de caridade sem fins lucrativos/orfanato em El Salvador. Também realizo retiros de *Excelência Interior* em presídios e construo casas no México com um grupo chamado Youth With A Mission, Homes of Hope.

Para mais informações, em inglês, acesse www.innerexcellencefreedomproject.org.

ANEXO A

OS DOZE PASSOS DOS ALCOÓLICOS ANÔNIMOS

1. Admitimos que éramos impotentes perante o álcool – que tínhamos perdido o domínio sobre nossa vida.

2. Passamos a acreditar que um Poder superior a nós poderia nos devolver a sanidade.

3. Decidimos entregar nossa vontade e nossa vida aos cuidados de Deus *na forma em que O concebíamos.*

4. Fizemos um minucioso e destemido inventário moral de nós mesmos.

5. Admitimos perante Deus, perante nós mesmos e perante outro ser humano a natureza exata de nossas falhas.

6. Prontificamo-nos inteiramente a deixar que Deus removesse todos esses defeitos de caráter.

7. Humildemente rogamos a Ele que nos livrasse de nossas imperfeições.

8. Fizemos uma lista de todas as pessoas a quem prejudicamos e nos dispusemos a reparar os danos a elas causados.

9. Fizemos reparações diretas dos danos causados a tais pessoas sempre que possível, salvo quando isso significaria prejudicar a elas e a terceiros.

10. Continuamos fazendo o inventário pessoal e, quando estávamos errados, o admitíamos prontamente.

11. Procuramos, através da prece e da meditação, melhorar nosso contato consciente com Deus, *na forma em que O concebíamos*, rogando apenas pelo conhecimento de Sua vontade em relação a nós e por forças para realizar essa vontade.

12. Tendo experimentado um despertar espiritual graças a estes passos, procuramos transmitir esta mensagem aos alcoólicos e praticar estes princípios em todas as nossas atividades.

Observação: Incluí os doze passos porque eles são extraordinariamente capazes de transformar vidas quando nada mais funciona. Na minha experiência conversando com membros do AA, talvez o fator que mais cause mudanças seja a entrega. Entregar-se a um poder maior do que nós mesmos, capaz de nos restaurar, é o âmago da excelência. Descobrir o poder da abnegação e do amor incondicional é a melhor coisa que todos nós podemos aprender.

AGRADECIMENTOS

Deus me abençoou demais nos últimos dez anos, desde o lançamento da primeira edição de *Excelência Interior*. Obrigado a todos os atletas e líderes – alguns dos melhores do mundo – que me convidaram a participar de sua vida para, juntos, buscarmos uma vida de excelência.

Um agradecimento especial a meu ex-companheiro de time e colega de quarto na época do beisebol profissional Ricky Scruggs, que me convidou para o deserto em 2003 e me lançou nesta jornada incrível. Seu convite para um fim de semana me incentivou a correr o risco de abandonar a segurança dos meus familiares e amigos para ir atrás de uma vida com significado. Muitas das ideias neste livro surgiram durante incontáveis horas de conversa com Ricky. Eu também gostaria de agradecer:

A Natasha McCartney, minha primeira editora baseada em Vancouver, que foi incrível e altruísta em doar seu tempo, sua energia e seu talento quando eu estava apenas começando. A generosidade e o cuidado de Natasha se tornaram evidentes de novo nesta segunda versão do livro, a que dedicou muitas noites para me dar feedbacks muito valiosos. Natasha, você é um presente de Deus.

A James Carpenter, que me ajudou a tornar esta versão atualizada de *Excelência Interior* mais simples e poderosa. Suas observações e seus feedbacks foram importantes demais.

À minha agente literária, Rita Rosenkranz, que me ajudou a revisar a primeira edição, me conectou com a McGraw-Hill e também colaborou nesta edição.

Aos atletas profissionais Ryan Dodd e Stewart Cink, com quem tive muitas conversas maravilhosas sobre orgulho e ego, amor e medo, e todas as coisas que encontramos na busca pelo alto rendimento e pela plenitude da vida.

À atleta olímpica Heather Brand, que também contribuiu muito para a primeira edição. Suas observações, seu feedback e seu apoio foram um presente incrível.

Aos meus primeiros leitores e grandes amigos Jamie Osborne, Lise Lavigne, Ricky Scruggs, Connie Geier e De Thompson. Obrigado a Stacy Shaneyfelt, que também ofereceu feedbacks sagazes e ajudou na edição.

A Paola Zamudio, que generosamente traduziu a versão original de *Excelência Interior* para o espanhol.

A David Bentall, que me contratou anos atrás quando buscava um psicólogo do esporte cristão. O tempo que passamos juntos rendeu experiências incríveis e um relacionamento profundo, em que buscamos compartilhar a *Excelência Interior* com aqueles que mais precisam.

A Jude O'Reilly, caddie/instrutor da PGA Tour, que me apresentou a Henrik Stenson.

Aos muitos outros caddies da PGA Tour que me receberam em seu mundo e ofereceram perguntas e conversas reveladoras, que foram muito úteis, em especial: Brandon Parsons, Teddy Scott, Mark Carens e John Wood.

Ao Dr. Gaston Cordova, que é incansável em suas pesquisas sobre ferramentas e ideias de biohacking e as compartilha comigo.

Eu também gostaria de agradecer às seguintes pessoas:

Derin McMains, coach de habilidades mentais dos San Francisco Giants; Dr. Jack Curtis, coach de habilidades mentais que já trabalhou com os Seattle Mariners; Ronn Svettich, dos Colorado Rockies; e Tom Trebelhorn, empresário e treinador de times da liga principal de beisebol, pelas muitas conversas que tivemos sobre alta performance. Trebelhorn, McMains e eu assistimos a muitos treinos de primavera juntos, com Tom pacientemente respondendo a todas as minhas perguntas sobre treinamento de beisebol.

Dr. Cal Botterill, Dr. David Coppel, Dr. Ken Ravizza, Dr. Jim Bauman, Dr. Jim Loehr, Dr. Matt Brown e os muitos outros psicólogos do esporte que contribuíram com seus pensamentos e sua sabedoria.

Dr. Timothy Keller, Dr. Darrell Johnson e Dr. Dallas Willard, cujos conceitos e ideias moldaram minha vida mais do que outros mestres.

Os Navy SEALs com quem conversei e todos os líderes corporativos, atletas e treinadores – muitos meus próprios clientes –, que foram tão prestativos.

Richard Lopez e Jonathan Michael, com quem tive muitas conversas maravilhosas sobre excelência e como alcançar a plenitude da vida. Henrik Stenson, meu primeiro cliente da PGA Tour, que generosamente negociou um contrato melhor para mim e me apresentou à PGA Tour no outono de 2011.

Joshua Medcalf, por compartilhar sua experiência e suas observações como escritor.

As equipes masculina e feminina de golfe de 2007 e 2008 da Universidade da Colúmbia Britânica, por sua inspiração e dedicação na busca por uma vida de coragem.

Lewis Gordon Pugh, por inspirar todos nós a encontrar um propósito poderoso maior que nós mesmos e a dedicar nossa vida a isso.

A todos os huteritas da América do Norte (especialmente a colônia James Valley e a colônia Warden), que me receberam em suas comunidades nos últimos 37 anos e compartilharam o amor de Deus, me convidando para passar um tempo com eles, escrever e vivenciar seu estilo de vida maravilhoso.

Meus pais, por seu amor e orientação durante toda a minha vida, e por lerem a primeira edição de *Excelência Interior* e me darem feedback. Meus irmãos, Dave, Pat e Mike, e minha irmã, Naomi, pela inspiração incrível. E, principalmente, obrigado a Deus, que me abençoou imensamente.

GLOSSÁRIO

abnegação: Ação de colocar o bem maior e o que é certo na frente de desejos ou necessidades individuais; desenvolver-se continuamente, sem deixar que o eu fique em primeiro plano.

abundância (mentalidade): Base de referência a partir da qual é possível enxergar possibilidades, oportunidades e a plenitude da vida. A mentalidade de abundância vem da gratidão, da humildade e do aprendizado constante.

ACIMA: Sigla para os cinco fatores do vírus da afluência: aparência física, conquistas, influência social, meios materiais e abundância financeira. ACIMA é formada de símbolos de superioridade.

afirmação: Declaração positiva sobre quem queremos ser, como queremos ser ou o que desejamos alcançar no futuro, como se isso fosse verdade hoje. Por exemplo: Falo muito bem em público. Vivo em um mundo de abundância. Mantenho o equilíbrio sob pressão.

afluência: Insegurança que vem de basear nossa identidade em aparência física, conquistas, influência social, meios materiais e abundância financeira. Esse "vírus" causa um desejo infinito por qualquer um desses cinco símbolos, porque nunca pode ser satisfeito. Muitas pessoas permanecem contaminadas por ele, sem perceber, até a morte.

alegria: Sensação profunda e generalizada de bem-estar, liberdade e gratidão, independentemente das circunstâncias (mais intensa e ampla que qualquer prazer); sensação de deleite que acompanha a percepção e antecipação da beleza, da graça e da glória para as quais fomos criados.

Observação: A alegria, uma consequência do amor, é o atributo fundamental que leva a todos os outros atributos da melhor vida possível: paz, paciência, generosidade, bondade (integridade), fidelidade, gentileza e autocontrole. A alegria é possível quando estamos infelizes em relação às circunstâncias (veja felicidade), mesmo em meio ao sofrimento – de fato, ela é a força que nos faz superar a dor.

amor: Dedicação abnegada ao bem maior; uma energia poderosa, focada em colocar o propósito e os outros acima do eu; o amor (focado nos outros) supera o medo (egocêntrico). O amor incondicional é a força mais poderosa do universo; ele é destemido e imbatível.

amargura: Ressentimento e raiva que surgem quando acreditamos ter recebido um tratamento injusto. A amargura é o resultado natural de um ego incontido que permite que o orgulho cresça e que se desenvolva a ideia de que o mundo nos deve alguma coisa; mais cedo ou mais tarde, alguém dirá ou fará algo, ou algo fora do seu controle acontecerá ou não acontecerá, causando ressentimento ou raiva pelo tratamento injusto. Se nossa reputação ou nosso sucesso forem as coisas mais importantes na nossa vida, bastará uma palavra, uma frase ou um incidente para nos sentirmos amargurados.

ansiedade: Sensação geral de incômodo ou apreensão com base em uma ameaça desconhecida; com frequência associada a uma ameaça à identidade. Em um eletroencefalograma, a ansiedade é uma mente que vasculha o ambiente com frequência excessiva, geralmente associada ao excesso de pensamentos (enquanto a depressão é apresentada como uma mente que vasculha o ambiente com frequência reduzida).

autoaceitação: Paz de espírito proveniente da compreensão de seu valor único, independentemente de dinheiro, posses, conquistas ou status.

autocuidado: Ato de controlar nossa energia para sermos nosso verdadeiro eu. Comer de forma saudável, praticar exercícios físicos com regularidade, fazer visualizações e exercícios de centramento são alguns exemplos.

autointeresse: Foco no eu que gera inibição, dúvidas, ansiedade e, eventualmente, medo.

automaestria: O autocontrole e a presença que surgem quando a vida é focada em amor, sabedoria e coragem. É a busca pela consciência de si, pela autodisciplina e pela autoeducação para crescermos e nos tornarmos nosso verdadeiro eu. A jornada rumo a zoé, que vai além de conquistas externas e do sucesso material. Muito associada ao domínio do ego de três maneiras: tornar-se impossível de constranger, de ofender e de irritar.

autorrealização: A jornada rumo a zoé; uma vida vivenciada por completo, de forma vívida e abnegada, com concentração e absorção totais; a sensação de satisfação a longo prazo, acompanhada por um propósito maior que si mesmo; a paz e a satisfação existentes quando a vida é dedicada ao aprendizado e ao crescimento em amor, sabedoria e coragem para servir aos outros.

autorrejeição: Sentimento que surge quando não conseguimos seguir determinado padrão e levamos isso para o lado pessoal. Em vez de fazer uma análise objetiva do obstáculo ou resultado indesejado, parece que não apenas fracassamos na tarefa como também somos um fracasso como pessoa; encarar a si mesmo como menos digno devido a um evento externo ou opinião (veja vergonha).

autorrenúncia: Ato de colocar a honra, a virtude e o bem-estar dos outros à frente do próprio. Não é autorrejeição, mas o rejuvenescimento abnegado que nos transforma em uma pessoa de amor incondicional. Como disse Liev Tolstói: "O mundo inteiro sabe que a virtude consiste na subjugação das próprias paixões, ou na autorrenúncia."

centramento: Processo de levar sua energia para o centro do corpo, logo abaixo do umbigo; acalmar a mente com respirações profundas e concentração focada.

CFL: Sigla de crença, foco e liberdade; esses elementos são a base para o desempenho extraordinário e a plenitude na vida baseados nos três recursos mais importantes no mundo: amor (liberdade), sabedoria (crença) e coragem (foco).

compaixão: Sentimento que consiste em sofrer com o outro; a compaixão é o amor, a sabedoria e a coragem que vêm da humildade; a compaixão interrompe nossa vida; não podemos ser compassivos quando estamos ocupados ou com pressa; uma extensão da empatia (em que nos colocamos no lugar do outro), em que caminhamos – talvez descalços – com a outra pessoa para ajudá-la.

completamente presente: Estado de paz, foco e clareza; percepção ampliada, sem necessidades, preocupações ou pensamentos sobre o passado ou o futuro.

contentamento: A liberdade; a esperança, a paz e a gratidão que vêm do amor, da sabedoria e da coragem.

consciência de si: Consciência dos próprios pensamentos, sentimentos e ações, e a habilidade de enxergá-los de forma objetiva para crescer. A capacidade de enxergar nossas próprias crenças, nossos padrões de pensamento, sentimentos e comportamentos, e como eles afetam nossa vida e as pessoas ao nosso redor. A consciência de si é o primeiro passo rumo ao crescimento e zoé.

coragem: Habilidade de estar completamente presente para aquilo que mais importa, especialmente em meio a distrações, tentações ou medo.

crença: Ideia que o inconsciente considera verdadeira sobre quem somos e o que podemos ou não conquistar; a história inconsciente que criamos sobre nós mesmos em todas as áreas da vida.

Crítico: A parte da mente que julga tudo e sempre dá um veredito negativo, ao qual reagimos emocionalmente. O Crítico está apegado às circunstâncias.

culpa: Sensação de remorso por alguma ofensa (real ou imaginada) contra os valores de alguém; geralmente associada a um evento (veja vergonha).

discernimento: Uso da sabedoria para decidir o melhor caminho em quaisquer circunstâncias.

ego: A parte da mente mais suscetível ao vírus da afluência, encontrando identidade por meio de aparência física, conquistas, influência social, meios materiais e abundância financeira. É a maior barreira para a vida extraordinária, porque está o tempo todo fazendo comparações, sempre se sentindo ameaçado, nunca satisfeito e a um passo do medo.

egocentrismo: Apego ao passado; preocupação com o eu; o ponto de vista limitado natural que alimenta a inibição e o ego; com o foco constante em si mesmo, limitações e fracassos vêm à tona o tempo todo na mente da pessoa.

emoções: Um subconjunto de sentimentos; existem sete emoções básicas: felicidade, interesse, surpresa, medo, raiva, culpa e tristeza.

empatia: Capacidade de entender a perspectiva de outra pessoa e sentir o que ela sente; a porta de entrada da compaixão.

Enganador: A voz enganadora que nos lembra de todos os nossos fracassos e os projeta no futuro; a parte da mente que nos diz por que não somos capazes de melhorar, de vencer a partida ou de alcançar nossos objetivos; o Enganador tem duas ferramentas principais: a enganação e a acusação, ambas levando à autorrejeição (não somos bons o suficiente).

entrega: Ato de abrir mão dos próprio medos, necessidades, preocupações e apegos pelo bem maior; a abnegação do amor incondicional; trocar o pequeno pirulito pela loja de doces inteira.

escassez (mentalidade): Crença de que existe uma quantidade limitada de recursos e que precisamos acumulá-los; mentalidade de medo, que enxerga os problemas primeiro e se torna pesada por pensamentos não construtivos.

estado: Combinação do estado do coração, da mente e do corpo a qualquer momento; como você se sente de maneira geral – no sentido físico, mental, emocional e espiritual (veja sentimentos).

fé: Confiança naquilo que esperamos; certeza do que não conseguimos ver; é a única coisa que de fato importa (expressada por meio do amor). Deixar-se guiar pela fé é ser guiado por uma verdade invisível e também por nossos propósitos e crenças mais profundos; é mais poderosa quando alimentada por amor, sabedoria e coragem.

felicidade: Sentimento positivo, temporário, associado a uma circunstância; sentimentos bons baseados em boas circunstâncias (o que está acontecendo). Quando as circunstâncias são ruins, não há felicidade (apesar de poder haver sorrisos forçados); a felicidade é sempre consequência das circunstâncias (veja alegria).

glória: O brilho e a leveza do valor inerente e infinito para o qual fomos criados.

homeostase: Equilíbrio interior; os esforços do inconsciente para manter certo nível de conquistas, de acordo com o que acreditamos ser o certo para nós. Por exemplo, se você tiver um desempenho acima do que acredita ser capaz, o inconsciente tentará reduzir a performance até seu nível de conforto; ela funciona da mesma forma quando seu desempenho está abaixo do esperado.

humildade: Visão precisa do eu; ser livre da imagem exagerada de si ou da autorrejeição; produto de uma mente livre de confusão e de um coração leve.

Observação: Uma pessoa humilde entende que força interior e destemor vêm da abnegação, e sabe que tudo de bom em sua vida é resultado direto ou indireto de coisas sobre as quais ela não teve qualquer controle: o século em que nasceu, seus pais, professores, amigos... assim como sua mente, seu coração e sua saúde física, a lista é infinita; uma pessoa verdadeiramente humilde é muito grata; a humildade e a gratidão, a sabedoria e a entrega estão muito associadas; elas levam à alegria e à paz. Uma pessoa humilde sabe que nossos dias neste planeta são como grama; como flores silvestres, desabrochamos e morremos. O vento sopra e vamos embora como se nunca tivéssemos existido.

honradez: Qualidade que consiste em cultivar as relações certas (com lugares e prioridades certos), especialmente quando se trata dos quatro grandes relacionamentos: com Deus, com nós mesmos, com os outros e com o trabalho, gerando uma mente livre de confusão, um coração não dividido e, acima de tudo, alegria e paz.

indiferença: O oposto de amor, o extremo do ódio. Martin Luther King dizia que a devoção moderada dos brancos à ordem em detrimento da justiça era um obstáculo maior do que a KKK.

inibição: Preocupação com o que os outros pensam de nós; a sensação de desconforto por ser notado e se sentir julgado pelos outros.

julgar/julgamentos: Dar um veredito (negativo) sobre algo, alguém ou si mesmo (apesar de não termos todas as informações – apesar de acharmos que temos). O referencial que usamos para julgar os outros será usado para nos julgar; quando julgamos os outros, também julgamos a nós mesmos (veja discernimento).

medo: 1. Emoção egocêntrica voltada para o futuro, desagradável, causada pela crença de que estamos sendo ameaçados; resultado predisposto de uma preocupação com o eu (geralmente inconsciente); separa e isola. 2. Fascínio e reverência pelo Criador do universo, que vem da sabedoria e da humildade.

Observação: Assim como todas as emoções básicas, o medo é inerentemente bom, criado para nossa proteção. Existem dois tipos de medo: o causado pelo egocentrismo, que gera um ego ameaçado (fruto da comparação), e o medo que gera o crescimento da entrega pessoal.

melhor versão: A pessoa interior que vem à tona quando nos livramos de tudo que não somos nós; a pessoa que somos quando somos mais poderosos; nosso verdadeiro eu, com o coração não dividido e leve, que vive por completo e ama enormemente.

melhor vida possível: Uma vida cheia de amor, alegria, paz, paciência, generosidade, bondade, fé, gentileza e autocontrole; a extensão completa da beleza, da graça e da glória para a qual fomos criados; vem de ter um coração não dividido e leve; plenitude absoluta da vida (zoé).

mentalidade: O motivo pelo qual fazemos o que fazemos e como fazemos; postura geral e forma de pensar moldada pela maneira como enxergamos a nós mesmos e o mundo.

mentalidade de crescimento: Perspectiva segundo a qual talentos, habilidades e capacidades naturais são apenas o ponto de partida; tudo pode ser melhorado; o sucesso é principalmente determinado por esforço, perseverança e aprendizado.

mentalidade fixa: Perspectiva segundo a qual talentos, habilidades e capacidades pessoais são genéticos. Por exemplo, o QI não pode ser melhorado. Para uma pessoa com mentalidade fixa, o fracasso vem de uma falta de talento e habilidade, sem que exista muito que possa ser feito para mudar isso (veja mentalidade de crescimento).

mente consciente: A parte da mente da qual temos consciência e que pensa.

mente inconsciente: A parte da mente que funciona além da consciência, nos permitindo funcionar sem precisar pensar em tudo que fazemos (como amarrar os sapatos, caminhar e respirar). Muito mais poderosa que a mente consciente, é continuamente programada para transformar nossos pensamentos e crenças em realidade. O inconsciente e o coração trabalham juntos.

Mente Macaco: O fluxo incessante de pensamentos; a mente tumultuada. Na maior parte do tempo, esses pensamentos tumultuados são uma forma de preocupação com o eu ou de autoproteção.

monólogo interior: O diálogo interno que acontece na mente consciente; as palavras que se tornam pensamentos e criam vias neurais que se transformam em crenças e constantemente moldam nosso coração.

objetivos: Metas externas estabelecidas para vivermos nossos sonhos. Existem objetivos de resultados (fora do nosso controle absoluto) e metas de processo (focadas no processo de alcançar um resultado; muito mais sob nosso controle).

orgulho: Preocupação egocêntrica com o eu, ou, como diz C. S. Lewis, a concentração implacável, insone, sisuda, sobre o eu. Causa comparações e inibição e a necessidade de ter ou ser mais do que o outro. Com o orgulho, estamos sempre calculando o que pensam da gente. O orgulho é a maior barreira para a excelência, porque é o maior obstáculo para aprendermos com o fracasso.

O orgulho se preocupa com a percepção, porque a proteção do ego é sua tarefa mais importante, e o ego se importa apenas com comparações (veja ego). Como aprender e crescer são os maiores objetivos do processo de transformação de mente e coração (para a *Excelência Interior*), o orgulho é o grande obstáculo. Uma pessoa orgulhosa se irrita ou se constrange com facilidade, enquanto uma pessoa verdadeiramente humilde não pode ser humilhada. O orgulho e a amargura caminham juntos, porque não existe amargura sem orgulho. O orgulho e o medo caminham juntos; assim, a autoproteção e a humilhação são sempre uma preocupação (veja humildade).

propósito maior que si mesmo: Propósito que direciona a vida e lhe dá sentido e força. As pessoas dão a vida por seu propósito se ele for forte o suficiente.

paz: Contentamento, fascínio e assombro profundos; descanso e harmonia intensos que vêm de ter relacionamentos gratificantes e funcionais (veja honradez); fruto da alegria.

reinicialização: Ferramenta da *Excelência Interior* (também conhecida como reset) usada sempre que não estamos presentes ou nos sentindo como queremos; envolve respirar fundo uma ou duas vezes, puxando o ar pelo nariz e expandindo a barriga, expirando por mais tempo que a inspiração, ao mesmo tempo que a pessoa encara um ponto fixo acima do horizonte, relaxando a mandíbula e os músculos faciais ao soltar o ar, deixando para trás todas as preocupações e desejos. É algo que interrompe a Mente Macaco; faz parte do centramento.

ressonância: Estado no qual frequências se alinham; empolgação e presença que vêm de estarmos totalmente engajados em nosso estado natural (nosso verdadeiro eu); quando estamos completamente presentes, sentimos a ressonância; com frequência isso ocorre quando seguimos o coração, expandimos nossa visão e estamos completamente presentes.

sabedoria: Visão aguçada sobre como viver com absoluta plenitude da vida; um coração leve; a visão expandida que enxerga beleza, oportunidades e conexões com os outros; saber quem é Deus e, portanto, quem nós somos, o que Deus faz no mundo e como podemos ajudar; muito próxima do amor (incondicional) e da coragem; a melhor coisa que podemos buscar.

senso de identidade: Nosso senso de valor. Se temos um senso de identidade forte, nos sentimos confortáveis no desconforto, não precisamos de validação, nos sentimos bem como somos e não dependemos apenas de resultados bem-sucedidos para isso. Uma pessoa com um senso de identidade fraco vive se comparando com os outros e sempre busca satisfazer as necessidades do ego. Um senso de identidade forte só vem à tona quando entregamos o ego para o poder e a graça do amor, da sabedoria e da coragem.

sentimentos: O estado ou condição do seu eu mental, físico e emocional. Sentimentos incluem emoções, sensações e desejos. Em nossa conversa usamos sentimentos e estado como sinônimos, para facilitar (veja estado).

sonhos: Sentimentos intensos que surgem quando estamos completamente presentes, fazendo o que amamos. Objetivos são estabelecidos para sentirmos o sonho.

verdadeiro eu: O melhor em nós, que floresce quando se tem um coração não dividido, cujo maior objetivo é crescer em amor, sabedoria e coragem, sempre buscando se livrar do medo e do isolamento que acompanham o egocentrismo. O verdadeiro eu surge quando nos livramos de tudo que não somos nós; a parte desapegada de sucesso material; nossa melhor versão, que se torna destemida por amar os outros mais do que a si mesma (veja melhor versão).

vergonha: Sentimento intenso de ser falho, desmerecedor. Enquanto a culpa é associada a um evento (Eu *fiz* algo ruim), a vergonha é associada à pessoa (Eu *sou* ruim).

vida extraordinária: Existência repleta de contentamento, alegria e confiança profundos, independentemente das circunstâncias. Transbordar de amor, alegria, paz, paciência, bondade, fé, gentileza e autocontrole.

zoé: Plenitude absoluta da vida; o estado de possuir vitalidade; vida, real e verdadeira; vigor e vitalidade; o auge do amor, sabedoria e coragem; autorrealização.

NOTAS

Prefácio

1 Koyama, Michiko. Correspondência particular.

Pressupostos (suposições)

1 Johnson, Darrell, Ph.D. "The Renewing of the Mind", em *First Baptist Church Vancouver*, 2013.

2 Thoreau, Henry David, 1817-1862. *Walden; And, Resistance to Civil Government: Authoritative Texts, Thoreau's Journal, Reviews, and Essays in Criticism*. Nova York: Norton, 1992. [Edição brasileira: *Walden, ou a vida nos bosques*. São Paulo: Edipro, 2018.]

3 Johnson, Darrell, Ph.D. "Anxiety: Some Causes & Cures – Part 1", em *First Baptist Church Vancouver*, 2012.

4 Hoje sabemos que o coração influencia mais o cérebro do que vice-versa. Ver www.heartmath.com/science.

Introdução

1 Lewis, C. S. *The Weight of Glory*. Nova York: MacMillan, 1949. [Edição brasileira: *O peso da glória*. São Paulo: Thomas Nelson Brasil, 2017.]

2 Obrigado a Ricky Scruggs, que me ajudou a encontrar o melhor enunciado.

1. Maslow e o Maserati

1 Leonard, George. *Mastery*. Nova York: Plume, 1991. [Edição brasileira: *Maestria*. São Paulo: Cultrix, 1998.]

2 Maslow, Abraham. *The Farther Reaches of Human Nature*. Nova York: Viking Press, 1971.

3 Marco Aurélio. famousquotesandauthors.com.

4 Maslow, Abraham. *The Farther Reaches of Human Nature*.

5 @JohnPiper. (10 jan. 2013) O God of wonder, enlarge my capacity to be amazed at what is amazing, and end my attraction to the insignifcant. [Tuíte].

6 Santo Agostinho. *The Confessions of St. Augustine*. Nova York. Penguin. 1981. [Edição brasileira: *Confissões*. Rio de Janeiro: Penguin-Companhia das Letras. 2017.]

7 Wallace, David Foster. *This is Water: some thoughts*. Discurso aos formandos da Kenyon College, 21 de maio de 2005.

8 Marx, Jeffrey. *Season of Life*. Nova York: Simon and Schuster, 2003.

9 Idem.
10 O Maserati GranTurismo MC 2019 tem 454 cavalos de potência e vai de 0 a 100 km/h em 4,8 segundos, alcança a velocidade máxima de 300 km/h e custa a partir de US$134.300,00. www.maseratiusa.com/us/en/models/granturismo.
11 Smith, Dean. *The Carolina Way*. Nova York: Penguin, 2004.
12 Kipling, Rudyard. Do poema "If", em kipling.org.uk/poems_if.htm.
13 Krzyzewski, Mike. *Leading with the Heart*. Nova York: Warner Books, 2001. [Edição brasileira: *Liderar com o coração*. Rio de Janeiro: Sextante, 2016.]

2. Onde vivem os monstros

1 Kelly, Thomas R. *A Testament of Devotion*. Nova York: Harper, 1941. [Edição brasileira: *Um testamento de devoção*. Curitiba: Palavra, 2012.]
2 Wallace, David Foster. *This is Water:some thoughts*.
3 Suzuki, Shunryu. *Zen Mind, Beginner's Mind*. Nova York: Weatherhill, 1970. [Edição brasileira: *Mente Zen, mente de principiante*. São Paulo: Palas Athena, 1994.]
4 Lewis, C. S. *Mere Christianity*. Nova York. Macmillan, 1960. [Edição brasileira: *Cristianismo puro e simples*. São Paulo: Thomas Nelson Brasil, 2017.]
5 Keller, Timothy, *The Freedom of Self-Forgetfulness: The Path to True Christian Joy*. Chorley, Inglaterra: 10 Publishing. 2002. [Edição brasileira: *Ego transformado*. São Paulo: Edições Vida Nova, 2014.]
6 Melton, Glennon Doyle. *Love Warrior*. Nova York. Flatiron Books. 2016. [Edição brasileira: *Somos guerreiras*. Rio de Janeiro: Intrínseca, 2017.]
7 Smith, Dean. *The Carolina Way*.
8 Maslow, Abraham. *The Farther Reaches of Human Nature*.
9 Dweck, Caroline. *Mindset*. Nova York: Ballantine Books, 2006. [Edição brasileira: *Mindset*. Rio de Janeiro: Objetiva, 2017.]
10 Wallace, David Foster. *This is Water: some thoughts*.

3. Os maiores oponentes que você precisará enfrentar

1 Roosevelt, Theodore. *Citizen in a Republic*. Discurso na Universidade Sorbonne, Paris. 23 de abril de 1910.
2 Foi John Kehoe quem me fez pensar no Enganador pela primeira vez, em seu excelente livro *Mind Power Into the 21st Century*. John afirma que "nossa mente consciente pode ser o maior Enganador, e precisamos estar vigilantes para observar o que ela nos diz". Ver "The Fundamental Truth of Who We Are – Part II". John Kehoe Mind Power. https://www.learnmindpower.com/article/fundamentaltruth-who-we-are-part-ii/.
3 Shakespeare, William. *Hamlet*.
4 Botterill, Cal, Ph.D. Correspondência particular.
5 Maher, Charlie, Ph.D. Correspondência particular.
6 Coppel, David, Ph.D. Correspondência particular.
7 Nouwen, Henri. *Life of the Beloved*. St. Anthony Messenger Press, 2002.

4. A ousadia e o crepúsculo

1 Pugh, Lewis Gordon. Correspondência particular.
2 Noakes, Tim. Correspondência particular.

3 Pugh, Lewis Gordon e Tim Noakes. Correspondência particular.
4 Podcast *Finding Mastery*. 2 de julho de 2019.
5 Pugh, Lewis Gordon. Correspondência particular.
6 Idem.
7 O'Connell, Nicholas. *Beyond Risk*. Seattle: Mountaineers Books, 1995.
8 Keller, Timothy. Keller fala sobre pensar menos em si mesmo em seu livro *Ego transformado*, publicado originalmente em inglês em 2002.
9 Scott, Teddy. Correspondência particular. (Scott me falou sobre como a irritação pode ser o obstáculo mais desafiador de todos.)
10 Newburg, Doug, Ph.D. *The Most Important Lesson No One Ever Taught Me*. Bloomington, Indiana: Xlibris, 2006.
11 Referência a Mateus 10:39: "Quem se apegar à própria vida a perderá; mas quem abrir mão de sua vida por minha causa a encontrará." Nova Versão Transformadora.
12 Jackson, Phil e Hugh Delehanty. *Sacred Hoops*. Nova York: Hyperion, 1995. [Edição brasileira: *Cestas sagradas: Lições espirituais de um guerreiro das quadras*. Rio de Janeiro; Rocco, 2022.]
13 Csikszentmihalyi, Mihaly, Ph.D. *Flow*. Nova York: Harper and Row, 1990. [Edição brasileira: *Flow: A psicologia do alto desempenho e da felicidade*. Rio de Janeiro: Objetiva, 2020.]
14 Becker, David. Correspondência particular.
15 Leonard, George. *Mastery*.
16 Westering, Frosty. Correspondência particular.

5. O código do samurai

1 Cleary, Thomas. *Code of the Samurai*. Boston: Tuttle, 1999. [Edição brasileira: *A sabedoria do guerreiro*. Rio de Janeiro: Record, 2001.]
2 Tsunetomo, Yamamoto. *Bushido: The Way of the Warrior*. Garden City Park, Nova York: Square One, 2003. [Edição brasileira: *Hagasuke – O livro do samurai*. São Paulo: Conrad, 2004.]
3 Tsé, Lao. *Tao Te Ching*. Nova York: Harper Perennial, 2006. [Edição brasileira: *Tao-te ching: O livro do caminho e da virtude*. São Paulo: Pensamento, 2023.]
4 Jobs, Steve. Universidade Stanford. Discurso aos formandos. 14 de junho de 2005. http://news-service.stanford.edu/news/2005/june15/jobs-061505.html.
5 Kalanithi, Paul, MD. *When Breath Becomes Air*. New York. Random House. 2016. [Edição brasileira: *O último sopro de vida*. Rio de Janeiro: Sextante, 2016.]
6 Medcalf, Joshua. Correspondência particular.
7 Ohno, Apolo Anton. Podcast *Finding Mastery*, 1º de outubro de 2019.
8 Idem.
9 Orlick, Terry e Shauna Burke. "Mental Strategies of Elite Mount Everest Climbers". *Journal of Excellence*, Issue No. 8, 2003.
10 Rose, Elizabeth. Correspondência particular.
11 Frankl, Viktor. *Man's Search for Meaning*. Boston: Beacon Press, 2006. [Edição brasileira: Em busca de sentido. Petrópolis: Vozes, 1991.]
12 Suzuki, Shunryu. *Zen Mind, Beginner's Mind*.
13 Scruggs, Ricky. Scruggs me disse que a garra pode surgir apenas depois de encararmos nossos medos. Correspondência particular.

14 Kurtz, Ernest. *Not-God: A History of Alcoholics Anonymous*. Center City, PA: Hazelden, 1991.
15 S, Ryan. Correspondência particular.
16 Lapointe, Joe. "Hoping to Return, Tyree Keeps Faith". *The New York Times*. 12 de outubro de 2008. www.nytimes.com/2008/10/13/sports/football/13giants.html
17 Rodriguez, Chi-Chi. Correspondência particular. (Perguntei a Chi-Chi sobre essa citação e ele me confirmou. Ele me disse que o golfe e a fé caminham juntos.)
18 Hurley, Sean, MD. Correspondência particular.

6. Mude seu estado, mude sua vida

1 Ortberg, John, Ph.D. *Soul Keeping*. Grand Rapids: Zondervan. 2014.
2 Kehoe, John. *Mind Power into the TwentyFirst Century*. Vancouver: Zoëtic, 1997.
3 Loehr, Jim, Ph.D. *Mental Toughness Training for Sports*. Lexington, KY: Stephen Greene Press, 1986.
4 Roach, Freddie. Entrevista no rádio antes da luta contra Floyd Mayweather Jr., em 2007.
5 Johnson, Darrell. Do sermão "Therefore, do not worry". Tenth Avenue Alliance, Vancouver, BC, 11 de janeiro de 2009.
6 Ciotti, Gregory. "Want to change your habits?". *Psychology today*. https://www.psychologytoday.com/us/blog/habits-not-hacks/201408/want-change-your-habitschange--your-environment. 7 de agosto de 2014.
7 Williams, Lawrence E. e John A. Bargh. "Experiencing Physical Warmth Promotes Interpersonal Warmth". *Science*. Vol. 322, Issue 5901, pp. 606-607.
8 Willard, Dallas, Ph.D. *Renovation of the Heart*. Colorado Springs: VanPress, 2002. [Edição brasileira: *A renovação do coração*. São Paulo: Mundo Cristão, 2007.]
9 Frankl, Victor. *Man's Search for Meaning*.
10 Bale, Gareth. Correspondência particular.
11 Fehmi, Les e Jim Robbins. *The OpenFocus Brain*. Boston: Trumpeter Books. 2007.
12 "Welcome to Open Focus." Open Focus. www.openfocus.com/home.
13 Maisel, Eric, Ph.D. *Coaching the Artist Within*. Novato, CA: New World Library, 2005.
14 Erica K. Correspondência particular.
15 Para mais informações sobre condicionamento clássico e tudo que Pavlov descobriu, veja www.verywellmind.com/classicalconditioning-2794859, em inglês.

7. O mundo é plano

1 Bogues, Tyrone e David Levine. *In the Land of Giants*. Boston: Little, Brown, 1994.
2 Idem.
3 Lopez, Andy. Correspondência particular.
4 Obama, Michelle. *Becoming*. Nova York: Crown. 2018. [Edição brasileira: *Minha história*. Rio de Janeiro: Objetiva, 2018.]
5 Callista B. Correspondência particular.
6 Na minha visita fui apresentado ao local por um residente muito grato e humilde que trabalhava no restaurante. Para mais informações, acesse www.delanceystreetfoundation.org.

8. Uma beleza clara e presente

1 Musashi, Miyamoto e Thomas Cleary. *The Book of Five Rings*. Boston: Shambhala, 2005. [Edição brasileira: *O livro dos cinco anéis*. Jardim dos Livros, 2020.]

2 Robb, Andrew. Correspondência particular.

3 Lee, Bruce. *Striking Thoughts: Bruce Lee's Wisdom for Daily Living*. Clarendon: Tuttle Publishing. 2002.

4 Idem.

5 NPR.org. 14 de agosto de 2016. https://www.npr.org/sections/thetorch/2016/08/14/489832779/if-michael-phelps-were-a-country-where-would-his-gold-medaltally-rank.

6 Cordova, Gaston, DPT. Correspondência particular.

7 Lee, Bruce. *Striking Thoughts: Bruce Lee's Wisdom for Daily Living*.

8 Svetich, Ronn. Correspondência particular.

9 Griffey Jr, Ken. Correspondência particular.

10 Hoffman, Reid. "If There Aren't Any Typos in This Essay, We Launched Too Late!". LinkedIn. 29 de março de 2017. https://www.linkedin.com/pulse/arent-any-typos-essay-welaunched-too-late-reid-hoffman.

11 Lamott, Anne. *Bird By Bird*. Nova York: Anchor. 1995. [Edição brasileira: *Palavra por palavra: Instruções sobre escrever e viver*. Sextante, 2023.]

12 Kubler-Ross, Elizabeth e David Kessler. *Life Lessons*. Nova York: Scribner, 2000.

13 Frankl, Victor. *Man's Search for Meaning*

14 Stanislavsky, Konstantin. *An Actor Prepares*. Nova York: Theater Arts, 1989. [Edição brasileira: *A preparação do ator*. Civilização Brasileira, 1994.]

15 Abrams, Jonathan. "Louisville Has Too Much of Everything for Arizona". *The New York Times*.

16 Tressel, Jim, Chris Fabry e John Maxwell. *The Winner's Manual*. Carol Stream, IL: Tyndale House, 2008.

17 Joe D. Correspondência particular.

18 Lewis, C. S. *The Screwtape Letters*. São Francisco: HarperOne. 2015 (reprint). [Edição brasileira: *Cartas de um diabo a seu aprendiz*. Thomas Nelson Brasil, 2017.]

19 Ferguson, Doug. "Tour Championship 2012: Brandt Snedeker pulls away to win FedEx Cup". *The Washington Times*. 23 de setembro de 2012. https://www.washingtontimes.com/news/2012/sep/23/tourchampionship-2012-brandt-snedeker-pulls-away-/.

20 Harrington, Padraig. Correspondência particular.

21 Ortberg, John, Ph.D. *The Life You've Always Wanted*. Zondervan. 1997.

22 "How to Beat Hurry Sickness". Mind Tools. https://www.mindtools.com/pages/article/how-tobeat-hurry-sickness.htm. Veja também: "Type A Behavior Pattern and Coronary Heart Disease: Philip Morris's 'Crown Jewel'". NCBI. Petticrew, Mark P. et al. US National Library of Medicine. https://www.ncbi.nlm.nih.gov/pmc/articles/PMC3477961/.

23 Ouvi essa frase pela primeira vez no episódio de podcast "I Quit Hurrying". 17 de agosto de 2015. Menlo Church. Scott Scruggs.

24 Fisher, Anne. "Too busy to think? You may suffer from 'hurry sickness'". *Fortune*. 4 de fevereiro de 2015. https://fortune.com/2015/02/04/busy-hurry-work-stress/.

25 Wilson, Timothy J. et. al. 2014. Harvard.edu. https://wjh-www.harvard.edu/~dtg/WILSON%20ET%20AL%20 2014.pdf.

26 Merton, Thomas. *The Conjectures of a Guilty Bystander.* Garden City, NY: Image Books, 1968. [Edição brasileira: *Reflexões de um espectador culpado.* Vozes, 1970.]
27 Ortberg, John, Ph.D. *Soul Keeping.*
28 Ouvi essa frase pela primeira vez em um episódio de podcast com Abby Odio. Menlo Church. Infelizmente, não sei qual foi o episódio! Desculpe, Abby.
29 Nouwen, Henri. *Life of the Beloved.* St. Anthony Messenger Press. 2002.

9. Imbatível

1 Ravizza, Ken Ph.D. Correspondência particular.
2 Sax, Steve. *Shift: Change Your Mindset and You Change Your World.* Charleston, SC: Advantage Media. 2010.
3 A neuroplasticidade nos ensinou que o cérebro continua se adaptando e criando novas vias neurais. Para mais informações, veja: Stevens, Alison Pearce. "Learning Rewires the Brain". *Science News for Students.* www.sciencenewsforstudents.org/article/learning-rewires-brain. 2 de setembro de 2014. Assim como este artigo: "The Adult Brain Does Grow New Neurons After All, Study Says". *Scientific American.* www.scientificamerican.com/article/the-adult-brain-does-grow-new-neurons-after-allstudy-says/.
4 Bernard, Sara. "Neuroplasticity: Learning Physically Changes the Brain". www.edutopia.org/neurosciencebrain-based-learning-neuroplasticity. 1º de dezembro de 2010.
5 https://en.wikipedia.org/wiki/Yips.
6 *Rick Ankiel-Battle vs. The Yips: Real Sports with Bryant Gumbel.* Documentário da HBO. Para mais, veja: https://www.npr.org/2017/04/24/525369133/for-baseballs-rickankiel-losing-his-pitching-ability-led-to-an-unusual-comeback.
7 Aprendi uma versão disso com Michael Bennett, na Bennett Stellar University, onde participei de cursos anuais por cerca de 10 anos. Bennett Stellar ensinava sobre treinamento neurolinguístico. Para mais referências, acesse.thrivelearningcollective.com.

10. O herói e o bode expiatório

1 Crouse, Karen. "Coach Keeps Truths and Swim Titles Flowing". *The New York Times.*
2 CBS. "Flight 1549: A Routine Takeoff Turns Ugly". 8 de fevereiro de 2009. www.cbsnews.com/stories/2009/02/08/60minutes/main4783580_page3.html.
3 Keller, Timothy. *The Freedom of Self-Forgetfulness.*
4 Cink, Stewart. Correspondência particular.
5 "After Returning Home, Jaromir Jagr Says He's Far From Finished". *Sports Illustrated.* Associated Press. 2 de fevereiro de 2018. https://www.si.com/nhl/2018/02/02/jaromir-jagr-czech-republicreturn.
6 "Why Mental Toughness Starts With Why, with Simon Sinek". Podcast Mental Toughness Training for Mavericks. 22 de dezembro de 2015.
7 Bauman, Jim, Ph.D. Correspondência particular.
8 Funakoshi, Gichin. *Karate-Do Kyohan.* Nova York: Kodansha International, 1973. [Edição brasileira: *Karatê-dô Kyohan: o texto mestre.* São Paulo: Cultrix, 2009.]
9 Jackson, Phil e Hugh Delehanty. *Sacred Hoops.* Nova York: Hyperion, 1995. [Edição brasileira: *Cestas sagradas: lições espirituais de um guerreiro das quadras.* Rocco, 1997.]
10 Idem.
11 Dodd, Ryan. Correspondência particular.

12 McMains, Derin. Correspondência particular.
13 St. Pierre, Georges. *The Way of the Fight*. Nova York: William Morrow Paperbacks, 2013.
14 Dodd, Ryan. Correspondência particular.
15 Ohno, Apolo Anton. Podcast *Finding Mastery*, 1º de outubro de 2019.
16 Saporito, Bill. "Rebel on the Edge". *Time*, 23 de janeiro de 2006.
17 Botterill, Cal, Ph.D. Correspondência particular.
18 Nolan Bushnell, fundador da Atari, e Chuck E. Cheese. Podcast *Finding Mastery*. 14 de agosto de 2019.
19 St. Pierre, Georges. Podcast *Finding Mastery*, 2 de julho de 2019.
20 Pugh, Lewis Gordon. Correspondência particular.
21 Newburg, Doug, Ph.D. *The Most Important Lesson No One Ever Taught Me*. Bloomington, IN: Xlibris, 2006.
22 CBS. "Flight 1549".
23 Dodd, Ryan. Correspondência particular.
24 Tribble, Curt, M.D. e Doug Newburg, Ph.D. "Learning to Fly: Teaching Mental Strategies to Future Surgeons". *Journal of Excellence*. edição 1, 1998.

11. Maslow, Michael Jordan e os Navy SEALs

1 Crouse, Karen. "Coach Keeps Truths and Swim Titles Flowing". *The New York Times*.
2 Jackson, Phil e Hugh Delehanty. *Sacred Hoops*.
3 Vermeil, Dick. Discurso na Faculdade Comunitária Bellevue. Bellevue, Washington, em meados de 1987.
4 Wooden, John. *Wooden on Leadership*. Nova York: McGraw-Hill, 2005.
5 Mandel, Stewart. "Best Around? These Three Qualities Have Made Tressel Great Coach". *Sports Illustrated*. http://sportsillustrated.cnn.com/2007/writers/stewart_ mandel/01/07/tressel.
6 Westering, Frosty. Correspondência particular.
7 Wooden, John. *Wooden on Leadership*.
8 Kim, W. Chan e Renée Mauborgne. *Blue Ocean Strategy*. Boston: Harvard Business School Press, 2005. [Edição brasileira: *A estratégia do oceano azul: Como criar novos mercados e tornar a concorrência irrelevante*. Sextante, 2019.]
9 Collins, Jim. *Built to Last*. Nova York: HarperCollins, 1997. [Edição brasileira: *Feitas para durar: Práticas bem-sucedidas de empresas visionárias*. Alta Books, 2020.]
10 Steve Kerr, principal treinador de basquete dos Golden State Warriors. Podcast *Finding Mastery*, 22 de janeiro de 2019.
11 Tressel, Jim, Chris Fabry e John Maxwell. *The Winner's Manual*.
12 Swinney, Dabo. ESPN. Entrevista na televisão após o campeonato nacional de 2017.
13 Jeff N. Correspondência particular.
14 Albert Mehrabian conduziu estudos sobre comunicação e o impacto de mensagens não verbais, que se tornou conhecido como a Regra de 7%-38%-55%. http://en.wikipedia.org/wiki/albert_mehrabian.
15 Crouse, Karen. "Coach Keeps Truths and Swim Titles Flowing", *The New York Times*.
16 Drape, Joe. "College Football: This Time, Coker and Tressel Meet on the Field". *The New York Times*.
17 Jackson, Phil e Hugh Delehanty. *Sacred Hoops*.

CONHEÇA ALGUNS DESTAQUES DE NOSSO CATÁLOGO